乡镇(街道)社工站实务丛书

社工站儿童社会工作怎么做

邓志强 等 / 著

中国社会出版社

国家一级出版社·全国百佳图书出版单位

图书在版编目（CIP）数据

社工站儿童社会工作怎么做 ／ 邓志强等著 . — 北京：中国社会出版社，2024. 7. --（乡镇（街道）社工站实务丛书 ／ 李焱林主编）. -- ISBN 978-7-5087-7021-5

I . D432.5

中国国家版本馆 CIP 数据核字第 20249M90W3 号

社工站儿童社会工作怎么做

出 版 人：程　伟

丛书策划：王　前　李焱林

终 审 人：王　前

责任编辑：张国洪

装帧设计：尹　帅

出版发行：中国社会出版社

　　　　　（北京市西城区二龙路甲 33 号　邮编 100032）

印刷装订：河北鑫兆源印刷有限公司

版　　次：2024 年 7 月第 1 版

印　　次：2024 年 7 月第 1 次印刷

开　　本：170mm×240mm　1/16

字　　数：280 千字

印　　张：19.75

定　　价：55.00 元

客服热线：(010) 58124852　投稿热线：(010) 58124812　盗版举报：(010) 58124808

购书热线：(010) 58124841；58124842；58124845；58124848；58124849

本书编委会

主　任：邓志强

编　委：舒长球　曾俊森　葛　鹏

　　　　张馨允　万　强　袁　平

　　　　李晓婷　曾令媛　曾铭灿

丛书前言

2006 年 10 月，党的十六届六中全会首次对构建社会主义和谐社会作出全面部署。党的十八大以来，以习近平同志为核心的党中央从党和人民事业发展的角度出发，进一步对社会建设作出了一系列重要论述和重大部署，将社会建设提到了前所未有的高度。社会建设工作是直接服务群众的工作，与群众冷暖息息相关，是我们党人民立场、人民情怀的集中体现。社会建设应坚持服务为先，以保障和改善民生为重点，着力解决人民最关心、最直接、最现实的利益问题。其中，加强和创新社会治理是社会建设的时代课题，是国家治理体系和治理能力现代化的重要内容。

民政部门履行基本民生保障、基层社会治理、基本社会服务等职责。民政工作关系民生、连着民心，是社会建设的兜底性、基础性工作，是国家治理体系和治理能力建设的重要基石。随着社会建设水平的不断提高，民政服务领域不断拓展、民政服务对象持续增加、民政服务诉求日益多元，民政部门迫切需要一支强有力的基层民政服务力量来回应民政服务对象日益增长的美好生活需要。然而，不同于教育、卫健等部门已在基层设立了专门的服务机构、配备了专业技术人员，民政部门长期缺乏专门的基层民政服务专业技术人才和机构。

1987 年，民政部在北京马甸举办"中国社会工作教育发展论证会"（学界称"马甸会议"），邀请原国家教育委员会、原人事部、原劳动部等政府部门，以及社会学与社会工作的专家、学者参与讨论，明确将社会工作专业作为民政工作的学科支撑。随后，民政部大力支持北京大学等高校恢复社会工作专业，并陆续出台社会工作者职业水平评价办法、民政事业单位社会工作专业技术岗位设置办法等系列政策文件，推动社会工作专业力量成为民政工作的专业技术人才。但受限于政府机构改革背景下机构编制和人员编制只减不增的红线，在体制内增设社会工作服务机构和社会工作专业技术岗位的尝试步履维艰。

2017年初，为着力破解基层服务能力不足这一长期制约民政事业高质量发展的痼疾，民政部将加强基层民政工作作为贯穿全年的重点任务，通过抓住和"解剖"乡镇这个"点"，查找乡镇民政工作存在的薄弱环节和突出问题，总结各地在实际工作中创造出的好经验好做法，探索可做到、可推广和可持续的长效机制。为深入贯彻落实民政部关于加强基层民政服务能力的工作部署，广东、湖南等地先后通过政府直聘社会工作者、政府购买社会工作服务等方式，开展乡镇（街道）社工站建设，配备一支专业社会工作人才队伍扎根基层一线提供服务，有力地充实了基层民政服务力量，提升了基层民政服务水平，使基层民政力量薄弱这一老大难问题得到了根本性缓解，为各地提供了示范和参考。

2020年10月，民政部在湖南长沙召开"加强乡镇（街道）社会工作人才队伍建设推进会"。会上，时任民政部党组书记、部长李纪恒高度肯定了广东、湖南等地通过建设乡镇（街道）社工站加强基层民政能力建设的做法，要求各地因地制宜、分类推进，全面开展乡镇（街道）社工站建设。2021年4月，民政部办公厅印发《关于加快乡镇（街道）社工站建设的通知》（民办函〔2021〕20号），进一步要求各地加紧制定政策，将乡镇（街道）社工站建设纳入民政重点工作；加强资金保障，统筹社会救助、养老服务、儿童福利、社区建设、社会事务等领域政府购买服务资金及彩票公益金中用于老年人、残疾人、儿童和社会公益等支出资金，优先用于购买乡镇（街道）社会工作服务；把握推进步骤，抓紧制定时间表和路线图，争取"十四五"期间实现乡镇（街道）社工站全覆盖。在民政部的统一部署下，各地社工站建设全面推进。截至2023年1月，全国已建成社工站2.9万个，7万名社会工作者驻站开展服务，总覆盖率达78%，其中8个省份已实现全覆盖，16个省份覆盖率超80%。

乡镇（街道）社工站迅速成为中央和地方各级各部门推进社会建设的重要抓手。党中央、国务院先后在基层治理、乡村振兴等多项国家发展规划中对社工站建设进行了部署，民政部将社工站建设纳入兜底民生和民政事业改革统筹安排，地方政府将社工站建设纳入党委政府民生实事重点工程。乡镇（街道）社工站建设的重要意义包括但不限于以下三个方面：首先，它为民政部门配备了一支与本部门专业对口、由本部门业务管理的基层社会工作专业技术人才队伍。这支队伍不论在数量上，还是在年龄、学历、综合能力、专业素养和工作热情上，都具备较大的优势，为基层民政服务奠定了坚实的组织和人才基础，为民政事业的转型升级和高质量发展提供了人才支撑。其次，它搭建了一个民生服务综合平台。乡镇（街道）社工站从乡镇（街道）层面对辖区内已有服务阵地进行整合和盘活，对村居的兼职民政工作人员、村医、村小教师等已有服务力量进行增能培力，并通过链接各级民政部门、其他各级政府部门资源以及社会慈善力量，因地制宜推动民生服务系统化、专业化发展。最后，乡镇（街道）社工站以服务特定困难人群为切入点，通过联动各方服务特定困难人群的这一过程，撬动社区内外各类资源，调动社区内外各方力量，激发基层社会治理活力，激活社区内生动力，逐渐形成一套社区自我服务机制，创新和完善了基层治理体系。

实践表明，乡镇（街道）社工站建设是一个从调研论证，到顶层设计、项目动员、政府采购、启动实施、项目监管、专业支持及经验成效总结，循环往复发展的过程。这一过程不仅需要省、市、县、乡四级民政部门上下联动、密切配合，也离不开各级财政、人社、组织、审计等相关部门的通力合作、无缝对接，离不开省级项目办、市级指导中心、县市区社工总站的鼎力协助、专业支持，尤其离不开项目承接机构和站点一线社工的积极投身、倾力建设。建设过程延续，建设主体多元，建设内容多样，加之这是一项创新性的工作，各建设主体的参与意识、能力和经验不一，建设成效参差不齐。从各地实际来看，乡镇（街道）社工站建设中普遍存在体制机制不完善、项目承接机构行政和服务管理经验缺乏、站点一线社工专业知识和技能不足等问题，严重制约着乡镇（街道）社工站作用的进一步发挥。

为此，中国社会出版社组织高校社会工作学者和资深社会工作实务工作者，编写了"乡镇（街道）社工站实务丛书"，以期为乡镇（街道）社工站各建设主体持续深入推进社工站建设提供实操指引。本丛书以先行先试地区的经验和案例为蓝本，从乡镇（街道）社工站建设的宏观、中观和微观层面展开详细论述。其中，宏观层面讨论了如何建立健全乡镇（街道）社工站的体制机制，中观层面讨论了如何开展乡镇（街道）社工站的人才培养、督导支持、项目设计、运营管理，微观层面讨论了乡镇（街道）社工站（点）如何提供社区、社会救助、儿童和老年人社会工作服务。

2023 年 3 月，党和国家机构改革，组建中央社会工作部，负责统筹推进党建引领基层治理，指导社会工作人才队伍建设。2024 年 7 月，党的二十届三中全会审议通过的《中共中央关于进一步全面深化改革 推进中国式现代化的决定》进一步作出部署，要"健全社会工作体制机制，加强党建引领基层治理，加强社会工作者队伍建设"。当前，乡镇（街道）社工站已然成为社会建设的重要抓手，丛书的出版既是对本土社会工作实务经验的阶段性总结，也为进一步做好乡镇（街道）社工站建设提供了指引。丛书在编写过程中得到了各分册撰写团队的大力支持，很多专家、学者及社会工作者对丛书的编写提出了宝贵建议，在此表示衷心感谢。乡镇（街道）社工站建设是一项正处于快速发展过程之中的开创性工作，限于编写人员的能力与水平，书中难免会有一些阐述不到位、不准确的地方，还请各位读者多多批评指正并提出宝贵建议。期待在大家的指导和帮助下，共同助力乡镇（街道）社工站更好更快地建设和发展。

序　言

2023 年 3 月，中共中央、国务院印发《党和国家机构改革方案》，组建中央社会工作部。中央社会工作部将负责统筹信访、党建引领基层治理和基层政权建设、社会工作人才队伍建设和志愿服务管理等工作。在经济发展到一定阶段后，社会工作的重要性日益凸显。习近平总书记多次强调："要发挥社会工作的专业优势。"社会工作是推进中国式社会建设现代化和中国式社会治理现代化的重要力量。组建中央社会工作部，有利于自上而下地全面推动社会工作事业发展，有利于培育社会工作专业人才队伍。一线社会工作者的实践舞台已搭建好，但他们有些未能经过专业化、系统化的社会工作训练，在实践过程中难免存在理论困惑和实务困惑，不知道怎么做、为什么如此做、以后如何改进。为了回答和回应上述困惑与问题，我们编写了《社工站儿童社会工作怎么做》。

全国各地开始自下而上地探索社会工作专业发展，推动中国社会工作本土化。2017 年，广东实施"双百计划"，探索乡镇社工站参与基层治理模式。双百社工站扎根社区的社会工作，走进居民日常生活场域，深度同理民政服务对象，精准服务困难群体，再造社区自助、互助、共助的自治体系。2018 年，湖南启动乡镇（街道）社工站建设，即"禾计划"，主动探寻社会工作推进基层治理体系和治理能力现代化路径与方法。乡镇（街道）社工站是民政部门在乡镇（街道）建立的基层服务平台，是提升基层社会治理和社会服务水平的有效载体。民政部公布的数据显示，2021 年全国建成乡镇（街道）社工站 1.7 万余个，引领 5000 余家社工机构扎根基层，4 万余名社工驻站开展服务，累计服务对象达 187968 人。社工站作为政府与城乡居民的桥梁和纽带，反映居民需求，开展专业服务，协同社会治理，提升基层治理效能，对于推进基层治理体系和治理能力现代化意义

1

重大。但是，当前社工站队伍专业程度较低，从事社会工作专业人员持证率不高，有些甚至没有任何的社会工作从业经验和教育经历，社工人才流动率和流失率较高。习近平总书记反复强调，要聚天下英才而用之。因此，推进乡镇（街道）社工站迈向专业化，核心在于专业人才，让社工站专业人才"留得住、用得好"。要实施社会工作专业人才培养工程，将社工站工作人员、民生协理员、基层民政干部纳入社工站培养对象范畴，分类别、分主题、分阶段地系统开展社会工作专业人才培训，建立健全"专业人才+本土人才"的培育路径。本书可以作为社会工作专业人才培训教材。

本书站在社工站工作人员视角，为一线社会工作者和社区工作人员提供儿童服务的指南。本书一共 8 章，紧紧围绕"社工站儿童服务做什么、怎么做、怎么做好"等问题展开，理论与实务相结合，方法与工具相结合，注重实务实操和案例分析。同时，本书可读性和实用性强，"拓展阅读""知识链接""案例分享"等板块贯穿全书，为一线社会工作者提供专业知识和实操范例。第 1 章"认识和了解社工站儿童服务"，帮助社会工作者认识和了解儿童、儿童需求和儿童服务项目。第 2 章"如何建立专业关系"，提供了社工站开展儿童专业服务的基本框架。第 3 章"如何进行资源链接"，介绍了社工站儿童服务中运用的资源类型、资源链接的方法与技巧。第 4 章、第 5 章、第 6 章分别介绍了儿童个案服务、小组服务和社区服务的常见模式，并提供了一些实例来说明儿童服务怎么做。第 7 章"伦理困境及应对"，提出了社工站儿童服务面临的伦理困境及其应对措施。第 8 章"儿童服务百宝箱"，分享了社工站儿童服务过程中使用的法律、政策、量表、游戏等工具。

我们衷心希望本书成为一线社工站工作人员开展儿童服务的工作指南，也希望社会工作服务越来越专业，越来越精准，不断提升服务群体的获得感。

中共湖南省委党校 MSW 教育中心
邓志强

目 录
CONTENTS

第1章

认识和了解社工站儿童服务

奥地利著名心理学家阿德勒曾说过，幸福的人用童年治愈一生，不幸的人用一生治愈童年。儿童是指 18 岁以下的任何人。根据 2020 年第七次全国人口普查数据，我国 0~17 岁儿童约有 2.98 亿人。儿童是一个脆弱群体，他们的生理与心智发展尚未成熟，他们在成长过程中可能会遭遇风险，童年期的负面经历可能会影响成年后的观念和行为。因此，需要有效的儿童保护制度和专业的儿童社会工作服务回应他们成长和发展上的需求。儿童是社工站服务的一个重点群体，社工站儿童服务是建设儿童友好社会的重要内容。做好社工站儿童服务，首先要认识儿童、了解儿童、走近儿童。

第一节 不同孩子的优势和特点

读懂儿童，才能尊重儿童，才能付诸系列行动实现对儿童的"友好"，才能做到儿童优先。不同性别、不同区域、不同家庭、不同年龄的孩子会呈现出各自不同的特征。社工站做好儿童服务，首先要了解服务对象的特点、需求、优势、弱势等。立足特点和需求，才能为儿童开展针对性服务；根据优势与弱势，才能为儿童进行有效赋能。

拓展阅读

儿童的标准

1989 年 11 月 20 日，第 44 届联合国大会第 25 号决议通过《儿童权利公约》。该公约于 1992 年 4 月 2 日对中国生效,是我国广泛认可的国际公约。《儿童权利公约》规定,儿童是指 18 岁以下的任何人。

一、男孩与女孩的区别

男孩与女孩具有天生的差异。社工站儿童服务活动要立足男孩和女孩的区别,挖掘各自的优势,评估不同的需求,有针对性地开展。

(一) 生理上的区别

由于受身体激素水平的影响,男孩与女孩在生理发育过程中存在差异,主要表现在以下两个方面。一是在生理发育速度上。儿童初期,女孩比男孩发育水平更均衡,但后来居上的男孩在青春期后新陈代谢加速,发育比女孩更快。二是在生理发育特征上。一般而言,儿童自 3 岁左右开始有性别意识,进入青春期后,开始出现第二性特征,即身体形态上的性别特征。通常男孩发育时间是在 11~12 岁,女孩发育时间是在 10~14 岁。男孩第二性特征的主要表现为骨骼粗壮、肌肉发达、喉结突出、声音变粗,长出胡须和阴毛,等等。女孩第二性特征的主要表现为乳腺发育、乳房增大,长出阴毛和腋毛,等等。

(二) 智力发展的差异

男孩与女孩在智力发展上也存在差异,主要有以下三个方面。一是在认知方式上。女孩对语言文字的理解能力比较强,体现在阅读能力、专注力等方面;而男孩喜欢动手实践等具有可操作性的事情,在解决实际问题中能力更强。二是在记忆方式上。女孩在机械式记忆中优于男孩,但男孩更喜欢意义式记忆。三是在思维方式上。女孩情感比较细腻,善于形象思维,因而在语言表达、艺术领域的发展高于男孩;而男孩善于创造,立体思维、空间感、逻辑思维表现较为突出,喜欢运用知识解决问题。

(三) 社会发展的不同

男孩与女孩在社会发展上的不同,主要体现在以下方面。一是在兴趣爱好上。男孩的空间感更好,更喜欢运动性活动,比如跑步、跳高、踢球等;而女孩相对较喜欢安静的活动,比如喜欢芭比娃娃、花花、过家家等。二是在情感特征上。女孩在情绪方面比男孩更"多面化"，容易有小心思、闹小脾气；而男孩更容易在斗争中被激怒，从而显得更加直接和有对抗性，喜欢用肢体动作解决问题。

知识链接 ....

儿童友好型城市

1996 年，联合国儿童基金会和联合国人类住区规划署共同发起儿童友好城市倡议，旨在推动全球各地更好地把儿童福祉融入社会发展和城市治理中。"儿童友好型城市"是指致力于实现《儿童权利公约》规定的儿童权利的城市、城镇、社区或任何地方政府体系；在这些城市或社区，儿童的心声、需求、优先事项和权利是当地公共政策、程序、决策不可或缺的一部分。因此，儿童友好型城市是适合所有人栖身的城市。

社工站可以倡导街道、社区以及物业在"社区标识"上做文章。对一个儿童来说，社区中的标识是他了解公共生活的起点。从这里，他开始学习社会规则，学习关照家人以外的人，学习成为一个文明的社会人。

二、各个年龄阶段儿童的主要特征

不同年龄阶段儿童的特征不一样。社工站儿童服务要立足其特征和需求，科学设计项目活动。

（一）0~10 岁儿童的主要特征

1. 0~3 岁儿童的主要特征

第一，无意识吸收。婴儿出生以后，就有很强大的吸收性心智，这种能力存在于孩子自身。对此，我们成人常常估计不到。这时的婴儿虽然不会明确表达我学了什么，但他实际是在接受周围环境中的各种信息和刺激。孩子接受下来的东西，便留下了记忆，这就是无意识的记忆。比如，3 个月的婴儿，虽然尚不能够理解爸爸妈妈讲话的内容，但父母对婴儿说话的目的并不是让这个阶段的孩子听懂，而是为了促进孩子今后的语言发育。一般来说，那些不会哄逗、很少对孩子说话的母亲所抚养的孩子，语言发育总是很迟缓；而那些经常逗孩子、和孩子愉快地进行交流沟通的父母所抚养的孩子，语言发育就相对较好。

基于此，社工站儿童服务可以建议家长为孩子尽可能提供更优的语言环境。

第二，无意识反抗。无意识状态，还会带来反抗期的出现。3 岁是人生的第一个反抗期。反抗期出现就是因为孩子的需求没有得到满足。这种反抗，语言上表现得不多，因为孩子刚有语言，刚开始说话，所以更多是用动作、情绪来表达。此时，儿童萌生自我意识，独立性就开始增长了，他们不断地观察和模仿，什么事都想自己做。如他们要自己洗脸、自己穿衣、自己拿筷子吃饭等。

基于此，社工站儿童服务可以建议家长尊重孩子、给予孩子较大的活动自由，顺应孩子的发展。

2.3~6 岁学前儿童的主要特征

"3 岁看大，7 岁看老。"这句老话是具有一定的客观性的。因此，孩子 3~6 岁这个阶段是很重要的。

第一，获得一定自主行动能力。3~6 岁的儿童在身心发展上与上一个阶段有着较大的区别。这个时期的儿童身体器官快速发育，身体各机能也快速发展。3~6 岁的儿童开始适当脱离父母的控制，获得了一定的行动能力。在这个阶段，儿童具备两种行动能力。一是游戏行动能力，具备了游戏意识。诸如他们开始对"躲猫猫""抓阄"等游戏产生好奇和兴趣，并通过自身具备的行动能力进行模仿实践。二是学习行动能力，即进行一些有目的、有规律性的学习活动。这个阶段的儿童会对周围事物产生好奇心，并通过观察和学习进行模仿实践。这个阶段也是儿童开始上幼儿园进行系统性学习的最佳时期。

基于此，社工站儿童服务可以建议家长为孩子提供一个良好氛围的生活环境，让儿童接触、观察好的东西，学习好的东西。

第二，掌握基本的语言能力。儿童在 3~4 岁时语言能力的发展最为迅速。一是词汇量的增长。儿童在 4 岁左右即可初步掌握周边环境语言的使用方法。在这个阶段，儿童对于词汇量的积累有一个质的飞跃。尤其是在具备学习能力的基础上，词汇的积累几乎是每年成倍地增长。二是语言表达和理解能力快速发展。儿童对语句结构的把握从简单逐渐变得复杂，从只能听懂简短的词句过渡到能理解连贯的长句。在此期间，儿童不仅能够听懂这些较长的语句，还具有一定的语言逻辑理解能力。虽然他们不能够真正理解事物内在的逻辑，但通过观察学习，或者是父母的教导，能够初步从语言中了解事物的关联性。比如"脏手吃东西会拉肚子，所以吃东西前要洗手"等简单的因果关系。

基于此，社工站儿童服务可以建议家长对孩子进行语言能力的训练，让儿童在语言表达和理解方面得到较好发展，拓宽其思维发展空间。

第三，思维能力得到发展。思维能力的发展离不开儿童的学习、模仿能力和语言的表达、理解能力。前者是儿童思维能力发展的生理性基础，后者是儿童理解周边环境的习得条件。在 3~6 岁阶段，一是儿童对于概念的掌握还比较初级。诸如数字、距离、重量等生活常见概念还比较模糊。二是理解力的发展还停留在表面阶段。比如儿童对于"脏手吃东西会拉肚子，所以吃东西前要洗手"的理解可能只是知道这是"妈妈教的"，而对于"脏手吃东西会拉肚子"的内在原因并不了解。

基于此，社工站儿童服务可以建议家长对儿童进行逻辑思维能力的培养和训练，强化儿童对周边事物的认识能力和理解能力。

3.6~10 岁儿童的主要特征

从 6 岁开始，儿童就正式进入义务教育的小学阶段。在这个阶段，儿童活动以在校学习活动为主，相比上个阶段发生了较大的变化。因此，儿童在 6~10 岁的变化可能是非常明显的，此时开始进入社会性发展阶段。

第一，社交能力得到发展。社会交往是社会性发展的重要体现之一。在幼儿园阶段，儿童的社交意识开始觉醒，并在小学阶段得到快速发展。在小学阶段的儿童，我们会发现他们有自己固定的玩伴，诸如"死党"，或者是玩得很好的"小圈子"，又或者是与哪些人是"死对头"。这些都是带有强烈社交属性的群体标签。在以朋辈群体为主体的社交行为当中，儿童的社交意识和社交能力得到强化，产生诸如合作、竞争等关系，这对儿童的人格品性和思想道德具有极其重要的影响。

基于此，社工站儿童服务可以建议家长加强对这个阶段的孩子性格特质的引导和把控，以促进孩子良好道德品格的形成和发展。

第二，思想情感趋于复杂。6~10岁儿童的高级情感开始释放，思想情感逐渐表现得深刻、丰富、复杂，特别是在以朋辈交往为主的社交生活中，孩子可能会产生怀疑、失落、愤怒、嫉妒等复杂的思想情感。在这个时期我们常常会发现，孩子可能会对班里的某位同学产生厌恶心理，或者是因为融入不了某个群体而感到失落。这些都是儿童思想情感趋于复杂的表现。在这个阶段，儿童思想情绪的表达方式和控制能力表现出不稳定性。

基于此，社工站儿童服务可以建议家长加强小学阶段孩子的情绪表达和情绪控制能力，让孩子学会正确地表达和发泄负面情绪，以加强对情绪的控制。

第三，自我意识开始显露。我们经常可以发现，在这个阶段的儿童，他们会有自己喜欢的颜色、自己喜欢的食物，甚至是自己喜欢的服饰、发型等。不同于婴幼儿时期父母"喂什么就吃什么"的被动灌输，6~10岁的儿童面对众多事物会根据自己的喜好进行选择、舍弃。这就是儿童"个性"的显露，也是自我意识初步觉醒的标志。在这个过程中，儿童对事物的抉择停留在自己的喜好层面，较缺乏深层次的规范和约束。

基于此，社工站儿童服务建议家长要对儿童主动输出正确的价值观、人生观和世界观，引导儿童在良好的三观下进行正确的自我表达。

（二）10~18岁青春期儿童

1. 10~14岁青春期早期儿童的主要特征

10~14岁被界定为青春期早期，也是传统意义上的少年期。这是青春期启动与初始阶段，涵盖小学高年级与初级中学阶段。这一时期青少年生理产生突变性发展，身高体重明显增长，第一性征、第二性征发展迅速，女孩子的曲线美、男孩子的男子特征开始显现。

第一，关注自我，自我意识增强。

....

爱照镜子的小美

　　小美最近发现自己有了变化，特别愿意照镜子，只要一有机会就会拿出小镜子欣赏自己，怎么看都看不够。她在家里做作业照镜子时，被妈妈发现了。妈妈批评她太臭美，没有将心思用在学习上，还没收了小镜子。小美特别伤心，认为妈妈不理解自己。

　　照镜子就是自我观察的一种方式，也是自我欣赏的一种手段。同时，他们开始观察同伴所发生的变化；在比较之中发现与认识自我的变化；当发现自己与同伴身体发育不一致时，往往会产生复杂的心理感受。如有的女孩的第二性征发育明显，当她周围的女孩还没有这样的体貌特征时，她就会承受较大的心理压力，甚至故意含胸驼背，以与他人保持一致；当其他女孩第二性征发育明显，还没有出现这样体貌特征的女孩也会承受较大的心理压力，认为自己发育不正常。这时的青少年特别在意别人的眼光与看法，非常注重自己的外部形象，讲究穿着打扮，喜欢对别人评头论足，甚至相互起"绰号"。对同伴的观察与比较是为了更好地了解与认识自己。

　　第二，成人感增强，出现模仿行为。

....

我的日记，我做主

　　这是我的日记、我的东西，我不愿意让别人碰。我之所以把房门锁起来，就是因为没有我的允许，谁也不能看，包括爸爸和妈妈。我长大了，我有这样的权利。我妈妈太不尊重我了，好多次想看我的日记都被我拒绝了。她经常说：你有什么秘密啊，还不让看？有次趁我上学，她偷看了我的日记，我特别伤心，从此再也不写日记了，也不愿意理妈妈。

成人感的增强使这些处于青春期早期的青少年具有隐私意识和较强的边界感。认识到隐私权,也是他们喜欢用带锁日记本的原因。他们希望自己能够得到他人的尊重,希望父母能够把自己当成大人而不是小孩子。同时,他们往往会通过一些成人的方式来昭示自己的成熟,如尝试抽烟、喝酒,称同伴"老张""老李"等,甚至在穿着打扮与行为方式上模仿心目中的偶像,希望成为理想中的自己。

第三,与父母关系疏离,注重同伴友谊。

案例分享

青春叛逆初期开始了

我们家辉不知道怎么了,最近对我和他爸爸爱搭不理的。可是看他和同学打电话那个高兴啊,有说不完的话,还关上房门。你说他们同学天天在一起,放学了怎么还有说不完的话?

在青春期早期,青少年不再像儿童期那样依恋父母,而是与父母保持一定的距离,甚至顶撞父母,拒绝与父母对话和交流,因此相当多的父母无法理解与接受这种变化。此时,青少年与同伴保持了密切的联系,他们的爱好、观念、行为甚至穿着打扮表现出明显的趋同性。趋同是为了避免与众不同的心理压力,是获得他人认可与增进友谊的需要。同伴友谊要求相互之间的亲密、对等与忠诚,在此方面表现出明显的性别差异。女孩子之间注重亲密性,共享秘密、相互表白,甚至具有排他性,是一种亲密特征的友谊。男孩子之间则是一种忠诚特征的友谊,要肝胆相照、两肋插刀,会有意识地帮助朋友掩饰过错,不问是非,以维护朋友利益为立场;一旦友谊出现裂缝,他们会感觉受到了伤害,甚至反目成仇。

第四,情绪激荡,情感体验渐深。

案例分享

情绪开始波动

小乐与小东是好朋友，经常一起玩。小乐特别喜欢某一明星，小东也经常拿这一明星开小乐的玩笑。一次小东只是说了一句不是十分严重的贬低该明星的话，小乐就愤然翻脸，要与小东拼命，在众人的劝说之下两人的矛盾才得以缓和。小乐气愤地说："你怎么说我都行，但是我决不允许你说他一句坏话，不允许！"

在青春期早期，青少年容易出现情绪的剧烈波动，一点小的刺激就可能引起较大的情绪反应。这并不是简单的个案，而是这一时期青少年容易出现的现象。他们自尊心特别强，非常希望得到尊重。如果他们被伤到了自尊，则会出现强烈的情绪反应，甚至有可能选择自残等极端行为。这一时期，他们情绪体验迅速，容易出现两极性摇摆，细微的事情常会引起强烈的情绪反应。他们可能会因为现实中取得了一点小的成绩而骄傲自大、喜形于色，也可能会因为一次小的过失而苦恼悲观、垂头丧气；可能一会儿充满了理想主义的情怀，一会儿又表现出利己主义，摇摆不定。

第五，行为控制力较弱。

案例分享

感性战胜理性

强强在升入初中后的第一次考试中考得不好，下决心一定好好学习，争取下一次考出好的成绩。放学后，同班的几个同学叫他一起去玩游戏，他推托说家里有事不能参加，打算自己回家写作业。可到了家，他怎么也静不下心来，想着他们几个肯定玩得很开心，后悔没有一起去玩。最后强强实在写不下去了，干脆冲出去找同学玩了。

上述案例中强强的表现是青春期早期青少年容易出现的行为特点，不是缺乏决心，而是缺乏坚持；不是不明事理，而是缺乏意志力。这一时期的青少年期望做事情速战速决、立竿见影，容易出现浅尝辄止的"三分钟热度"现象。如果遇到一定的困难，他们往往表现为克服困难的毅力与勇气不足，心理承受力较弱，缺乏行动的自觉性。

第六，对异性好奇，容易产生性冲动。

案例分享 ···

性意识开始萌芽

升入初中以后，凡凡越来越渴望与班上女生交流，但是每当与女生相处时，他又感到特别紧张，不知道如何是好。最近一段时间，他觉得自己可能是不受欢迎的，班里有个女生总是针对他找各种麻烦，有时候还会无缘无故地欺负他，他感觉十分困惑和苦恼。

案例中凡凡的表现反映了青春期早期青少年性意识开始萌芽的特点。这个时期，青少年逐渐摆脱了童年晚期性别隔离的状态，开始有了性冲动，十分渴望了解性知识；在与异性交往过程中，会感受到一种相互吸引的力量；在异性面前表现出好奇和爱慕、紧张和兴奋。一方面，他们希望在异性面前表现出色；另一方面，这种强烈的冲动使得他们往往过于紧张和兴奋，以至于在行为上显得笨拙和失态。中学刚开始时，他们对异性的兴趣以一种相反的方式表达出来，比如，非常关注却表现得漠不关心，甚至以攻击的方式引起对方的注意。随着性心理的逐渐发展，他们对异性的好感才逐渐以正面方式表达出来。

2.14~18岁青春期中期儿童的主要特征

第一，自我意识分化和渐进成熟。

"自我感"容易产生矛盾

小斌升入高中以后，对自我和事物逐渐有了自己的观点和看法，与父母发生分歧时也能够进行友好沟通。但是他对自己的未来有着不切实际的幻想，自认为聪明过人，爱在别人面前炫耀；一旦考试成绩不好，他又会感到十分郁闷，对自己完全失去信心，认为自己一无是处。

青春期中期是一个人明确自己个性的重要时期，但似乎所有问题都是以"自我"为核心而展开的，尤其是出现了分化的自我与对自我同一性的追求。这一时期，青少年自我意识的发展特点为：首先，自我意识的独立性发展。与青春期早期的直接反抗不同，这一时期的独立性建立在与成人和睦相处的基础上，绝大多数青少年能与成人保持一种彼此肯定和尊重的关系，并通过这种关系对自我进行更深层的探索。其次，自我意识的分化。他们在心理上把自我分成理想自我和现实自我，有时会出现理想自我的成就感，有时又会有现实自我的自卑感。当两种自我产生矛盾时，当他人的评价与自我认知不一致时，他们往往会缺失主见，出现对自我的困惑与不理解。最后，自我评价逐渐成熟。他们开始从多个角度看待自己并开始学会独立评价自己，评价的动机和效果趋向一致。

第二，强烈的自我中心主义。

自我中心主义

小玲是高二学生。她认为自己在文学方面有天赋，比同龄人知识渊博，老师讲的许多东西自己都知道，非常喜欢在课堂上作出过于积极的回应。她知道抢老师的话不是好习惯，但控制不了自己的行为；每次事后都会懊悔，但下次还是忍不住那样做；总觉得这样做能使同学们佩服自己，内心较敏感，很在乎别人对自己的看法。

案例中小玲的表现反映了青春期中期青少年自我中心主义的特点。这一时期，青少年认知和情绪的变化经常占据中心位置，他们往往非常在意他人的看法与印象，认为自己的外表和行为是其他人非常关注的。戴维·埃尔金德（David Elkind）认为，这一时期的青少年构想了"假想观众"。他们之所以嘈杂喧哗，是因为感觉这些"假想观众"一直在关注和评价自己，自己是独特而与众不同的人；他们建构了"个人神话"，认为自己是独一无二的幸运者，那些不好的事情不会发生在自己的身上，他人无法理解自己的行为，由此可能引发一定的孤独感、特立独行的行为甚至是冒险行为。例如，当研究者要女生列出不使用避孕药具的原因时，"我觉得怀孕这种事情不会发生在我身上"的解释是较为常见的。

知识链接 ·································

假 想 观 众

丹尼尔·拉普斯利（Daniel Lapsley）等人于 1993 年提出了一个关于"假想观众"和"个人神话"的新的解释框架。他们认为，这种假想观众和个人神话有助于青少年心理上脱离父母，完成青少年期重要的发展任务——分离和个体化过程，即个体在建立家庭关系之外自我的同时，保持与家庭成员的亲密关系。

第三，情绪发展的丰富性和延续性。

案例分享 ·································

情绪的火山与冰山

晓明是一个高中生，在最近的一次考试中成绩特别好，这让他高兴了很长时间。他在别人面前越来越能控制自己的情绪，有的同学向他表示祝贺，他会压抑自己的喜悦和激动，表现出若无其事、很淡定的样子，还会主动安慰考得不好的同学。但是有时候他能明显感到自己情绪的激烈变化。他在日记中这样写道："当我情绪高涨时，我就像一座喷发的火山，心花怒放，充满着豪情壮志；而当我情绪低落时，我又好像是一座冰山，对什么都失去了兴趣，我会感到命运乃至周围所有的人都在和我作对。"

案例中晓明的表现反映出青春期中期青少年情绪发展的特点。尽管心花怒放，他却掩饰得不动声色，表明他的情绪控制能力明显增强。这一时期，青少年的认知能力、意识水平有较大提高，其情绪体验出现内隐性特点。青少年出现激情的频率下降，心境的延续时间加长，情绪体验更加丰富稳定，情绪控制能力增强。他们更多考虑情绪表达的情境适切性，形成了表情与内在体验的不一致，即外在情绪表现具有一定的文饰性。值得注意的是，尽管青少年自我情绪控制能力有所提升，但由于心理发展尚未成熟，情绪表达的两极性仍然存在。

第四，人际交往的选择性和策略性。

案例分享

人际交往的变化

小峰进入高中以后，越来越反感母亲替他买衣服，希望能按照自己的审美安排每日穿着。同时，他渴望他人，特别是同学对他的穿着表示关注和赞同。在交朋友时，他更加看重双方是否有共同的穿着品位和兴趣爱好。

案例中小峰的表现反映了这一阶段青少年在人际交往上变化的特点。一方面，他们渴望独立、摆脱成人的监护与管教，按照自己的意愿安排生活和学习；另一方面，表现出强烈的交友愿望，渴望与人交流，希望得到他人的理解、关心与肯定。由于交友心理的迫切性，这一阶段也是青少年广交朋友的时期，他们尝试与不同领域的人交往。在网络不发达的过去，他们会交笔友，通过书信的方式寻求理解与心理支持；在网络发达的今天，他们可能会通过"扫一扫"添加好友等多种方式交"网"友。这一时期，青少年开始有选择性地与他人交往，讲究交往的策略与技巧。例如在同伴交往中，他们会有意识地选择朋友，能明确认识到朋友双方深刻的联系，不仅要互相理解，而且在意与对方的心理品质以及心理特征的一致性。同时，他们开始注重选择不同的话题与不同的个体进行交流，能注意讲话的情境要求。

第二节　不可忽视儿童的需求

对于成人而言，他们总是希望孩子按照成人的标准和规划长大，他们总是不断以成年人的标准、姿态和思维去定义孩子、催促童年。儿童期是人类个体生命周期中的起始阶段，儿童往往在社会化过程中容易被边缘化。然而，儿童有自己的权利，他们主动建构和决定自己的社会生活及方式，他们是积极的社会行动者。儿童世界与成人世界是两个平等、合作的世界，社工站儿童服务要从"成人中心"转入"以儿童为中心"，要站在儿童视角分析他们的需求，发现他们的需求。

知识链接

我是通过他人"看"我

美国社会学家库利提出"镜中我"概念，他强调："自我是社会的产物，只能通过社会互动产生。"库利认为，自我发展经历了三个阶段：一是我们察觉到我们在他人面前的行为方式；二是我们领悟了别人对我们行为的反应；三是我们基于对他人的反应来评价自己的行为。简而言之，人们彼此都是一面镜子，相互映照着对方。例如，如果一个重要人物（父母、老师、领导、朋友等）赞赏我的行为，我也会肯定自己的行为。

一、被照料的需求

孩子太小，当然需要被照料。早期儿童在生理上、心理上、社会上都不成熟，在他们成长的道路上，需要"大手牵小手"，需要父母、老师等长辈伸出有爱的"大手"给予"爱的抱抱"，需要父母、老师等长辈提供无微不至的照顾。人之初，不仅没有生存本能，也没有社会本能。《三字经》有"人不学，不知义""苟不教，性乃迁"之说，儿童要从一个生物人变成一个社会人，需要教化，需要社会化。0~6 岁的孩子在生存上一般只能完全依赖于他人，在成年之前，儿童必须在某种程度上依靠他人的直接帮助。

当然，随着儿童的成长，父母、老师等长辈也要学会"放手"，如同小孩学走路的阶段，父母要适时放手，让孩子独立行走。在儿童的成长过程中，父母放心不下，舍不得放手，长此以往，儿童便会把父母的付出当作理所当然，丧失了感恩之心，也丧失了独立性。

二、同伴交往的需求

儿童同伴交往建立的关系与儿童和成人之间形成的关系有根本区别。在儿童与成人交往过程中，儿童的"自我"会受到压抑，总是被要求"听爸爸妈妈的话""听老师的话"。在成人面前，儿童明显感受到与成人之间存在巨大差距，在交往中往往是被动的，"不平等感"较强。与此相反，在儿童与同伴交往过程中，同伴之间的关系更加平等，彼此之间有更多的相似之处。与同伴交往，儿童表现得更加主动、更加真实，儿童的主体性和独立性得到了保护和体现。因此，同伴交往需求对儿童的成长具有重要意义，社工站儿童服务要设计项目，创造服务对象与同伴交往的机会和平台，激发服务对象的主体性和独立性意识。

知识链接

儿童交往的两种类型

儿童在与他人的交往过程中形成了两种不同性质的人际关系：垂直关

系和水平关系。垂直关系是指儿童与成人（父母、老师）之间形成的一种关系，其性质具有互补性，即成人控制，儿童服从；儿童寻求帮助，成人提供帮助。水平关系是指儿童与自己具有相同社会权利的同伴之间形成的一种关系，其性质是平等的、互惠的，如同胞关系和同伴关系。①

三、社会参与的需求

儿童是爱交往的，他们想加入、参与并想成为小组中的一部分。对于孩子而言，童年最大的乐趣之一就是与同伴自由玩耍。孩子们很少单独玩游戏，他们更喜欢"一起玩"，独乐乐不如众乐乐。儿童积极地参与同龄人世界，获得所属群体的成员资格，对于儿童成长而言意义重大。

儿童更愿意与同伴"一起玩"，体现了儿童参与社会的需要，也体现了儿童社会性发展的需求，是儿童逐渐走出"我的"个人世界，走进"我们的"更广大的群体世界的过程。在这个过程中，儿童会发展亲社会行为，比如提供帮助、愿意分享、学会轮流、懂得规矩等。因此，社工站儿童服务可以设计更多的"合作游戏"，培育儿童的社会参与性和集体归属感。

案例分享 ·······································

如何开一场儿童议事会

第一阶段：热身暖场——提问+游戏

会议主持人提出第一个热身问题：所有小议员们，你们今天为什么会来到这里？没有参加过儿童议事会的小朋友可能回答："不知道，被妈妈拉过来的。"参加过儿童议事会的小朋友会带着问题来："我现在碰到一个问题，我想让大家帮忙出出主意。"

紧接着，主持人抛出另一个暖场游戏：自然名接龙。在后面的正式议

---

① 林兰. 儿童同伴文化：走进幼儿园田野中的儿童世界 [M]. 上海：复旦大学出版社，2021：82.

事会过程中议事员都要称呼对方的自然名，以示尊重。

第二阶段：开会前准备——导入故事和议事规则

主持人以一只海螺开场，引出为什么要开儿童议事会和议事规则的重要性。这只闪亮而美丽的海螺，象征着秩序和规则、文明和理性，拿在手里，具有护身符一般的神奇魔力。每个想发言的人必须手持着它，才可以面对众人，畅谈自己的意见。

第三阶段：正式开会——提出议题

议事会的议题可以在会前征集，也可以在会议开始时现场提出。主持人将议题列入议题清单。

第四阶段：贴纸会——陈述议题

动议人可以用 3 分钟详细说明自己的议题。所有议事员采用"头脑风暴，静默书写"的方式，把自己的建议写在"便利贴"上，所有的建议都被贴在议题板上。

第五阶段：决议——表决和宣布结果

所有议事员对合并后的建议进行举手投票表决，主持人点票并宣布表决结果。最后，大家用一句话分享今天整场活动的感受、收获、建议。

案例点评：

召开儿童议事会的意义在于从小播下规则、平等的种子，让孩子参与其中，体验"大人为什么开会"。社工站儿童服务可以在社区、学校、社工站开展儿童议事会，从中既可以发现儿童的需求，又可以发掘儿童的潜能。

四、好奇的需求

儿童的求知欲很强烈。当遇到不懂的东西时，他们就会睁大眼睛，充满好奇，喜欢问一个"为什么"，喜欢打破砂锅问到底，喜欢问出一个"所以然"。因此，儿童特别是学前儿童充满了好奇心。社工站可以根据儿童好奇的需求，设计形式活泼的课程，激发儿童求知的欲望。

··

如何上一堂自然时光课

社工站工作人员负责发起某时某地的"一小时自然时光"课程,招募组成 10~15 组家庭的共学小队。课程设计可以根据社区资源进行灵活安排。

第一课:我是自然观察家

通过自然观察的几种方法,引导孩子们在社区里观察自然,让孩子对社区的自然环境以及自然本身产生好奇,促进亲子间的交流和互动。

第二课:跟着种子去旅行

带领孩子在社区里进行关于种子的自然游戏,让孩子对种子产生好奇,进而掌握有关种子的小知识。

第三课:我与鸟儿有个约会

这节课主要带领大家在社区中做个小侦探,追踪鸟儿们的踪迹。在引入有趣自然体验的同时,让孩子能够主动对鸟儿感兴趣,认识鸟类品种和社区常见的鸟类。

总的来说,社工站儿童服务应站在"儿童视角",通过儿童的社会交往和他人的关系,去发现儿童需求。但是,从"成人中心照顾者"的命题出发,成人将儿童视为格外需要照顾、保护、训练和教育的对象,没有区分儿童自身需求的层次性。从儿童视角来看,"需求"不仅包括物质性的生存需要,也包括精神性的生活需要。

··

什么是合作游戏

美国心理学家帕顿根据 2~5 岁学前儿童在游戏中的社会性参与水平从低到高划分了五类游戏:独自游戏、旁观游戏、平行游戏、联合游戏和合作游戏。独自游戏是指儿童独立于他人之外,独自开展游戏。旁观游戏是指儿童看着别人游戏，表现出兴趣但不参与。平行游戏是指儿童在其他儿童的旁边游戏，彼此之间并不互动。联合游戏是指儿童与其他儿童的游戏产生更多联系和互动，但没有建立系统的游戏计划。合作游戏是指两名或者更多的儿童围绕一个共同的主题开展游戏，他们的集体归属感非常强烈。①

第三节　如何建立儿童服务体系

社工站儿童服务不是简单地为服务对象提供信息、建议或服务，也不是给服务对象"开处方"，而是走近、走进儿童，了解、理解儿童，发现、发展儿童，尊重儿童的主体性，防范儿童风险困境，建立一个儿童服务体系，帮助儿童健康成长。

一、明确服务对象

困境儿童是社工站儿童服务的重点对象。儿童困境分为风险困境和实际困境两大类型，前者是指儿童可能受到伤害的情形，后者则是儿童已经受到伤害的情形。留守儿童、流动儿童、服刑人员子女、事实孤儿、生活在亲戚家中的孤儿等，他们都长期生活在被忽视或者被虐待的高风险状态中，属于困境儿童。儿童的困境状态不是一成不变的，而是时时变化的。"今天"的困境儿童，在得到帮助后，可能摆脱困境，他们"明天"会成为正常儿童。"今天"的非困境儿童，也可能因为家庭变故而陷入困境，他们"明天"可能成为困境儿童。因此，社工站要了解和梳理困境儿童相关政策，把握和掌握识别困境儿童的标准与方法，建立社工站困境儿童动态信息表。

（一）了解和梳理困境儿童相关政策

国家监护的原则是家庭监护优先，国家监护托底。面对困境儿童这样

---

① 林兰．儿童同伴文化：走进幼儿园田野中的儿童世界［M］．上海：复旦大学出版社，2021：83.

的群体，国家需要为其提供伤害风险预防服务，即伤害风险监测和风险干预的服务。首先，社工站儿童服务要了解和梳理困境儿童相关政策，将所有的困境儿童纳入监测范围，定期走访和评估其实际监护状况，对监护不足和不当的状况进行干预，确保其生活安全和成长健康。其次，社工站一旦发现儿童伤害案件，必须立即报告给未成年人保护中心、未成年人救助保护中心等儿童保护机构。最后，儿童保护机构则需要为报告案件涉及的儿童提供伤害评估，并为其提供相应的紧急庇护、替代生活照料、经济支持以及医疗、心理康复、行为矫正等治疗服务。面对困境儿童，社工站儿童服务主要是风险干预，从而将风险降到最低，并及时发现受到伤害的困境儿童，及时协调专门的儿童保护机构为其提供有效服务。

（二）明确风险评估的指标

不同类别的困境儿童的风险表现不一样。社会工作专业旨在促进社会变革，解决人际关系问题，实现服务对象的赋权增能，增进服务对象的福祉。社会工作的介入不能脱离人与环境之间的互动。同样，评估困境儿童的风险，需要对其家庭关系、同伴关系等人际关系及环境进行评估。

困境儿童的风险指标有以下方面：父母是进城务工者；父母没有工作或者低收入；父母中一方经历了情感或精神上的痛苦；父母中的一方或双方存在疾病、残疾或缺陷的情况；等等。

（三）探索父母的基本情况

儿童的真实人格、品质被隐藏于他们父母的故事之中。因此，社工站在进行儿童服务评估时，要从整体上评估儿童，既要评估儿童的需求和问题，又要探索父母的基本情况。通过"家长发展访谈"，社工站工作人员可以探索父母的基本情况，了解父母与孩子的关系。

社工站工作人员可以探索回答以下问题：您和您的孩子什么时候真正地"紧密联系"？一个星期您陪伴孩子的时间有多少小时？周末或者其他假期时间，您会抽出时间陪孩子出去玩吗？您和您的孩子发生过冲突吗？如果有，原因是什么？

二、做好服务对象信息收集工作

信息收集是社工站儿童服务经办的基础性工作和前置性工作。信息越丰富，后续的服务工作开展则越顺畅。反之，如果社会工作者对服务对象不甚了解，甚至"一问三不知"，那么，服务工作无从入手，服务内容和服务方式可能陷入形式主义，服务效果自然失去有效性。做好信息收集工作，要搞清楚以下几个基本问题：一是收集谁的信息，二是向谁收集信息，三是如何收集信息，四是收集什么信息。

（一）收集信息的三类情况

收集信息，首先要搞清楚收集谁的信息、向谁收集信息这两个基本问题。收集谁的信息？社工站儿童服务对象主要有三类情况：主动求助者、由他人介绍或机构转介而来的、社会工作者通过外展工作接触的（见表1-1）。

表1-1 服务对象分类情况

服务对象来源	服务对象类型	服务对象求助过程
主动求助者	自愿型服务对象	一般是尝试自己解决问题后所作的最后选择
由他人介绍或机构转介而来	非自愿型服务对象	发现了问题，他人或机构无法解决后所作出的选择
社会工作者通过外展工作接触	非自愿型服务对象	服务对象发现了问题并未求助，或服务对象还未发现问题，已经被社会工作者提前发现

针对社工主动接触的，社工可以通过居委会获取辖区花名册及相关信息，通过走访入户了解民政对象家中儿童情况，并全面摸查辖区的儿童，进行逐一排查，筛查认定有需要提供服务帮助的儿童，确保疑似有需要帮助的儿童全部登记在册。紧接着对主动求助者、他人转介而来或社工筛选认定并登记在册的服务对象，一一进行全面的资料收集，准确且清晰地定位服务对象的需求。建立"一人一档"的服务对象档案和数据库，将服务对象立体化呈现，为社工站下一步开展更加精准的儿童服务打下坚实的基

础。向谁收集信息？这是渠道问题。针对不同的情况，我们采集信息的渠道不一。

（二）收集信息的五个要素

收集服务对象的什么信息？这是信息的内容。信息内容的五个要素一个都不能少，即基本信息、家庭情况、身体状况、主要能力、人际交往。

儿童的个人基本信息：年龄、性别、籍贯、受教育程度、兴趣爱好、目前的需求等；

儿童的家庭成员情况：父母亲信息、第一监护人、方便联系人、基本生活保障情况等；

儿童的身体状况：对儿童病史的了解，有无疾病、遗传病及慢性疾病等，即目前的身体健康状况和心理压力程度；

儿童的能力和特点；

儿童的人际交往状况：从学校、社区方面进行分析。

三、做好服务对象分类分级工作

服务对象分类分级是社工站儿童服务经办的桥梁性工作。分类分级越细致越准确，儿童服务策划工作才会更有针对性和实效性，才能有效提高社工站工作质量。如果分类分级工作没有做好，服务对象的需求就可能接收不到位。儿童在成长过程中往往会遇到各种问题，且不尽相同，这时就需要对服务对象进行分类分级。那么怎么分类分级才能有效呢？一是要明白怎么划分服务类别，二是要明白在类别上怎么进行分级。

（一）合理设置服务对象类别

服务对象类别划分是社会工作进行服务对象界定的前提。清晰的类别，有利于社会工作者分清工作的方向，了解工作的重点。社会工作者应该在资料收集、研究、总结的基础上，界定服务对象的类别。怎么划分呢？可以根据服务对象的困境情况，将服务对象分为自身困境儿童、家庭困境儿童、安全困境儿童和临时困境儿童四类。还可以根据服务对象的需求，将服务对象分为教育、卫生保健、生活保障、心理辅导、就业培训、托儿服务等需求类别。

（二）　明确分级标准

基于服务对象的类别，可以将服务对象的需求分为一级、二级和三级。一级为需求程度最小，目前状态对生活影响程度最小；二级是处于中等需求；三级为需求程度最高，目前状态对生活影响程度最大。

四、建立服务对象档案

服务对象档案是服务对象事件及改变过程的真实记录。要做好服务对象信息资料的分类归纳和存档工作，做到"一人一档"。

（一）　档案归类

在建立档案时，根据服务对象的困境情况，可以归档为自身困境儿童、家庭困境儿童、安全困境儿童和临时困境儿童四类；根据其承担风险程度的不同，可以将需求等级分为一级、二级、三级等"小类"。同一"小类"的案件以装订于一个档夹为原则，如案件较多，可分为两个以上的档类装订，并于"小类"（或"细类"）之后增设"卷次"编号，以便查考。每一档夹封面内首页应设"目次表"，案件归档时依序编号、登录，并以每一案一个"目次"编号为原则。档号的表示方式可以如下：A1A2—B1B2C1C2D1—E1E2；其中，A1A2 为经办部门代号，B1B2 为大类号，C1C2 为小类号，D1 为档案卷次，E1E2 为档案目次。

拓展阅读

社工专业档案管理制度

第一条　社工工作档案是社工与服务对象建立工作关系后，根据服务需要所收集、整理并记录的服务对象相关信息。

第二条　社工站的档案管理应由社工站负责人指定档案室档案管理员或专人负责。

第三条　档案应使用符合档案存放标准、需要的专用档案袋存放。

第四条　社工需要运用社会工作的专业工作伦理、方法如实做好工作记录。

第五条　儿童服务个案结束后，社工应在一至三周内将相关记录归档。若跟进服务，应按照实际需要填补进档案。

第六条　社工工作记录应按照机构提供的工作表格制作，如在具体操作中有不便记录在表格中的文件，应以 A4 纸打印，社工与档案管理人员签字确认，并在档案袋上标注。

第七条　档案存放于本社工站，在服务对象单位，如相关利益组织或机构留存简单信息以便查阅。简单信息包括服务对象的名称、接受服务的时间等。

第八条　个案工作中的简单信息不能泄露服务对象的个人基本信息，如住址、电话、年龄等。

第九条　服务对象有权持本人身份证或其他有效证件查询本人的档案。

第十条　服务对象查询档案，经验证无误按要求登记签字后方可办理。

第十一条　社工工作档案保留期限为服务结束后的三年，三年后统一集中销毁。

第十二条　社工开展的活动材料归档使用绿色文件夹，用英文大写 P（Program 缩写）表示。社工开展的团体、小组材料归档使用黄色文件夹，用英文大写 G（Group 缩写）表示。社工开展的个案材料归档使用蓝色文件夹，用英文大写 C（Case 缩写）表示。社工开展的家访材料归档使用粉色文件夹，用英文大写 H（Home 缩写）表示。

第十三条　档案的编码排序依次为档案类型、数量、月份、年份、服务单位等。如 G01012008（某社区）表示该文件资料为某社区的 2008 年第 1 个小组，是在 1 月开始的。以此类推：C03022008（某社区）表示某社区 2008 年的第 3 个个案，是在 2 月开始的。

（二）档案内容

档案记载内容可以包括服务对象的健康状态、兴趣爱好、生活经历、特点和能力、服务需求、服务记录等，实行闭环服务模式。每一次服务之后，社会工作者记录服务内容，如儿童在服务过程中的接受能力、表现、近期状况、服务反馈等。所有新的信息均应一一记录在案，并随时更新。通过建立档案的模式进行服务对象数据的管理，可以使得社会工作者更加系统地了解服务对象的变化过程，也便于社会工作者根据服务对象的动态情况作出相应的服务调整。

第 2 章

如何建立专业关系

　　建立专业关系实质上就是将正式的服务启动向社会工作者与服务对象双方告知，好比赛跑时的"发令枪"与跑道尽头的"终点彩带"，贯穿整个服务过程。建立专业关系是成功开展专业服务项目的前提，其本质是基于社会工作职业伦理和规范下的行动框架，要求社会工作者和服务对象共同遵守、共同履行行动框架的义务、责任。如果没有建立好正常的专业关系，社会工作者与服务对象可能会出现失序的互动。本章将对儿童服务项目全过程，即在服务对象类型的识别、服务对象需求的预估、服务项目评估和服务项目结案四个方面就如何建立专业关系进行介绍。

第一节　如何识别服务对象类型

　　识别服务对象的类型是建立专业关系的第一步。只有精准识别服务对象属于何种类型，才能对服务对象的困境作出基本的判断，进而设计出具有针对性和可行性的服务方案。否则服务方案就会出现"张冠李戴"的问题，整个的服务项目也会浮于形式。本节将介绍儿童服务中对孤儿、困境儿童、农村留守儿童三类常见服务对象的识别方式。

一、孤儿的识别方式

　　孤儿是社工站儿童服务的主要对象之一。传统意义上的孤儿是指失去双亲的未成年人。社工站工作人员识别孤儿身份，要根据政府部门的相关文件进行认定。

（一）孤儿在文件中的定义与主要类别

1. 孤儿在文件中的定义

2010年，国务院办公厅《关于加强孤儿保障工作的意见》规定：孤儿是指失去父母、查找不到生父母的未满18周岁的未成年人。孤儿的身份需要由地方县级以上民政部门依据有关规定和条件认定。

2. 孤儿的主要类别及认定流程

孤儿分为社会散居孤儿和机构养育孤儿两类。一般来说，孤儿的身份认定由民政部门审批。正因如此，孤儿身份认定需遵循一定流程。社工站工作人员可以协助当事人根据文件规定向相关部门申请。值得注意的是，社会散居孤儿和机构养育孤儿的身份认定流程不同，具体如下：

社会散居孤儿的身份认定流程：

第一，申请。孤儿本人或监护人向其户籍所在地乡镇人民政府（街道办事处）提交申请，申请时要出具孤儿父母死亡证明或人民法院宣告其父母死亡或失踪的判决书。同时，要提供申请孤儿认定儿童的身份证（或户口本）原件、监护人或单位负责人身份证（或户口本）原件、申请孤儿认定本人近期1寸免冠照片2张。

第二，审核。乡镇人民政府（街道办事处）对申请人和孤儿情况进行核实，并提出初步意见，上报县（区）级民政部门审批。

第三，审批。县（区）级民政部门认真审核申请资料，提出核定、审批意见。

机构养育孤儿的身份认定流程：

第一，申请。养育机构（儿童福利院、社会福利中心等）向所属民政部门提出申请。

第二，审核与审批。所属民政部门核实之后，予以审批。

3. 事实无人抚养儿童在文件中的定义

事实无人抚养儿童亦称事实孤儿。2019年，民政部、最高人民法院、最高人民检察院等《关于进一步加强事实无人抚养儿童保障工作的意见》规定：事实无人抚养儿童是指父母双方均符合重残、重病、服刑在押、强制隔离戒毒、被执行其他限制人身自由的措施、失联情形之一的儿童；或者父母一方死亡或失踪，另一方符合重残、重病、服刑在押、强制隔离戒毒、被执行其他限制人身自由的措施、失联情形之一的儿童。

2020 年，民政部、公安部、财政部三部门联合发文《关于进一步做好事实无人抚养儿童保障有关工作的通知》，进一步将事实无人抚养儿童的保障对象范围扩大，在民政部等《关于进一步加强事实无人抚养儿童保障工作的意见》的基础上补充增加被撤销监护资格、被遣送（驱逐）出境两种情形。

4. 事实无人抚养儿童的身份认定流程

第一，申请。由事实无人抚养儿童监护人或者近亲属填写《事实无人抚养儿童基本生活补贴申请表》，向儿童户籍所在村（居）委会，或者儿童所在地乡镇人民政府（街道办事处）提出申请。

第二，查验。乡镇人民政府（街道办事处）受理申请后，对事实无人抚养儿童的父母情况进行确认，包括重残、重病、服刑在押、强制隔离戒毒、被执行其他限制人身自由的措施、失联以及死亡、失踪等情况。乡镇人民政府（街道办事处）应在自收到申请之日起 15 个工作日内作出查验结论。符合条件者连同申报材料报送县级民政部门。为保护儿童隐私，不宜设置公示环节。

第三，确认。县级民政部门应当在自收到申报材料及查验结论之日起 15 个工作日内作出确认，并将相关信息录入"全国儿童福利信息管理系统"。

（二）孤儿的识别方式

孤儿是特殊困难群体，是社工站儿童服务的重要对象。社工站通过识别孤儿，发现服务对象，建立社工站孤儿服务对象清单和动态信息库。识别孤儿的方式主要有以下三种：

第一，通过乡镇（街道）了解情况。这种方式适用于对乡镇（街道）孤儿的数量、分布等情况进行一个较为宏观的分析和快速掌握。一是通过走访乡镇（街道）办事处等部门，查看分析孤儿的档案资料，了解孤儿的基本情况。二是此方式能够在较短时间内掌握孤儿较多的信息，具有省时省力的优势，但缺点是资料的深入性和有效性可能会存在一定不足。

第二，通过村（社区）了解情况。这种方式适用于对某些孤儿个体，或者是孤儿数量较少的区域进行一个较为细致的调查。一般来说，村（居）委会较为全面地掌握着村（居）民的人口信息，也常常与孤儿进行直接接触，因此村（居）委会比较了解孤儿的情况。其一，社会工作者可通过走访村（居）委会，或者村（居）委会主任，通过他们的介绍，掌握本村（社区）内孤儿的基本情况，如孤儿的数量、分布等。其二，可以在村（居）委会主任的带领下，对孤儿家庭进行走访调查，对孤儿的情况进行更为详细具体的了解，如孤儿失去双亲的缘由、失去双亲时长、家庭收入、居住环境、学习情况等。

第三，通过走访村（居）民了解情况。村（居）民是与孤儿接触相对频繁的一类群体，从他们口中得知的信息也最接近孤儿最真实的状态。因此走访当地村（居）民也是一种了解孤儿情况的重要方式。这种方式可以作为前两种方式的补充，主要是通过访谈的方法对纸面之外的资料信息进行补充。其一，由村（居）委会主任等当地有威望的人作为向导，利于社会工作者顺利进行走访调查。其二，社会工作者在走访过程中对村（居）民反映的情况要作出分析、筛选和鉴别。一方面可以通过仔细询问和确认进行信息甄别，另一方面可以多走访几户村（居）民进行信息的比对。

知识链接

事实无人抚养儿童的识别指标

一般来说，我们按照表 2-1 所示的标准对事实无人抚养儿童进行识别。其中父母双方符合下列 6 种情形之一的，或父母一方符合下列 6 种情形之一，且另一方死亡（自然死亡或人民法院宣告死亡）、失踪（人民法院宣告失踪）的儿童，均属于事实无人抚养儿童。

表 2-1　事实无人抚养儿童的识别指标

情形	识别指标
重残	一级二级残疾或三级四级精神、智力残疾
重病	重病由各地根据当地大病、地方病等实际情况确定
失联	失去联系且未履行监护抚养责任 6 个月以上
被撤销监护资格	人民法院依法判决撤销监护人资格
被遣送（驱逐）出境	外籍人员与内地居民生育子女后被依法遣送（驱逐）出境且未履行抚养义务
服刑在押、强制隔离戒毒、被执行其他限制人身自由的措施	6 个月以上

二、困境儿童的识别方式

困境儿童是一个概念涵盖广泛且群体数量庞大的群体。因此社工站需要对困境儿童进行详细的分类和识别，立足困境儿童的需求和问题进行精准服务。

（一）困境儿童在文件中的定义与主要类别

1. 困境儿童在文件中的定义

2016 年，国务院《关于加强困境儿童保障工作的意见》对困境儿童作出了界定：困境儿童包括因家庭贫困导致生活、就医、就学等困难的儿童，因自身残疾导致康复、照料、护理和社会融入等困难的儿童，以及因家庭监护缺失或监护不当遭受虐待、遗弃、意外伤害、不法侵害等导致人身安全受到威胁或侵害的儿童。

2. 困境儿童的主要类别及身份认定流程

本书根据儿童困境的类型，结合各地的分类经验，将困境儿童分为以下 9 类：孤儿、艾滋病病毒感染或携带儿童、事实无人抚养儿童、重病重残儿童、贫困家庭儿童、流浪儿童、家庭监护缺失儿童、家庭监护不当儿童、其他需要帮助的儿童。困境儿童识别标准如表 2-2 所示。

表 2-2　困境儿童的识别标准

困境儿童类别	识别标准
孤儿	失去父母，或查找不到生父母的未满 18 周岁的未成年人
艾滋病病毒感染或携带儿童	携带艾滋病病毒及患有艾滋病的儿童
事实无人抚养儿童	父母双方重残、重病、失联、被撤销监护人资格、被遣送（驱逐）出境、服刑在押、强制隔离戒毒、被执行其他限制人身自由的措施的未成年人； 父母一方符合上述条件之一、另一方死亡或失踪的未成年人
重病重残儿童	二级以上残疾或三级四级精神、智力残疾儿童； 三级以上预防接种异常反应残疾儿童； 患重大疾病儿童（参照各地医疗救助办法）
贫困家庭儿童	最低生活保障、特困供养、扶贫建档立卡家庭儿童； 因家庭贫困导致生活、就医、就学等困难的儿童
流浪儿童	脱离监护人有效监护，在街头依靠乞讨、捡拾等方式维持生活的儿童
家庭监护缺失儿童	父母双方弃养； 父母双方重病（参照各地医疗救助办法）； 父母双方重残（一、二级残疾；三、四级智力、精神残疾）； 父母双方在押服刑而无力承担抚养责任的儿童
家庭监护不当儿童	父母存在虐待、家庭暴力等不当行为的儿童
其他需要帮助的儿童	遭受侵害、虐待的儿童； 失足未成年人； 遭遇意外伤害、突发事件等需要帮助的儿童

困境儿童的身份认定流程：

第一，申请。由困境儿童本人、监护人或者受监护人委托的近亲属填写《困境儿童基本情况登记表》（各省份所需材料可能略有不同），向儿童户籍所在地街道办事处或乡镇人民政府提出申请。

第二，审核。街道办事处或乡镇人民政府在收到完整的申请材料后 15 个工作日内，深入困境儿童所在社区和家庭走访，核实有关情况。符合条件的将材料一并上报区县级民政部门。

第三，审批。区县级民政部门应当全面审查申请材料和审核意见，于

15 个工作日内作出审批决定。对不符合条件的申请不予批准，并书面向申请人说明理由。

（二）困境儿童的识别方式

很多情况下，困境儿童的发现和识别是一个难点。困境儿童因为认知水平有限自己不会主动提出诉求，无法主动向外界求助。因此，社工站需要主动去挖掘和发现困境儿童，掌握困境儿童的识别方式。

第一，借助监测网络发现识别。目前，全国各地区开始建立困境儿童的统筹协调机制、监测发现机制，开始逐步实现困境儿童的被动受理申请向主动发现帮助的转变。一是可以借助民政、残联、公安、扶贫、司法等部门的数据信息，分析并形成困境儿童名单。二是借助社区、村（居）委会力量，如儿童督导员、网格长、社区书记、村委会主任等，帮助社会工作者实现困境儿童的识别和排查。

第二，主动进入社区摸排。这一步要求社会工作者主动深入社区，进行走访调查。一是直接走访村（居）委会，对村（居）委会掌握的困境儿童信息进行梳理调查。二是在村（居）委会的帮助下入户调查，直接深入困境儿童的家庭进行摸底调查。

第三，直接访谈儿童进行识别。儿童认知水平有限，常常无法认识到自己是否需要帮助，因此，直接访谈儿童可以得到真实有效的信息。一是社会工作者可以对儿童的身体状况、衣着、神情、性格等表征现象进行分析判断。二是因为"童言无忌"，儿童能够给社会工作者提供有效性强、真实度高的一手信息，可以帮助社会工作者进一步分析判断。

三、农村留守儿童的识别方式

农村留守儿童是我国特有且数量庞大的群体，也是社会工作者经常接触的服务对象。同时，农村留守儿童内部具有较大差异性和特殊性，需要社会工作者细致分类和仔细识别。

（一）农村留守儿童在文件中的定义与类型

1. 农村留守儿童在文件中的定义

2016 年，国务院《关于加强农村留守儿童关爱保护工作的意见》指出：留守儿童是指父母双方外出务工或一方外出务工另一方无监护能力、不满 16 周岁的未成年人。

2. 农村留守儿童的类型

根据在学、监护情况，本书将农村留守儿童分类如表 2-3 所示。

表 2-3　农村留守儿童的类型

留守类型	内容	备注
正常在学	正常在学就学的适龄留守儿童	所处环境相对良好，出现的问题相对较少
失学辍学	因儿童自身原因或外部原因失去上学的机会	儿童的德育问题较为突出
隔代监护	由祖辈进行监护，是最常见的留守类型	儿童的教育问题；可能会产生逆向监护的情况
上代监护	由父母一方或父母的同辈群体监护	儿童的教育、德育问题，易产生心理问题
同辈监护	由兄长、姐姐等同辈监护	监护人可能本身就是未成年人，监护能力非常有限
无人监护	无上述四种条件，无人监护	最容易产生问题的儿童，各方面都需要得到调适

3. 农村留守儿童的识别标准

农村留守儿童的界定和识别目前仍存在一定争议。第一个是儿童的户籍和所在地的争议，究竟是儿童被留在农村还是儿童被留在城市才能算留守儿童？第二个是父母（双方或一方）外出多久才能算留守儿童呢？假如父母外出 2 个月回来一次，算留守儿童吗？

根据国务院《关于加强农村留守儿童关爱保护工作的意见》对农村留守儿童的定义，本书认为农村留守儿童需要符合以下两个条件：第一，具有农村户籍 16 岁以下的未成年人。第二，父母双方外出务工，或者一方外出务工另一方无监护能力的。具体情况如表 2-4 所示。

表 2-4 农村留守儿童的识别标准

内容	识别条件	备注
年龄	16 周岁以下	
户籍	具有农村户籍	居住在城市也算农村留守儿童
家庭	父母双方外出务工，或一方外出务工另一方无监护能力的	外出务工时间为连续 3 个月及以上； 被剥夺监护权，但在儿童身边的算作无监护能力； 因重病重残丧失生活自理能力的算作无监护能力

（二）农村留守儿童的识别方式

农村留守儿童是一个相对较容易识别的群体。根据农村留守儿童的分布情况，社会工作者可通过村（居）委会、学校、家庭三个场景对农村留守儿童进行精准识别。

第一，通过走访村（居）委会了解。村（居）委会较为全面地掌握着村（居）民的人口信息，走访村（居）委会是了解农村留守儿童及其家庭情况的常见方式。社会工作者可通过走访村（居）委会或者村（居）委会主任，通过他们的介绍，掌握本村（社区）内留守儿童的基本情况。

第二，通过走访学校了解。学校也掌握着一定量的信息。如果社会工作者依托学校平台开展儿童服务，那么学校是一个了解和识别农村留守儿童的渠道。一是可以通过学校提供的资料信息对农村留守儿童的情况进行一个基本的掌握。二是可以对学校老师进行访谈以了解农村留守儿童的总体情况。

第三，通过走访儿童家庭了解。可以在村（居）委会主任的带领下，对农村留守儿童的家庭走访调查，对其情况进行更为详细具体的了解，如儿童父母外出务工的时长、家庭经济收入、亲子关系、居住环境等。

知识链接

孤儿、困境儿童、农村留守儿童的关系

孤儿、困境儿童、农村留守儿童并非三个相互独立的概念。事实上，

这三者在日常生活中经常存在交集：事实无人抚养儿童属于孤儿，孤儿属于困境儿童，并非所有的农村留守儿童都属于困境儿童。三者关系如图2-1所示。

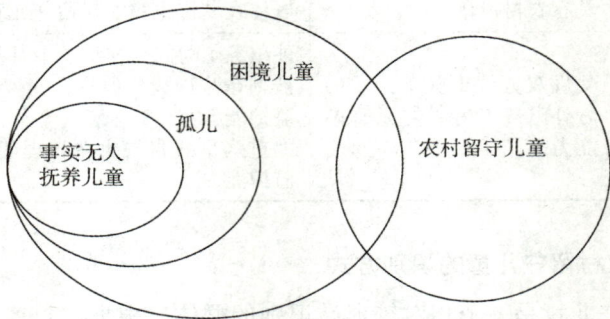

图2-1　孤儿、困境儿童、农村留守儿童的关系

第二节　如何预估服务对象需求

社工站识别服务对象之后，接下来，就是预估服务对象的问题需求、发展需求。预估需求是社工站儿童专业服务的基础性工作。需求信息越丰富，后续的服务工作开展则越顺畅。反之，如果社会工作者对服务对象不甚了解，甚至"一问三不知"，那么，服务工作将无从入手，服务内容和服务方式可能会陷入形式主义，服务效果自然失去有效性。

一、多种调研，了解基本情况

预估需求，首先要了解服务对象的基本情况。这个基本情况是什么？一般来说，主要包括服务对象的个人状况以及儿童所处的社会环境资料。为了收集服务对象的基本情况，社工站工作人员要掌握一定的调查方法和技巧，主要通过查阅资料法、个别访谈法、观察法、角色扮演法等方法获取信息。

（一）查阅资料法

顾名思义，查阅资料是社会工作者对已有的文献资料进行查阅、梳理和分析，在这些资料中寻找到自己需要的内容。

一是查阅相关的辅助性资料，这是寻找儿童问题缘由的理论依据和解释。社会工作者可以通过互联网、图书馆等渠道进行搜索查阅。

二是针对服务对象本人的基本信息资料的查阅梳理，包括但不限于服务对象的心理、生理、社交、学习、情感、居住环境、生活状况等方面的资料（见表2-5）。可以说，与服务对象直接相关的材料越多，对于社会工作者的需求调研越有利。这种资料的获取和查阅有一定难度，需要社会工作者亲临有关现场，如家庭、学校等地，调取查阅与服务对象直接相关的资料。

表 2-5　儿童基本信息表

个人状况		环境资料	
基本状况	1. 姓名、性别、年龄、籍贯； 2. 教育程度、宗教信仰、文化背景等	家庭环境	1. 家庭类型、家庭成员情况、家庭成员关系； 2. 家庭经济能力、家庭生活习惯等
生理状况	1. 患病、伤残状况，家族遗传史等； 2. 身体健康状况、用药、饮食状况等	学校环境	1. 学校位置、环境、上学通勤情况； 2. 学校同辈关系、人际交往等； 3. 师生关系等
心理状况	1. 智力水平、认知能力； 2. 思维分析能力； 3. 性格情绪、人格特征等	社区环境	1. 社区位置、环境； 2. 邻里关系等
其他资料	个人爱好、家庭重大事件、成长经历等	其他资料	对社区资源的利益、主要求助对象等

（二）个别访谈法

个别访谈是社会工作者与儿童进行直接的对话和沟通。这需要社会工作者掌握一定的与儿童对话沟通的方法和技巧，以保证个别访谈的真实性和有效性。个别访谈适用于年龄相对较大、具有一定语言理解和表达能力的儿童。

什么是个别访谈

个别访谈是我们做需求调研最常见的方法之一，是指社会工作者通过谈话，主要倾听儿童的叙述、想法等，并作出引导和回应。它以语言的交流、沟通和引导为主要方式，在舒适、安全、私密性良好的环境里进行一对一的单独谈话。社会工作者对儿童的想法、意见等作出回应和引导，梳理儿童的困惑、需求和问题。

第一步，与服务对象约定访谈的时间、地点。这一步是访谈成功与否的关键。在时间上要以服务对象方便的时间为最佳。在空间上要保证访谈的私密性，最好选择能够让服务对象有安全感，让服务对象放松的室内环境。

第二步，访谈之前先建立信任关系。信任关系的建立一定要在访谈之前，以保证访谈资料的真实性。一是社会工作者在访谈之前可以通过聊天沟通等方式与服务对象建立信任关系。二是社会工作者要以真诚的态度，进行一定的保密性承诺，使服务对象放下心理戒备。

第三步，开始正式的访谈。在访谈过程中，一是社会工作者要注意语言的表达保持在儿童的认知水平内，即要让儿童听得懂社会工作者在说什么。二是社会工作者注意儿童在表达过程中的微表情和微动作，这些现象能够反映出儿童的心理以便其判断访谈资料的真实性。三是社会工作者可以进行简单的谈话引导，以免访谈主题跑偏。注意不要暗示服务对象他们是一个"问题者"，比如可以简单地问"你想和我说些什么"等。

社会工作者在与儿童谈话时的技巧还有以下几点。

• 注意自身语气的开放、亲和、真诚、友好，以一个朋友而非长辈的身份进行访谈。

• 在访谈之前对儿童的心理年龄作出预评估，调整访谈技巧和内容。

• 以合适的问题作为访谈的开始，以能够吸引儿童兴趣的话题作为谈话引导。

● 注意访谈期间儿童的情绪变化，儿童的情绪表达是其对该话题的直接态度。

● 在面对一些曾受到伤害的儿童时，要注意避免语言造成的二次伤害，比如不能使用"你为什么不""妈妈不要你了"之类的话语。

● 不能和儿童约定社会工作者无法做到的事情，以免破坏信任关系，比如允诺儿童绝对保密，实际上对儿童信息的保密是有限度的。

● 儿童回答问题的前后，可以作出支持性回应以强化谈话效果，比如"你说得很好""谢谢你告诉我这件事情"。

● 在访谈期间社会工作者可以进行录音或者笔录，但笔录的动作幅度尽量减小，以免儿童产生抗拒和排斥心理。

（三）观察法

观察儿童的活动需要围绕其活动表现展开。通过儿童行为活动的表现获取信息、发现问题，然后根据这些信息和问题解读儿童所面临的困境、需求和问题。这需要社会工作者多听多看多记多写。

知识链接

观察法的类型

一般来说观察法分为两类：一是参与式观察，二是非参与式观察。这二者之间的区别在于社会工作者在观察过程中有无参与儿童的行动过程。参与式观察是与儿童共同参与生活行动，优点是可以在与儿童的共同活动中强化信任关系，缺点是社会工作者可能会影响儿童的行动决策。如儿童可能会对身边突然出现的社会工作者感到陌生、好奇，进而产生紧张感等。非参与式观察是社会工作者完全以一个旁观者的角色进行观察，优点是社会工作者不会对儿童的行为产生任何影响。

第一步，进入儿童的生活场景。这一步是观察法的起点，需要社会工作者进入儿童的生活场景。这里的生活场景可以是家庭生活、学校生活或者社交生活场景。需要注意的是，社会工作者要避免因自身的出现而对服务对象产生影响，以造成观察结果的失真。因此，社会工作者要尽量避免出现在儿童的视线范围内，产生干扰。

第二步，进行客观的观察记录。观察记录的形式不限，社会工作者可以通过拍照、文字记录等形式完成。但在做笔录期间，社会工作者要注意文字使用的客观性，避免带有主观色彩的描述。如避免以"房间很狭小，里面很乱，简直不是可以住的地方"，而是以"房间大概5平方米，房内物品摆设无序，笔丢在地上，被子未叠，垃圾桶是满的"的内容进行陈述。当然，社会工作者也可以将自己的主观感受进行记录，可以写在笔记本的其他区域，以便区分。

第三步，对观察记录进行分析。在观察完毕之后，社会工作者需要立即对当天的观察资料进行整理分析。一是因为观察印象在当天最为深刻，时间过长社会工作者可能会有遗忘。二是对一些无效信息进行过滤和删除，以保证观察资料的有效性。

拓展阅读 ....

观察法需要观察儿童什么

观察法既可以运用在与儿童的访谈交流过程中，也可以单独地对儿童进行观察。观察法需要社会工作者深入儿童家庭系统中，结合儿童的行为表现和生活环境进行观察。一般来说，观察内容有以下几点：

1. 儿童的外表情况。包括外表特征、衣物整洁度、精神面貌等。

2. 儿童的健康情况。通过观察儿童活动过程中的身体协调性、动作等判断儿童的基本健康程度。如儿童是耷拉着脑袋、动作缓慢，还是步调迅速、活泼好动等。

3. 儿童的面部表情。如儿童是否用面部表达情感，是否对正在经历的事情或周围的事物表现出即时反应。

4. 儿童的语言表达。除了观察儿童语言内容的表达，还要观察儿童有多少情感是由语气、语调表达的，以及儿童肢体语言的表达。

5. 儿童的情绪反应。儿童在什么情况下表达何种情感，如何表达兴奋、高兴、生气、沮丧等情感。

6. 儿童的动作反应。儿童在活动过程中产生的细小动作，如噘嘴、拽衣角、摸鼻子等行为。

观察法作为一个独立的研究方法并非与其他研究方法相互孤立，而是可以作为其他研究方法的辅助方法，相互穿插补充。在访谈过程中，社会工作者对服务对象同时进行观察，了解服务对象的真实想法。

（四）角色扮演法

角色扮演适合以一种游戏的形式进行，在形式和内容上能够较好地吸引儿童。它可以让社会工作者了解儿童对于特定角色的理解、对关系的理解，主要用于儿童关系、亲子矛盾等人际关系的说明。

第一步，明确所要扮演的角色。社会工作者与儿童扮演的角色绝非纯粹地满足儿童玩耍的需要，而是通过情境的模拟重现两个角色的互动情况，让社会工作者从中了解角色关系。因此，在角色的选择上，需要具有较强的针对性。比如，社会工作者与遭受家暴的儿童进行角色扮演，其扮演的角色就可能是儿童的家长或监护人。

第二步，布置角色扮演情境。角色互动的情境也是角色扮演的重要部分。情境场地的布置可以是原环境，也可以是模拟环境。这主要是为了增强儿童的沉浸感、真实感，以尽可能地还原真实情境。其一，情境的布置可以采用真实环境，如了解亲子关系可以选择在儿童家里，了解师生关系可以选择在教室。其二，避免其他人的干扰。即在角色扮演过程中，社会工作者要排除影响儿童进行角色扮演的因素，包括人、物等。

第三步，正式扮演角色，做好互动记录。在正式的扮演过程中，社会工作者有两个主要任务：一是对所扮演的角色尽可能地还原，以达到最佳模拟状态。二是要对角色互动过程中儿童的行为进行观察（观察法可参考前文）、记录。记录过程可由其他社会工作者，或者是以对扮演过程进行录像等方式完成。社会工作者要注意互动过程中儿童观点的表达和情绪的变化。

第四步，扮演结束，复盘互动过程。角色扮演结束以后，社会工作者需要对角色的互动过程进行一个复盘分析。一是角色扮演结束以后，社会工作者与儿童具有了一定信任基础。社会工作者可以通过复盘对互动过程中的一些现象进行提问或者答疑。比如"能告诉我你刚刚为什么不想让我跟你一起去散步吗""妈妈平时也是这么跟你说话的吗"等问题。二是社会工作者自身对角色扮演过程进行复盘，可以结合录像，或者其他社会工作者的观察、记录，共同进行比较、梳理、分析和讨论。

社会工作者与儿童进行角色扮演时需要注意以下几点：

●扮演的角色应与社会工作者想要了解的事情相关。如社会工作者想要了解儿童的亲子关系，应当扮演双亲中的某一方。

●角色扮演的场景最好与角色相关。如亲子扮演的场所选择最好是在儿童的家庭中。

●角色扮演之前应适当地了解角色的相关习性，以更好地代入角色。

●扮演过程中应重点观察儿童的态度、意见表达和情绪变化。

●扮演过程中社会工作者应注意以儿童的资料收集为导向，避免扮演的方向走偏。

●扮演期间注意儿童的情绪引导，避免与儿童形成所代入角色上的冲突。如儿童对社会工作者所扮演的角色表现出恐惧情绪，社会工作者就需要立即停止并做好记录。

●角色扮演结束后，社会工作者应立即对扮演过程进行复盘，对重点内容做好记录和分析。

拓展阅读

社会工作者与儿童的四种沟通技巧

1. 开放式询问。在沟通前期，如果社会工作者对某一事物给出自己的结论或者观点，可能会让儿童感受到不被尊重和理解。社会工作者此时对儿童的态度和观点无法清楚掌握，可以通过试探性的开放式询问，如以"能告诉我你这样想的原因吗"等句式进行询问，鼓励儿童继续表达并对问题进行追根溯源。

2. 自我表露。沟通的过程也是一个信息交换的过程。社会工作者可以以自我表达的方式主动吐露自己的心声，甚至是"揭伤疤"，主动分享自己过去的一些相似的、痛苦的经历，以达到信息交换的目的。这样能够引起儿童的共鸣，增进其对社会工作者的信任感和认同感，为实现良好的沟通打下牢固的基础。

3. 间接认同。儿童有时会带有情绪性地发表一些偏激的观点和看法，或者是一些天马行空、不切实际的幻想。虽然这不符合常理或者常识，但如果社会工作者对此表示否认或者拒绝，可能会打破与儿童的信任关系。此时社会工作者可以采取间接认同或者部分认同的策略，既尊重了儿童天马行空的想象力和自主性，也保持了社会工作者客观理性的立场和原则。

4. 学会倾听。儿童是一个喜爱自我表达的群体。与儿童进行沟通时，儿童可能常常会表达出自己的情绪。尤其是初入青春期的儿童，他们希望有一个表达自我的平台和空间。因此，社会工作者在与他们进行沟通时需要注意倾听，让儿童能够自主表达情绪。社会工作者此时不需要过多地进行评论和建议，这样儿童才能够觉得自己被接受、理解，愿意吐露心声。

二、分类评估，了解不同需求

进行分类评估是为了针对不同类型的儿童进行需求调研，以向其提供分类服务。一是以问题导向和发展导向进行分类。问题导向着重"授人以鱼", 即帮助儿童解决当下的困境和问题; 发展导向则强调"授人以渔", 即对于儿童能力的培养和提升, 尤其是问题解决能力的提升。二是按照不同类型的儿童进行分类。前文说明了三种类型儿童之间的重叠和包含关系, 但他们也存在着差异和各自的特点。因此要对这三类儿童的需求可能存在不同的侧重点进行区分。

(一) 需求评估方法

第一, 问卷调查法。这是一种成本相对低廉、时间耗费较短的方法, 需要社会工作者围绕儿童问题所构建出来的指标进行问卷设计。比如, 孤儿最大的问题在于失去双亲所产生的影响。因此, 对于孤儿问题的测量指标, 可以将其作为一个侧重点。如失去双亲所带来的心理影响、生活影响、性格影响等。

第二, 深入访谈法。这是对于问卷调查法的一个补充。深入访谈法需要社会工作者与儿童进行对话, 对话的灵活性较强, 是对问卷无法涉及, 或者问卷不够深入的部分进行的一种补充。比如儿童内心的真实想法、心理感受等方面, 社会工作者要掌握一定的访谈技巧。

第三, 观察法。社会工作者对儿童生活行为和生活状态进行观察, 且所观察的指标是较容易被发现和察觉的外在事物。诸如儿童的身体发育情况、精神状态、语言表达、性格表现、衣着等方面。观察法能够使社会工作者较快地对儿童信息作出一个基本的掌握和判断, 且可以与访谈法相结合。

(二) 孤儿的需求评估

儿童需求评估工作应当根据儿童的特点和儿童的困境实施分类评估。如孤儿的最大特点是双亲的离去, 由此产生心理、生活等方面的问题。

从问题导向来看, 因为双亲的离去, 孤儿在生活保障方面就失去了最可靠的保障。对孤儿进行需求评估的主要指标有年龄、健康状况、家庭经济收入、居住环境情况、监护抚养情况、在学情况等。这些指标反映孤儿面临的现实问题, 是一些较容易发现和观察的外在指标, 社会工作者要通过查阅档案、走访、询问和观察, 进行初步评估。

从发展导向来看，这种方向的需求评估侧重对孤儿能力缺陷和不足的发掘。双亲的缺位导致孤儿不能像其他儿童一样接受正常的家庭教育，可能会产生诸多问题，其中以孤儿的心理、认知水平等具有内在性的问题为主。因此，社会工作者要对孤儿的心理健康情况、社交情况、认知水平、生活能力等方面进行一个较为深入的评估。

（三）困境儿童的需求评估

困境儿童面临的问题多侧重于生存问题、重残重病导致的身心发展等问题。这也是他们所面临的最大困境。

从问题导向来看，一是因家庭贫困导致生活、就医、就学等困难。二是因自身残疾导致康复、照料、护理和社会融入等困难。三是监护不当、遭受虐待、遗弃、意外伤害、不法侵害等人身威胁或侵害。这些均为困境儿童面临的迫切问题，对困境儿童的需求评估可从这三个方面着手。

从发展导向来看，社会工作者要拓展困境儿童的成长空间，并培养其应对问题的能力。一是要稳定困境儿童家庭生活的基本保障，需要社会工作者对其家庭生活保障的影响因素进行需求评估分析。二是针对困境儿童的重病重残问题，社会工作者要对其医疗资源、康复训练的需求进行评估。三是以困境儿童的人身安全为线索，社会工作者对其受虐待、遗弃等身心伤害原因进行分析，稳定困境儿童的人身安全保障。四是基于前三个方面产生的心理健康问题，社会工作者还要对困境儿童的心理健康进行需求评估。

（四）农村留守儿童的需求评估

农村留守儿童是社会工作者经常接触的人群。他们的问题主要表现为：学习问题、心理健康问题、人际交往障碍。

从问题导向来看，农村留守儿童缺少父母的有效监管，进而导致学习方面出现问题。一是对农村留守儿童的在学情况进行掌握，对于辍学、失学、厌学等问题，要找出症结所在，对学习情况进行需求评估。二是对其家庭监护情况，包括监护人在内进行需求评估。三是农村留守儿童的生活细节通常不被其监护人重视，社会工作者要对他们的安全需求进行评估。

从发展导向来看，农村留守儿童的心理健康和人格发展方面存在较多问题。一是农村留守儿童由于缺少情感和心理关怀，存在不同程度的性格缺陷和心理问题，社会工作者需要对他们的心理健康进行需求评估。二是家庭教育的缺位，致使农村留守儿童出现诸多性格障碍，与监护人产生代沟，使得双方冲突不断。社会工作者需要对农村留守儿童的人格发展进行需求评估。

其中不同类型儿童的常见问题表现如表 2-6 所示。

表 2-6　不同类型儿童常见问题表现

儿童类型	问题表现
孤儿、事实无人抚养儿童	1. 性格内向，胆怯，负面情绪较多 2. 缺乏安全感，对周围环境不信任，产生较大的猜忌心理 3. 家庭经济困难 4. 学习习惯问题，缺乏教育环境，学习能力和学习成绩较差
困境儿童	1. 因病因残或受到暴力侵害而产生的心理问题，如自卑、胆怯、易怒等 2. 因病因残而造成的家庭经济困难 3. 因病因残造成家庭和学校教育的缺失 4. 因病因残造成的社会支持网络缺失，如缺少正常的朋辈群体交往等
农村留守儿童	1. 教育问题。家庭教育功能缺失或者弱化，缺少针对儿童品德和学习方面的培养。学校教育主要表现为缺少良好的学习环境条件 2. 情感缺失。如因为长期缺少情感方面的关注而产生胆怯、社恐、叛逆等问题 3. 社会化问题。由于监护不当等问题产生斗殴、盗窃等不良行为，将对他们的正常社会化产生巨大的影响 4. 安全问题。如食品安全、交通安全、性教育、溺水、摔伤、触电等安全教育的缺失

三、整体评估，平衡儿童与成人的需求

家庭是儿童社会化的第一场所，更重要的是社会工作服务需要平衡儿童与成人的需求，这也曾经是社会工作者所忽略的。

（一）为什么要整体评估

1. 家庭是一个整体

以往社会工作者通常将工作的重点放在儿童的需求上，却较少地关注

整个家庭对于儿童的影响。家庭是一个整体，内部成员之间有着极强的关联性。儿童问题的产生绝非儿童单一个体的原因，而可能隐藏在家庭结构之中。儿童服务应该强调家庭的整体性原则，即社会工作者要平衡、协调好家庭成员之间的关系。服务对家庭的影响见图 2-2。

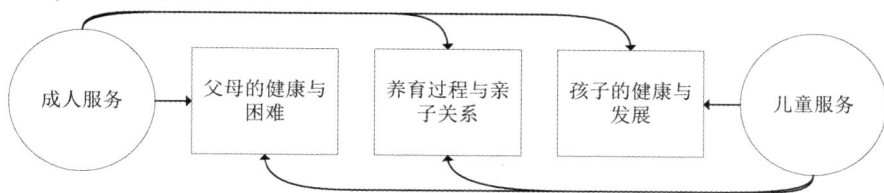

图 2-2　服务对家庭的影响①

2. 儿童问题多源于成人问题

"孩子是一张白纸，你在上面画成什么样子，他就是什么样子。"家庭是儿童社会化的第一场所和关键场所。儿童作为家庭文化的被输入者处于弱势和被动地位，其困境也常源自家庭矛盾和家庭困境，尤其多源自成人的矛盾和困境。因此，对问题进行追根溯源，不仅要从儿童本身进行调查评估，还需要社会工作者对成人需求进行评估调查，把握好成人需求与儿童需求的关系，进行整体评估。

（二）儿童与成人需求的平衡点

在明白为何需要整体评估之后，如何寻求儿童需求与成人需求的平衡点成为整体评估的关键所在。

第一步，列出成人需求清单。成人的需求包括三个方面：一是有些儿童监护人在面对困境时不知道如何应对，存在儿童的抚养、教育、康复、监护等方面能力提升的需求。二是成人的心理建设需求，他们长期处于较大的生活压力下，可能会产生较多的心理问题，如，自卑、愤怒，对儿童的未来感到迷茫等，甚至产生抛弃孩子的想法。三是需要咨询支持、经济支持等其他需求。

---

① MAINSTONE F. 精通社会工作中家庭整体评估：平衡儿童、成人及家庭需求[M]. 陈婉珍，黄景莲，译. 上海：华东理工大学出版社，2019：48.

第二步，列出儿童需求清单。儿童的需求主要包括心理健康需求、生理健康需求、情感支持需求、监护需求、学习提升需求、社交需求、生活支持需求、康复训练需求等。成人需求和儿童需求需要社会工作者进行细致的调查和掌握，具体方法可参照前文。

第三步，比对双方需求清单。这一步需要社会工作者将成人和儿童的需求清单进行比对，寻找到双方需求的共同点和平衡点（见图2-3）。共同点即成人与儿童具有的相同的需求。但实际上，成人需求和儿童需求是很难完全一致的，这缘于成人和儿童在生活中角色的不同。成人可能面临生活、工作压力，但儿童则无此压力。这就需要社会工作者对二者的需求进行转化和平衡。

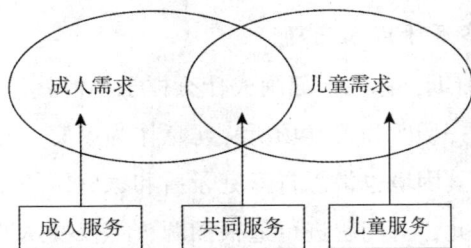

图 2-3 寻找成人与儿童的共同需求

第四步，转化与平衡双方需求。如何进行转化？这需要社会工作者在需求清单中寻找内在关联。首先，在成人和儿童的需求清单中寻找相似的需求。其次，寻找和发现相似需求之间的内在联系。

比如，我们经常倡导的儿童性教育，在以往过程中我们通常强调对儿童进行性教育和性知识的输入，忽视了家长作为家庭整体一员的存在。我们只关注儿童对于性教育知识的匮乏，但事实上，成人也存在性教育的需求，而性教育服务往往忽略了他们。

评估发现，成人在性教育方面最为缺乏的是方法，即科学正确地传授儿童性教育知识的方法，他们往往缺乏恰当的方法对儿童进行性教育，不知道什么样的内容是合适的，对性知识也难以启齿。儿童缺乏的是对性的正确认知和防性侵能力。即便这两种需求略有差异，但这两种需求存在一定的内在联系，即性教育方法和性教育内容的统一性。所以，社会工作者在开展儿童性教育服务时，既要满足成人对于性教育方法的需求，让成人掌握一套尺度得当、方法科学、内容合适的性教育方法体系，又要根据儿童成长特点，加强其性健康教育，提升其防性侵能力。

第三节　如何评估儿童服务项目

儿童服务项目的评估是为了给项目购买方、服务对象以及社会工作者自己一个交代。一方面是对儿童服务的成效进行评估以履行作为服务承接方、服务供给者的职责使命；另一方面是对服务项目进行回望复盘，以不断总结工作经验和提升服务能力。

一、准备阶段

一方面是准备评估必要的资料信息；另一方面是明确服务项目评估的目的和问题，即为什么要评估以及评估什么。

（一）明确评估目的

社会工作者应该首先明确评估目的，即检视项目整体的运行情况。广义而言，评估目的就是为了了解服务成效；狭义来说，评估目的是了解儿童在哪方面取得了何种程度的进步，以及服务过程中的不足和问题等。只有明确评估目的后，才能确定评估什么、如何评估。

（二）拟评估的问题

拟评估的问题是进行社会工作服务项目评估的核心与关键，是评估工作的主要内容。拟评估的问题需要紧扣社会工作服务项目的主题内容和主体需求，即以儿童为主体的问题困境。如开展的服务项目是儿童性教育，拟评估的问题就应当紧紧围绕儿童性教育的内容展开，诸如对儿童性认知、儿童处理性问题的能力、儿童防性侵能力等方面的评估。

（三）设计评估方案

这一步需要对评估方案进行设计、修订。一是对评估的主体人员、评估的地点等事务性工作进行确认。二是拟定评估指标。评估指标是对评估问题进行操作化、具体化、可呈现化的一系列命题。在评估工作中，指标主要采用量表以打分的形式呈现。

比如，对儿童性教育服务成效进行评估，我们要围绕儿童性认知、儿童处理性问题的能力、儿童防性侵能力三个方面构建指标。在儿童性认知方面，构建比如"你知道什么是隐私部位吗""你知道青春期的男孩子有哪些变化吗"等问题。总而言之，指标的构建就是将问题细化成可具体量化和感知的命题，评估者可根据客观情况进行打分。

但这只是整个服务项目的一个方面。具体而言，社会工作服务项目的评估焦点主要为项目方案、项目实施、项目管理、项目成效四个方面。

知识链接 ....

民政部《社会工作服务项目绩效评估指南》
关于服务项目评估的四个方面

根据民政部发布的《社会工作服务项目绩效评估指南》，评估的内容包括项目方案、项目实施、项目管理、项目成效四个方面（见表2-7）。

表2-7　社会工作服务项目评估内容

评估内容	具体内容
项目方案	1. 社会工作服务项目的策划是否专业、规范； 2. 服务计划是否具有逻辑性和可操作性，是否有效回应服务对象需求和项目目标要求； 3. 服务对象界定是否符合项目基本要求； 4. 对需求的调查分析是否准确，需求分析报告结构是否完整，是否能根据需求合理界定项目服务的覆盖范围和目标指向； 5. 预算方案是否体现目标相关性、政策相符性、经济合理性、公益导向性的原则
项目实施	1. 专业人员的配备与使用； 2. 物资配置； 3. 专业服务价值理念运用； 4. 专业服务理论运用； 5. 专业服务方法运用

续表

评估内容	具体内容
项目管理	1. 项目行政管理； 2. 专业规范性管理； 3. 项目进度管理； 4. 服务质量体系与督导； 5. 风险管理与应急预案； 6. 项目资金管理
项目成效	1. 目标实现程度； 2. 满意度； 3. 社会效益

二、实施阶段

评估准备工作完成之后，就需要按照评估方案的要求开展实施工作。在实施阶段，主要有两个任务：一是收集与服务项目相关的资料，二是对收集来的资料进行筛选、整理、分析。

（一）收集资料

1. 需要收集的资料

需要收集的资料主要包括儿童的基本信息、家长的基本信息、家庭成员基本信息、家庭环境信息、邻里评价信息等。

2. 资料收集的方法

常用的资料收集方法有家庭走访、查阅档案两种方式。家庭走访即社会工作者深入儿童家庭观察、测量儿童的基本情况，以及儿童与监护人、邻居等人群的关系。查阅档案主要包括儿童、监护人、家庭成员的健康档案，儿童的其他基本信息等。

（二）整理、分析资料

资料的整理是把收集到的资料系统化、规范化。它包括对资料的审核、复查、分类、记录等（见表 2-8）。

表2-8　资料整理、分析步骤

步骤	目的	内容
审核	去除虚假、无效资料，保留真实、有效资料	采用访谈、观察、经验判断法进行资料审核；分析比较、资料来源判断
复查	保证资料的真实性、准确性	针对相对重要的资料进行随机抽查复查
分类	规范整理、系统条理化资料	按照某一标准进行分类
记录	保留工作痕迹，做好备忘录	要勤于将工作记录落实到笔头上

一般来说，资料的分析方法分为定性和定量两种。定性分析方法需要社会工作者站在服务对象的主观角度，以情境融入的思考方式去理解服务对象的感受，并以此作出感知评价。定量分析方法则是通过数据、量表等客观的事物去说明服务对象存在的困境。

案例分享

一次险些失误的评估

陈欢（化名）是一名居住在C市郊区的农村留守儿童。父母常年在外，在陈欢10个月大的时候就外出务工了，之后陈欢就由爷爷奶奶看管。由于陈欢从小缺少父母的管教，爷爷奶奶也无法对他进行良好的家庭教育，因此陈欢养成了撒谎的坏习惯。他经常以交资料费、生活费的名义骗取爷爷奶奶的钱，而这些钱被其花在了"黑网吧"里。他有几次还因为钱的问题"离家出走"，陈欢的爷爷奶奶又急又气，而电话那头的陈欢父母也无可奈何。

社区工作人员得知此情况后，主动联系了社会工作者小王并反映了陈欢的情况。得知情况后，小王决定主动找到陈欢，以个案工作的形式对其进行矫正。在社会工作者小王的帮助下，陈欢的情况得到了较为良好的改善。第一是陈欢意识到撒谎这个问题的严重性，改掉了经常撒谎的坏习惯。第二是陈欢意识到"离家出走"有一定的危险，决定不再以"离家出走"的方式进行赌气。在活动结束之际，社会工作者小王决定对此次服务项目的成效进行评估。

第一，评估准备，问题梳理。陈欢存在 3 个主要的问题：一是爱撒谎的问题；二是沉迷网络，泡"黑网吧"的问题；三是性格冲动，爱赌气"离家出走"的问题。后两者相对容易观察到并且得出结论，但撒谎的问题一时难以查验。因此，小王决定对陈欢和他的爷爷奶奶进行回访。

第二，收集资料，回访服务对象。为保证得到信息的真实性，社会工作者小王决定分别回访陈欢和陈欢的爷爷奶奶。在回访陈欢的爷爷奶奶时，小王问及陈欢去网吧的次数，他们表示孙子最近比以前听话乖巧多了，没有再以什么借口骗零花钱了，也没有离家出走过。听完爷爷奶奶的讲述，小王对陈欢的表现很满意，准备填写评估表格。但此时已经是下午 6 点半了，小王见陈欢还没有回家就问起来。陈欢的爷爷奶奶表示，陈欢放学后会找同学去玩。因为孙子变得乖巧懂事，陈欢的爷爷奶奶对此也没有放在心上。

此时小王则留了一个心眼，陈欢在放学后这段时间究竟是玩些什么呢？在陈欢回家后，小王对陈欢进行回访调查。陈欢很有信心地表示自己很少撒谎了，也没有再离家出走过。当谈及上网的问题时，陈欢摸了摸鼻子说自己没有再去过"黑网吧"。

小王注意到了陈欢摸鼻子这个细节，结合陈欢的表现和其爷爷奶奶的讲述，小王认为陈欢很有可能对此撒了谎。小王决定对陈欢进行跟踪调查。随后一段时间，小王果然在一家网吧里发现了陈欢。不过与以往不同的是，陈欢没有坐在电脑前，而是站在同学身后看着他的同学玩。

案例点评：在本案例中，虽然社会工作者小王并没有严格按照本书既定的方法进行服务项目评估，但在遵循原则的条件下较为灵活地进行了评估，了解了陈欢在服务结束后的情况，对服务项目的成效作出了真实有效的评估。

第一，评估指标的构建方面。社会工作者小王并没有刻板地遵循指标要操作化、具体化的要求，对于难以量化和具体化的指标，直接采用访问的方法完成，较好地把握了评估工作中定量方法和定性评估之间的平衡，掌握了真实有效的资料信息。

第二，评估资料的收集方面。对所收集的资料，其首要要求就是真实性和有效性。社会工作者小王在收集评估资料时，因为陈欢摸鼻子这个很小的细节抓住了关键资料，过滤了虚假信息，避免了一次错误评估的产生。

三、撰写报告

社会工作者完成评估资料的收集、分析之后，即可进入评估报告的撰写阶段。评估报告一般是书面报告，其结构通常包含如下内容：

标题。标题一般紧扣主题和对象，简洁明了。如《××社区儿童性教育评估报告》。此外，在报告的封面写明作者、撰写日期。

摘要。摘要是对评估报告的一个简要概括。包括在何地以何种方法进行何种方面的评估、评估结果如何、对策建议如何等。一般在 500 字左右。

目录。包括正文的各级标题、页码，以及文末的附录、参考文献等信息的具体页码。标题级别可根据需要适当调整，最多不超过四级。

引言。介绍此次评估的背景、目的、问题以及评估报告的行文结构。

评估方法。对此次评估采用的方法进行简单的介绍，并对评估的时间、对象、内容、过程进行简要介绍。

评估结果。对研究框架下所得出来的评估结果进行详细陈述。要紧扣主题，可按照评估的需要，对照社会工作服务项目评估内容（见表 2-7）中的要素进行分类撰写。

结论与建议。对评估结论进行总结，并提出对策建议。

不足之处。指出本次评估的不足之处、局限性。

参考文献。评估所参考的一些文献资料。

附录。包括访谈记录、评估量表和其他原始的数据、资料。

四、评估的类型

评估的类型按内容可分为两类。一是过程评估，包括对服务项目的过程环节、专业化程度、理论运用进行评估（见表 2-9）。二是结果评估，主要是对服务项目的效果、效能和满意度进行评估（见表 2-10）。

（一）过程评估

儿童服务项目的过程评估是对整个服务过程进行考察和评价，从接案到结案，包括服务过程中的每一个阶段和步骤。

表 2-9　过程评估类型表

类型	内容
过程环节评估	1. 对服务对象最初问题的诊断、评估； 2. 服务目标的设定、服务计划合理性的评估； 3. 干预方法、干预策略的科学性、适用性评估
专业化程度评估	1. 工作关系评估； 2. 工作过程中的规范性评估； 3. 专业伦理的评估
理论运用评估	1. 理论方法与服务过程契合性评估； 2. 专业方法应用的效果评估

（二）结果评估

儿童服务项目的结果评估是社会工作者在服务介入过程结束后，对服务目标和最终的服务效果进行的最终评估，目的在于服务目标和最终服务效果的比较，以明确是否按计划完成了原定的计划和目标。

表 2-10　结果评估类型表

类型	内容
效果评估	1. 服务项目对服务对象影响力的评估； 2. 服务目标完成度评估
效能评估	1. 针对服务过程中资源投入与实际效果进行比较的评估； 2. 投入的人力、物力、财力等利用率的评估
满意度评估	1. 服务对象对于社会工作者的满意度评估； 2. 服务对象对于社会工作机构的满意度评估； 3. 社会工作者对于自己工作满意度的评估

五、评估的方法和技巧

前测与后测、个人目标测量是社会工作者对儿童服务项目开展评估的常见的两种方法。前测与后测，即在服务之前和服务结束后对服务对象分别开展两次测量。个人目标测量，即服务对象个人目标的达成率与完成情况。

（一）前测与后测

因为人的复杂性和社会性，服务对象的问题和需求往往难以用一个标准的测量工具进行衡量。加上儿童自身的特点，对其进行成效评估和测量更具难度。

因此，社会工作者针对儿童问题和需求制定了一个"标尺"，以便对介入前的儿童行为和介入后的儿童行为进行测量。社会工作者可以将介入前儿童的行为和介入后儿童的行为进行罗列和比较，通过对照观察儿童行为的差异。比如哪些行为是社会工作者介入前就有的，哪些行为是社会工作者介入后才出现的，社会工作者的介入对该行为是否有强化作用等。

（二）个人目标测量

在服务过程中，服务对象和社会工作者对于预期服务效果的期望是有差异的，服务对象的诉求与社会工作者的理解也可能存在误差。因此，社会工作者可以通过与服务对象共同商讨，制定一个符合双方预期和需求的目标尺度，如制作服务能效测量表，或在服务结束期间双方共同衡量预期服务效果的完成度。在运用目标达成量表时，社会工作者应该先帮助儿童设立目标，并可将其分为五种完成度，设计成如表2-11所示的目标达成量表。需要注意的是，五个程度的预期完成度内容，需要与服务对象共同商讨并拟定。

表2-11　目标达成量表

预期完成度	内容描述
预期最糟糕的结果	
低于预期的结果	
达到预期目标的结果	
超出预期的结果	
最完美的结果	

目标达成量表的评估方法，不仅可以制定针对服务对象的个性化目标，而且更大意义上是为了让服务对象看见目标达成的程度，有助于服务对象增强自信心。

儿童服务项目成效评估常见的三大误区

第一，用个别成效代替整体成效。这种情况多出现在以小组工作为方法的服务项目中。即将个别服务对象情况的明显改善，与整体的服务效果进行混淆。事实上，在小组工作中，服务成效在每一个服务对象身上的效果和外在呈现都是不同的。因此社会工作者要特别注意区分，可以在项目开展之初设立基线以便后期测量。

第二，用项目数据代替整体成效。即以儿童服务项目中各种数据的达成率来代替服务项目成效指标。比如在服务过程中开展了多少次活动、访谈了多少调查对象，这些均为社会工作者在服务过程中所投入的力量和达成率，是服务过程的一个数据体现，而不是服务成效的直观结果。

第三，用服务对象的满意度代替服务成效。服务成效是指服务对象通过社会工作服务之后，原有情况得到的改善程度。虽然服务对象的满意度是评估服务项目的指标之一，但绝非唯一指标。首先，服务成效的体现应当是服务对象通过自身的改变而客观体现出来的。即服务对象的问题是否真的得到了解决、其能力是否真的得到了提升，而不是用"我很满意""我感觉比以前好多了"的主观评价进行代替。其次，满意度是为了让社会工作者得到服务质量的反馈，改善日后的服务质量，与整体的服务成效是有区别的。

第四节　如何结案儿童服务项目

结案是儿童服务项目的最后一个步骤。在这一步中，社会工作者需要按照一定的程序和原则结束与服务对象的专业关系。社会工作者要把握好结案的方法、原则与技巧，否则就会出现"剪不断，理还乱"的问题。本节将简要介绍结案的类型、结案的任务流程和结案技巧。

一、结案的类型

常见的结案类型分为 6 种：完成服务目标、服务对象抗拒服务、客观原因需要结案、服务对象能力得到迅速提升、服务过程中发现了新问题、社会工作者的身份发生变化。

（一）完成服务目标

若整个服务过程较为顺利，服务目标顺利完成则是最为理想的结案类型。需要注意的是，完成服务目标的条件是儿童、儿童监护人、社会工作者三方均认为达到了预期服务效果，实现了预期目标。在社会工作者、儿童（及其监护人）之间能够较好地处理离别情绪后，双方共同协商并结束专业关系，结束服务并顺利结案。

（二）服务对象抗拒服务

在社会工作者与服务对象接触初期，服务对象可能会产生抗拒和抵触情绪。其中包括儿童初期面见社会工作者产生的陌生感，此时社会工作者可以通过多次接触儿童或破冰游戏等消除陌生感从而建立专业关系。若在服务过程中儿童（及其监护人）与社会工作者产生抗拒、抵触情绪甚至是冲突时，社会工作者可以通过转介的方式结束专业关系。

（三）客观原因需要结案

客观原因指的是社会工作者和机构无法满足服务对象的需求，或者社会工作者和机构因为能力原因而无法承担服务时，可以结束服务，也可以转介给其他社会工作者或社会工作机构。

(四) 服务对象能力得到迅速提升

在社会工作者与服务对象建立专业关系、经过一定程度的专业服务之后，服务对象能力得到迅速提升，可以在社会工作者离开之后独立解决问题。此时社会工作者在确认之后可以结案。

(五) 服务过程中发现了新问题

社会工作者在服务过程中可能会发现服务对象的一些新问题或新需求，此时社会工作者若不能解决这些新问题和满足新需求的话，可以选择转介或者结案。如社会工作者在服务过程中发现儿童存在康复训练需求，则需要由专业的康复训练人员完成。

(六) 社会工作者的身份发生变化

这种情况一般来说较为少见。其主要情形是由于社会工作者的工作变动、家庭搬迁等原因，迫使社会工作者不得不结案。抑或社会工作者出现了职业伦理问题，如产生了不利于儿童服务的情感现象等，歪曲了社会工作者与服务对象的身份关系，此时也需要进行结案。

二、结案的任务流程

结案的任务流程分为四步。在此期间，社会工作者有两个主要任务：一是处理好与服务对象的关系，在巩固已有成果的基础上结束专业关系；二是社会工作者需要对整个服务项目进行复盘，做好痕迹管理和资料管理工作，对项目材料进行整理，撰写结案报告等。

(一) 总结服务工作

这一阶段主要是对介入工作的效果、整个服务过程、目标实现程度、对于服务对象的改变进行衡量和评估，并撰写儿童服务评估报告提交所在机构，做好结案时需要的工作记录等。

(二) 巩固已有成果

这一阶段需要社会工作者带领服务对象（儿童及其监护人）回顾整个服务过程，包括服务过程中碰到的每一个问题、步骤、解决方法、效果等，旨在通过鼓励、肯定的方法对服务对象表示认可，巩固服务对象已有的进步和改变，并加以强化，增强服务对象的自信心和能力。

（三）解除工作关系

结案阶段最重要的事件是解除社会工作者与服务对象的工作关系。此时，儿童可能会产生离别情绪等不利于结案的问题，需要社会工作者进行离别情绪的处理。此外，若服务对象存在其他需求，社会工作者不可再继续提供专业服务，需要社会工作者转介至其他社会工作者或者社会工作机构，重新建立专业关系。

（四）做好结案记录

结案记录主要包括：服务对象的求助时间、问题现象、问题原因等；社会工作者提供的服务类型、服务内容、工作方式等；服务对象的目标达成度、服务对象的改变、结案的类型、儿童服务评估报告、不足、相关建议等。

三、儿童服务结案小技巧

小技巧能帮助社会工作者更顺利地进行结案，特别是对于儿童这种依赖性比较强的群体，更需要社会工作者熟练地掌握结案方法和技巧进行结案。

（一）回顾服务过程

这一步是带领服务对象回顾整个服务过程，使服务对象对服务过程和进度有一个大致的了解。一是可以让服务对象感知服务前后自身的变化和进步，增强服务对象的自信。二是让服务对象明白服务过程即将结束，需要其做好心理准备。

（二）提前告知结案时间

提前告知结案时间需要社会工作者对整个服务过程和服务进度有一个较好的把握。当确认好服务进度时，为使服务对象有一个充分的思想准备，需要社会工作者提前告知服务对象结案时间，避免突然告知结案导致服务对象无法接受。

（三）处理服务对象的离别情绪

儿童是一个感情依赖性很强的群体。在结案期间，儿童可能会产生各种情绪反应，比如沮丧、不舍、哭泣等。对于儿童来说，这也是一次能力学习和提升的机会，社会工作者可以帮助儿童调适心理，帮扶他们克服离别情绪，让儿童感受到社会工作者并非放弃对其帮扶，而是帮助其建立能够独立解决问题的自信心。社会工作者也可以适当地减少与服务对象见面的次数。

（四）安排正式的结案活动

必要时可安排一些正式的结案活动。如以会谈、绘本等形式，让服务对象独立回顾并梳理整个服务过程中自己的变化、成长和收获，帮助服务对象增强和建立独自面对问题、解决问题的能力和信心。

第 3 章

如何进行资源链接

　　资源链接是社工站作用发挥的重要手段，是服务儿童群体多样化、个性化需求的务实之策，也是践行"慈善+社工"理念的具体体现。社工站日常运营的这一"必选动作"，难倒了不少社工同人。殊不知资源链接也是一门"技术活"，需要在科学有效的方式方法指引下，经过反复训练和实践才能掌握其动作要领，并最终为社会工作服务的资源支撑找到一方"源头活水"。本章将从资源的类型与来源，资源链接的方法与技巧，资源链接的注意事项三方面，着重讲解社工站如何在儿童服务领域链接资源。

第一节　资源的类型与来源

　　链接资源的第一步是认识资源，社工站首先要弄明白资源"有哪些"、资源"哪里来"这两个问题。资源"有哪些"回答的是资源的类型问题，资源"哪里来"回答的是资源的来源问题。在此，我们以儿童服务的需求为出发点，讲解资源的类型与来源。

知识链接

资源链接的含义

　　资源链接是社会工作者运用社会工作专业知识，通过各种可能的科学方法或手段，为处在困境中的服务对象提供能够改善甚至消除困境的有效途径。

一、资源的类型

一般来说，只要是有助于满足儿童需求的，只要是有助于开展社工站儿童服务的，均可被视为资源，它是社工站发挥作用的有效支撑。具体来说，社工站儿童服务需要的资源一般分为五种类型：

一是人力资源。人力资源是指能够为儿童服务提供知识、技能、经验以及奉献自己的时间或精力的人员，包括社区居委会人员、居民骨干、社区志愿者、居住在社区有特殊才能的人士或名人等。

二是物力资源。物力资源是指有助于儿童服务的物质资源，包括生活、学习、文体用品，室内外活动场地，活动设备、器材等。

三是财力资源。财力资源是指可用于开展儿童服务的经费，包括政府购买服务的经费、辖区内企事业单位赞助经费、各种社会捐赠以及活动的经费。

四是组织资源。组织资源是指可以推动儿童服务、促进儿童发展的各类组织或机构，包括党委政府部门、辖区的企事业单位、媒体、社会组织、各类自助和互助的团队和小组等。

五是文化资源。文化资源是指辖区内现有的典籍、古迹、文物等文化遗产以及民俗、艺术等其他有助于促进精神文明的文化活动。

下面以某社会工作站开展需求调研资源链接为例。

案例分享 ....

某社工站初期启动运行，两名社会工作者针对该地留守儿童较为密集的特点，计划开展前期调研和服务设计。由于该乡镇常住人口达 5 万，下设 31 个行政村，仅靠两名社会工作者连前期调研都难以完成，加之资源有限，即便摸清了需求也难以回应。两名社会工作者充分商议后，提出整合资源"借船出海"的思路，得到社工站负责人的积极支持。根据调研需求，两名社会工作者实施了三类资源的整合工作，解决谁去调研、怎么去调研、哪里给支持的问题。

一是整合组织资源，解决哪里给支持的问题。社工站负责人带领两名社会工作者就"困境留守儿童调研和服务"工作，向当地社会事务办进行了专题汇报，引起领导的重视和支持。社会事务办随即下发通知，安排各乡镇做好配合。

二是整合人力资源，解决谁去调研的问题。两名社会工作者将31个行政村分为6个片区，招募了12名志愿者，每两人负责一个片区（5~6个村庄），分头对接村委会进行摸底。

三是整合物力资源，解决怎么去调研的问题。在社会事务办的支持下，共招募了6辆由爱心人士提供的爱心车辆，负责陪同社会工作者和志愿者前往6个片区进行调研。

看似困难重重的一项工作，在各项资源的有力支持下，得以有效开展。两名社会工作者原计划1个月的调研工作，仅用了1周便完成了。

此外，可以根据不同的标准划分不同的资源类型，如根据儿童所处的环境系统，资源可分为家庭资源、政府资源、学校资源、社区资源和社会组织资源；又比如，在社区营造的概念里，资源可以从"人、文、地、景、产"五个维度进行区分和发展。

二、资源的来源

社工站有效链接资源，要做好前期准备工作，不仅要知道社工站可以链接哪些资源，而且要知道这些资源的来源。只有如此，社工站工作人员才能根据儿童的需求，有的放矢，快速、精准地找到资源。根据儿童所处的环境系统，能够为他们提供帮助的资源来源大体可分为6个渠道，即"家庭+政府+学校+社区+社会组织+互联网"（见表3-1）。

表 3-1 资源的主要作用和常见打开方式

来源渠道	家庭	政府	学校	社区	社会组织	互联网
主要作用	经济和情感支持	政策支持和补助功能	学习和心理支持	生活环境和政策保障	公益服务支持	信息支持
打开方式	通过儿童亲友的引荐打开家庭资源	通过以往合作过的政府部门打开政府资源	通过儿童家长的引荐打开学校资源	通过儿童家长或监护人的引荐打开社区资源	通过所在社工机构出面打开社会组织资源	通过社工自行上网查询打开互联网资源

（一）家庭渠道

儿童不是孤立存在的个体，每个儿童的健康成长都离不开社会支持系统。儿童社会支持系统的出发点是家庭，血浓于水的亲情是家庭及其家族的宝贵财富。社工站帮助儿童实现人与资源的相互协调，首先应着眼于对儿童所在家庭或家族的资源挖掘，推动其资源的有效流通和运用，缓解儿童面临的具体问题。虽然每个家庭都在努力为孩子成长提供各种条件和资源支持，但是由于自身条件的限制，家庭资源层面还存在一些问题，比如家庭经济能力不足、家庭照顾和情感支持不足、家庭教育支持不足以及方式方法失当等。

如何挖掘家庭资源，如何深入困难家庭中了解、链接以及动员儿童亲朋好友的资源，对于儿童走出困境、健康成长具有重要意义。社工通过自身的努力链接，实现儿童家庭在血缘和亲情关系上的资源互帮互助，不仅可以缓解儿童家庭的经济困境，更能提供精神和信心支持。

（二）政府渠道

政府是资源的主要拥有者、集大成者，是社工站儿童服务中资源链接的最重要来源。在社工站的推动下，政府往往可以通过各项政策或行政手段给予儿童强有力的支持。反之，社工站资源链接的过程中若没有政府的支持，儿童服务工作将会十分受限，甚至被动。社工站应该尽可能充分挖掘和整合政府资源。最常用到的政府资源包括县级职能部门、乡镇（街道）和社区（村）三方面，以下重点列出具有代表性的职能部门有关儿童的职能职责（见表3-2）。

表3-2　有关儿童关爱保护的职能清单（部分）

职能部门	职能职责
民政	1. 儿童关爱保护工作牵头责任； 2. 制定儿童关爱保护工作准则及推动其落实工作； 3. 建档立卡，开展儿童信息档案管理工作； 4. 督促、推动儿童关爱保护工作的开展、落实； 5. 对各部门开展的儿童服务工作作出指导、建议
公安	1. 儿童安全保护工作； 2. 配合教育行政部门指导和协助学校完善儿童安全管理； 3. 法治宣传和安全教育； 4. 户籍管理和改革，推进儿童家庭在城市落户，创造照料未成年人的条件
教育	1. 指导地方各级教育行政部门做好留守儿童教育关爱工作； 2. 督促学校对儿童受教育情况实施全程管理； 3. 培养儿童抗逆力，帮助发掘儿童的潜能； 4. 组织、配合各部门联动开展儿童服务
文明办	1. 组织、指导各部门开展儿童服务活动； 2. 宣传、表彰优秀儿童服务事迹与人物
团委	1. 动员青少年志愿者开展儿童服务活动； 2. 引导、指导儿童监护人加强对儿童的关爱保护
妇联	1. 依托儿童之家、妇女之家等平台提供日常照料、学习辅导服务； 2. 引导监护人加强对儿童的关爱保护； 3. 引导培育儿童友好型家庭氛围
网信办	1. 指导各网络媒体强化宣传儿童保护工作； 2. 建立儿童舆情监测预警机制； 3. 清理网络有害信息，营造绿色网络生态； 4. 引导网络组织平台积极参与儿童保护工作
关工委	1. 组织动员离退休干部开展儿童服务活动； 2. 协同各部门做好儿童关爱保护工作
广电	1. 指导新闻出版及广电部门强化儿童保护宣传工作； 2. 引导监护人自觉履行监护责任； 3. 强化强制报告主体法律意识； 4. 宣传报道未成年人权益保护先进典型； 5. 营造家校社齐抓共管的儿童友好氛围

政府虽有政策，但是由于基层人少、事多，有些情况下不能获得更为全面的儿童救助信息。困境儿童所在家庭也往往由于自身能力所限，无法有效对接政府政策。社会工作者能够主动帮助困境儿童家庭链接政府资源，更大程度上增加困境儿童家庭被关注的可能性，从而容易有效获得各项救助政策的支持。儿童服务政社资源合作关系如图 3-1 所示。

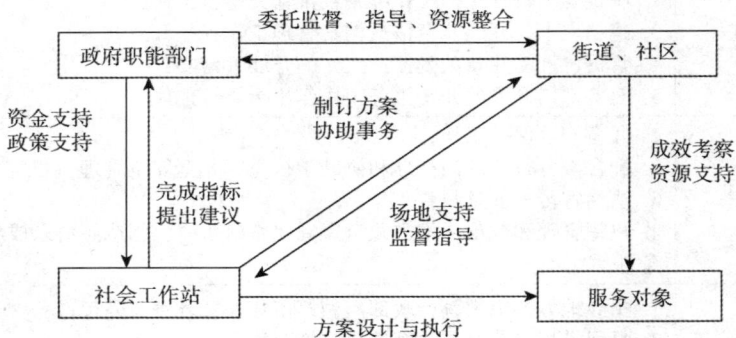

图 3-1　儿童服务政社资源合作关系图

（三）学校渠道

学校是儿童社会工作服务的重要资源。在个人的社会化和受教育的过程中，学校是影响儿童成长的重要因素，一个人从幼儿到成年，很大一部分时间是在学校度过的，可以说学校生活和学习的过程也是每一个人性格和三观形成的过程。面对儿童的需求问题，社工站可以通过跟班主任老师、教务处多沟通，与学校加强合作，利用校内的各项设施、活动、补助等帮助儿童提高学习成绩、参与丰富的业务活动，为他们创造良好的学习氛围，和学校共同努力帮助农村困境儿童健康成长。

（四）社区渠道

社区资源是儿童社会工作服务中最便捷的资源，社会工作者可以链接丰富的社区资源为儿童提供服务。社区工作人员要掌握一定的社区工作方法，在服务儿童的过程中，社区有义务为其提供帮助，这有利于解决他们目前的困境。儿童是社区服务中的重要群体，帮助其健康成长是社区和谐发展的必要条件。因此，社会工作者可以和社区合作，共同努力为儿童提供支持，这不仅有利于儿童的自身发展，也有益于所在社区的整体稳定。

（五）社会组织渠道

社会组织具有非政府性、非营利性、公益性、志愿性四个基本属性。社会组织主要有基金会、社会团体、社会服务机构三类，在儿童社会工作服务中也是必不可少的资源。随着国家乡村振兴战略的深入推进，社会组织将更多资源和力量向乡村倾斜，包括全国乡镇（街道）社工站建设全面铺开，为社会组织之间的联合联动提供了有利条件。因此，社工站可以积极与社会组织合作，为儿童及其家庭提供支持。如果发现有社会组织开展的项目活动适合服务对象，就可以一起合作共同为服务对象服务。对于服务对象家庭经济状况不良的，社工站可以寻求基金会的资源，向本省或全国性基金会申请救助。

（六）互联网渠道

一部手机便可随时打开互联网，互联网技术是 21 世纪运用最为广泛的技术之一，对于社会工作者来说具有巨大的应用价值。经过多年的发展，目前的互联网蕴含着相当丰富的儿童服务资源，常用、善用这一资源将对社工站开展儿童服务工作十分有益，社会工作者切不可忽视它。社会工作者想了解当地经济社会的发展情况、想借鉴同类地区有哪些儿童服务经验、想发布志愿者招募公告、想宣传儿童服务成果等，都离不开互联网。而用好用活互联网资源，并不是简单有部手机，随便进行搜索就可以的，这也是一项"技术活"。

儿童面临的问题往往不是单一的，情况较为复杂，需求较为多元。社工站只有扮演好枢纽、桥梁的中间人角色，充分协调家庭、学校、政府、社区、社会组织、互联网等多重力量，才能有效达成"有钱出钱、有力出力、有主意出主意"的良好配合。下面这则案例中，社会工作者较好地整合了以上至少五种资源渠道，有效回应了儿童需求，希望给大家以启示。

案例分享

某社工机构通过政府购买服务，承担了某县的基层社工站服务项目，一年内社工站社会工作者凭借高效的资源链接能力，有效缓解了三位困境儿童的实际困难（困境儿童类型见表3-3）。

表3-3　三位困境儿童的类型

案例	类型	背景或现状
小J	农村残疾或重病儿童和家庭极度贫困需要医疗、康复、护理的儿童类型	这类儿童在广大的农村范围内普遍存在，甚至存在一大批因为抗生素使用不当导致残疾的儿童。受限于广大农村地区经济发展水平的不均衡，农村家庭物质水平、农村医院的医疗水平、农村政府部门的信息水平和救助水平，这类儿童往往很难得到恰当合理和及时的救助
小X	受侵害、受虐待、打拐解救的等身心承受压力导致自杀自残的新困境儿童类型	这类儿童困境是近年来随着我国物质不断丰富、经济发展而出现的新情况，也体现出了我国学者已经开始把关注困境儿童的生活问题转向关注心理问题的大趋势。随着社会阶级开始略有固化，在青年人抑郁症发病率逐年升高、大中小学生的自杀事件层出不穷的背景下，儿童身心受侵害、虐待这一情况定会越来越得到广泛关注
小Y	农村流浪儿童、孤儿以及父母一方长期服刑在押或父母被强制戒毒的儿童等事实无人监护或者监护不当的儿童类型	虽然我国的犯罪率在逐年降低，但是人口基数的庞大，导致这类儿童的数量让人担忧。而且这一类儿童也非常容易出现遭受同学排挤、比较难以融入同龄人的情况，从而导致心理上的问题

一、服务对象的基本情况

小J：13岁，男，小学六年级学生，身患进行性肌营养不良，属于罕见基因病症，以目前医疗水平暂时无法根治，经当地残联鉴定属二级肢体残疾。目前小J和同样患有此病的哥哥及父母共同生活，成长、学习、照料存在较大困难。

小X：8岁，男，小学二年级学生，曾是留守儿童，读一年级时，被父母接到身边。父亲对他期望过大，他经常挨父亲的打。原本开朗懂事的小X因父亲的暴脾气，放学后常不敢回家。

小Y：14岁，女，小学六年级学生，父亲由于吸毒屡进戒毒所，母亲改嫁外省，小Y现与奶奶相依为命，每月主要依靠奶奶的360元农保生活。她的性格较为忧郁，缺少言笑。

经过前期的探访，社工对小 J、小 X、小 Y 的困境进行了评估和分析，归纳出 3 名服务对象的需求主要是经济需求、学校和兴趣需求、心理疏导和人际交往需求。

二、社工站社会工作者资源链接的做法

社工站社工运用社会工作专业方法，争取各方面的力量，链接各种资源，努力尝试为他们构建社会支持网络，形成合力，帮助困境儿童摆脱困境。

（一）为小 J 链接资源的做法

1. 针对小 J 出行不便的情况，社会工作者向当地民政局反映了小 J 家的情况，为其申请了一台电动轮椅。

2. 针对小 J 的经济需求，社会工作者帮助小 J 申请到了中国出生缺陷干预救助基金会、北京儿童健康基金会和中华少年儿童慈善救助基金会等社会组织的救助资金。

3. 针对小 J 的学习需求，社会工作者联系了当地一所高校（社会工作者所在机构还是该高校社会工作专业的实习基地），高校安排大学生志愿者定期上门提供学业辅导。

4. 针对小 J 的心理需求，社会工作者寻找了同在该镇开展服务的社工机构负责人，而后该机构将小 J 纳入了个案服务对象。

（二）为小 X 链接资源的做法

1. 针对小 X 的安全需求，社会工作者需要帮助他构建安全支持网络。首先，社会工作者与小 X 所在学校的班主任联系，向其进一步介绍小 X 的心理问题和家庭情况，提出请班主任多给予照顾和辅导，得到积极回应；其次，社会工作者来到小 X 所在社区介绍其现状，争取到了居委会工作人员的重视；最后，社会工作者主动前往当地救助站，拿到了"源众家暴包"并交给小 X 母亲应急用。

2. 针对小 X 的学业压力，社会工作者意识到小 X 父亲的多半家暴都是因小 X 学业不理想，社会工作者通过另一家社工机构负责人得知，当地文化站内有一位退休女教师免费为孩子们补课。随之，社会工作者当面和王老师沟通，并在征求小 X 母亲同意的情况下，将小 X 安排进来接受辅导（暑假，每周一至周五，上午 8：00—10：00；开学后，每周一至周五放学后进行课业辅导；每周六下午1：30—3：30集中上爱国教育课）。由此一来，小X的学业有人检查和辅导，大大缓解了小X的学业心理压力以及其父亲的焦虑情绪。

3. 针对小X的亲职教育和亲子沟通需求，社会工作者发动小X母亲和姑姑，一起劝说其父亲参加了社区的家长活动，家长之间互相交流教育心得。同时，社会工作者耐心劝说小X和父亲一同参加社区举办的亲子交流活动，经过五次大课堂、手工坊、趣味运动会、微电影和郊游等主题活动，父子关系得到明显改善。

（三）为小Y链接资源的做法

1. 针对小Y的经济支持需求，社会工作者了解到小Y奶奶曾委托小Y叔叔申请过一次低保未获通过，社会工作者再次为此事前往其所在村委会详细咨询后认为，只要把资料整理齐全还是有机会获批的。此外，社会工作者前往小Y的学校，与其班主任详细了解是否有适合小Y的教育补助，特别是不和学习成绩挂钩的教育补助。班主任提供了不少有价值的信息，比如曙光学校爱心基金、姚老师助学金、方律师助学金和政府困难学习补助金等。社会工作者决定帮助小Y家庭申请低保和公益助学补助，同时申请学校的教育资助和有关基金会资助。

2. 针对小Y的学习辅导和兴趣培养需求，社会工作者来到小Y所在学校，与其班主任沟通并获得支持后，小Y加入了学习互助小组，由老师和同学共同辅导学习。同时，小Y也加入了舞蹈社团，有了兴趣培养的机会。

3. 针对小Y的心理疏导和同辈融入需求，社会工作者在村委会支持下，整合了2位退休教师组建了"社会工作者+教师"队伍，专门为村里儿童开展成长小组活动。社会工作者负责课程、场地和物料支持，退休教师负责具体执行小组活动。社会工作者鼓励小Y参加，起初她有所犹豫，在社会工作者多次鼓励下，小Y答应先参加1期活动尝试。在社会工作者陪同下，小Y参与了活动，并认识了新的同伴，脸上的笑容慢慢多了起来，她答应继续参加成长活动（包括你我初相识、互相沟通、团队合作、信任、挑战和我很优秀等主题活动）。

三、社会工作者资源链接工作的成效反馈

为三位困境儿童链接资源的成效反馈见表3-4、表3-5、表3-6。

表3-4　为小J链接资源的成效反馈

内容	链接资源前面谈记录	链接资源后面谈记录
经济上	小J父母：现在我们没有工作，孩子的病又治不好，仅有的补贴根本不够用，想给孩子换轮椅也没法换。这个家真是不知道怎么撑下去了，只能过一天算一天了	小J父母：真的非常感谢政府捐赠的轮椅，解决了我们的购买问题，这样孩子就能方便出行了。你们（社会工作者）说的基金会我们之后会继续联系，把需要的材料准备上，申请到补助就可以继续照顾孩子了。谢谢你们（社会工作者）为我们家找的这些资源，我们真的非常感激
学习上	小J父母：孩子因为这个病不能上学了，现在就只能在家看一些书，但是没人教他，我们也没有文化，要是他还可以继续学习就好了。 小J：我最喜欢学数学了，数学老师还说过我比别人强，我还想再做做数学题	小J父母：自从这两位志愿者来了之后，孩子每天笑容也多了，天天都在看志愿者给他的课本，做上面的题，叫他吃饭他都忘了。看他现在生活充实了，我们也放心了。我们就想让他多读书，多学习，身体残疾但精神不能残疾。 小J：两位姐姐教了我很多东西，还让我可以做我喜欢的数学题，我好几次都做对了。她们不来的时候我就做题，等她们来了就给我看做的对不对
心理上	小J父母：孩子有的时候会发呆，不说话，偶尔还会情绪激动，发脾气，我们觉得他还是因为这个病心里有负担，我们也不知道怎么可以帮他	小J父母：孩子本来就经常摆弄这些玩意儿，有了那位社会工作者的帮助，他现在可以做各种各样的东西了。看书看累了他就做做手工，柜子上摆的都是他做的呢。他还告诉我们想像其他残疾人一样学会很多东西，这样我们就真的放心啦。相信今后他会越来越好的！ 小J：我学会了做好多东西，最喜欢做机器人了。我还要再做好多好多，把家里都摆满。姐姐（社会工作者小C）给我讲过一个叫尼克的人的故事。我最喜欢看他的视频了，我也要像他一样什么都学会

表 3-5　为小 X 链接资源的成效反馈

内容	资源链接前面谈记录	资源链接后面谈记录
安全上	小 X 母亲：孩子他爸打起孩子来我拦也拦不住，有时还连我一起打，孩子身上好几处都是伤，都不敢去上学了，这样下去该怎么办才好？ 小 X：作业写得不好（爸爸）会打我，让我重写，背不下课文也打	小 X 母亲：孩子班主任找他（小 X 父亲）谈过话，居委会也来过我们家，亲戚们也都说他了，现在他也不怎么打孩子了。他一发火我就警告他，他也能控制住自己了。 小 X：爸爸打我打得少了，也打得轻了，我只要写好作业他就不打我了
情绪疏导和压力缓解上	小 X 父亲：我怕孩子像我一样没出息，所以对他的学习严格要求，但是他妈妈却不支持我，不给孩子检查作业。我压力多大都没人知道	小 X 父亲：有王老师给孩子补课让我放心了许多。最近他作业都完成得不错，我也不用下了班再给他检查了，轻松了许多。 小 X：我在王老师那儿和别人一起写作业，每次都能在回家之前完成，不用害怕爸爸生气了
亲职教养和亲子沟通上	小 X 父亲：孩子和他妈妈都不和我说话，孩子见了我就躲一边。我的教育方法有什么错？为什么家里人都排斥我	小 X 父亲：参与了亲子活动，感觉孩子和我亲近了许多。我们一家人还拍了很多照片留念。我也知道我打孩子不对，今后我会好好教育他，不再动手

表 3-6　为小 Y 链接资源的成效反馈

内容	资源链接前面谈记录	资源链接后面谈记录
经济支持上	小 Y 奶奶：唉，家里钱不够，娃的学费还没有交。之前已经四处借了很多，还没有还，这次不知道怎么办了	小 Y 奶奶：村上的钱下来了，娃的学校也给了钱，学费的事情解决了。低保的事你也告诉我们怎么弄了。谢谢你们
学习辅导和兴趣培养上	小 Y：我学不会数学，数学总是考不好，所以奶奶就不让我学舞蹈，可是我很想学	小 Y：老师让我加入了学习小组，我可以问学习好的同学题了。我也加入了学校的舞蹈社团，可以做我喜欢的事了！ 小 Y 老师：小 Y 的数学成绩提高了几分，看来同学互帮互助是有效果的。我们也让她加了舞蹈社团，她还准备表演节目呢

续表

内容	资源链接前面谈记录	资源链接后面谈记录
心理疏导和同辈融入上	小 Y 奶奶：娃放假时我让她出去找别人玩她也不出去，就待在家里，和我也不说学校里的事。 小 Y 老师：小 Y 在学校比较孤僻，很少见她和其他同学一起玩	小 Y：我在活动中交了好几个朋友，他们人都很好，我们约好放了假要一起玩儿。 小 Y 老师：小 Y 比以前爱说话了，在学习和娱乐上都积极和同学交流，变得更外向、自信了

案例点评：

　　链接资源对各地社工站来说不是件容易的事情，特别是对于资源相对匮乏的偏远农村地区，更是一种考验。以上社工站的社会工作者迎难而上、勇于实践、敢于突破，才取得了较好的效果，这种以服务对象利益优先的敬业精神非常值得学习。此外，社会工作者在服务小 J、小 X 和小 Y 三名儿童的过程中，灵活运用了"助人自助""优势视角"等社会工作理论，探索出了一条"以需求找资源，以渠道得资源"的实践模式。然而，我们也了解到社会工作者对农村困境儿童家庭支持的资源不足。社会工作者在介入服务过程中，主要集中在服务对象本身，忽略了对其家庭资源的支持。比如小 J 父母因有劳动能力不符合低保条件，但社会工作者可以通过为其链接职业培训、政府公益岗位等资源帮助其缓解家庭经济压力，然而社会工作者由于自身能力受限没有实现。这些是值得反思和后续加强的。

第二节　资源链接的方法与技巧

　　掌握资源"有哪些"、资源"哪里来"，最终是为了获取资源。获取资源是一项"技术活"，掌握得好，链接资源则事半功倍；反之则举步维艰。我们总结了获取资源的"六大方法、四大技巧"，希望能给社工站做好资源链接工作提供一些参考。

一、资源链接的方法

上一节，我们根据儿童所处的生活环境，将资源来源大体分为 6 个渠道，即 "家庭+政府+学校+社区+社会组织+互联网"。这一节，我们将展开讨论 6 个资源渠道的 6 种链接方法。

知识链接 ⋯⋯⋯⋯⋯⋯⋯⋯⋯⋯⋯⋯⋯⋯⋯⋯⋯⋯⋯⋯⋯⋯⋯⋯

资源链接的两种方法论

谈到方法论，相信大多数有社会学、社会工作专业学习背景的社会工作者，都会想起 "人本主义" 和 "实用主义" 两个方面。这两个方面正是方法论的核心理念，其适用范围非常广，在资源链接的工作中同样需要重视和运用。社工站链接资源既要结合实用主义满足儿童当下的迫切需求，又要坚持以人本主义为导向满足儿童的未来发展需要。

人本主义强调人的理性与自主行动能力。人本主义下的社会工作倡导对服务对象表里如一的真实态度、温暖的情感关注、尊重接纳、同理心和共情能力。这在社会工作实务中需要社会工作者对服务对象表现出足够的尊重和支持，或者是 "无条件的关注"。

实用主义则强调事务的灵活性、互惠性、事实性，社会工作直接面向社会问题，并能够较深层次地解决这些问题。实用主义的技术方法背景下的资源链接，更像是筛选符合服务对象问题和需求的一个 "工具箱"，关注具体实践的情景效用导向，即面向儿童当下现实困境制定最佳行动策略。

（一）家庭资源的链接方法

俗话说 "在家靠父母，出门靠朋友"。所谓 "靠父母" 即强调了家庭作为支持力量在蹉跎一生中的作用和重要性。家庭是儿童完成社会化的第一场所，也是其形成人格品性的重要场域。因此，家庭作为儿童的支持力量和社会化场所，需要社会工作者将眼光重点投入于此，在资源链接方面同样要强调家庭的不可替代性和重要性。

在儿童服务过程中，家庭资源可分为两类：一是服务对象的家庭资源，二是非服务对象的家庭资源。一般来说，前者具有较高的主动性和积极性，足以配合社会工作者行动，而后者则需要社会工作者施以一定的方法和技巧。

第一步，介绍你的身份来意。家庭是一个较为私密的场所，因此家庭成员对于陌生群体的进入会有一定的戒备和防御心理。社会工作者需要与对方约定一个合适的谈话时间，简要地介绍自己的来意。在谈话期间，社会工作者的首要任务是介绍自己的来意，让对方明确服务项目的内容、意义，减少对方的戒备心理和防御心理，使双方尽快地进入一个熟络状态。

第二步，告知你的资源需求。在对方初步了解你此行的内容、目的和意义之后，社会工作者可通过深入访谈、实地观察等方法深入了解对方的资源掌握情况。在明确对方具有什么样的资源、哪些资源是自己所需要的之后，社会工作者可以通过一定的谈话方法和谈话技巧向对方提出适当的资源需求。

第三步，建立一定的专业关系。在对方同意提供一定资源的基础上，社会工作者需要与对方建立一定的专业关系。在这里，社会工作者需要与对方商讨，明确后续过程中的注意事项等内容：一是可以作为最终确认以明确该资源能否成功链接；二是可以使对方具有一定正式感以强化资源供给的质量和责任心。

（二）政府资源的链接方法

谈到资源，想必许多社会工作者首先会想到政府。政府是资源的主要拥有者、集大成者，是社工站儿童服务中可链接资源的最重要来源，也是社工站应该尽可能充分挖掘的资源来源。当然，想要政府部门乐于提供资源，往往有三个前提：一是社工站自身的工作让政府"称心如意"，领导愿意帮；二是社工站提出的资源诉求是出于儿童群体的现实需求，领导乐意帮；三是职能部门满足社工站的资源诉求，是力所能及的，是符合职能职责的，领导能够帮。那么，具体的实务运用中有什么样的常用方法呢？

第一，找对"红娘"，快速链接。与政府沟通很讲究方法，社会工作者以个人身份初到一个职能部门沟通，往往没有经"能够说上话"的中间人介绍后再去沟通的效果好。新拜访的职能部门对社会工作者及社工站不够了解，社会工作者贸然提出资源支持的诉求，很容易得到"你回去等等吧""我们研究一下"这类的答复。然而，先有了"红娘"引荐，社会工作者再去沟通，则沟通成本会低很多、沟通效果会好很多。对于社工站来说，最为直接、最为密切的"红娘"就是已经建立良好合作关系的职能部门，比如社工站项目采购方"民政部门"及合作方"乡镇（街道）"。社工站是他们所建、所用，社会工作者为了发挥好社工站的作用，提出链接资源的诉求，也是帮助他们把事情做好，谁会拒绝呢？

比如一个社会工作者看到某村儿童之家常年处于"关门"状态，希望链接人力、物力、财力，建立良性机制帮助其运转起来。为此，社会工作者带着初步方案找到了县民政局和乡镇（街道）请求支持，后来县民政局出面协调县文化馆捐助了一批儿童书籍和阅读设施设备，还协调团县委将该儿童之家作为志愿服务对接点；乡镇（街道）安排村委会协助社会工作者链接到了本村的2位退休老教师，在儿童之家开设"三点半课堂"，帮助儿童辅导作业、开展德育实践活动等。社会工作者负责日常跟进和协调，既确保儿童之家的常态化运行，又帮助职能部门解决了实际问题。由此可见，其他合作过的部门、熟悉的领导、身边的朋友等都有可能成为社工站链接政府资源的"红娘"，使链接达到事半功倍的效果。

第二，找对"政策"，精准链接。政府部门的工作大体是围绕着"制定政策"和"落实政策"而展开的，社工站项目本身就是落实政策的产物。对于政府资源来讲，对接了政策，也就对接了资源。社工站应充分把握这一规律，有意识地将本职工作和"落实政策"相衔接。以"政策"为敲门砖，往往能引起职能部门的关注和支持。

比如在脱贫攻坚期间，某社会工作者想为服务的个案链接帮扶资金，一开始找了有关部门但并不顺利，被告知"这两个儿童家庭不符合政策规定"。后来，民政部、财政部、国务院扶贫办印发了《关于在脱贫攻坚兜底保障中充分发挥临时救助作用的意见》（民发〔2019〕87号），加强了临时救助的措施，社会工作者得知后依据此文件，顺利协助一位事实孤儿和一位困境儿童家庭申请到了临时救助，缓解了服务对象的家庭经济困难。还比如，2021 年 8 月，《湖南省未成年人保护工作领导小组关于加强未成年人保护工作的实施意见》（湘未保组〔2021〕1 号）印发后，某社会工作者很有政策敏锐性，研究之后发现文件中对职能部门规定了一些量化工作指标，比如每所中小学校每学期至少组织一次家庭教育指导、两次家庭教育实践活动等。该社会工作者以此为"由头"，主动前往县教育局沟通汇报。县教育局觉得既然自己也要做，社会工作者又有这方面资源，那就委托社会工作者进入一个乡镇开展试点合作。如此一来，社工站争取到了县教育局的人力、场地和资金支持，通过"社工+家庭教育"进校园活动，取得较好影响。

第三，找对"模式"，持续链接。社工站寻求政府资源，要有清晰的"模式"。模式好，政社关系就不会差；模式不好，链接的政府资源往往会成为"一锤子买卖"。找对"模式"，是建立在我们了解政府部门想什么、要什么的基础上的。其实很简单，职能部门无疑都希望围绕自身职能职责将工作落实好，而且让人省心。社工站的出现是帮助职能部门"做事的"，而非为职能部门"找事的"。社工站做事，做得越细、越实就越受欢迎。一句话总结，政府资源的链接模式可参考"政府搭台，社工唱戏；群众受益，领导省心"的基本方针。

举个例子，某地的县交通局响应当地社工站承接机构的请求，以"为群众办实事"主题党日为契机，分别捐助了 A、B 两个乡镇社工站一批困境儿童生活用品。其中，A 乡镇社工站拿到物资后按照名单发放了之；B 乡镇社工站拿到物资后，先是为每个孩子手写了一张祝福卡片，随着物资一起发放至困境儿童手中，而后又一一收集了孩子们的受助反馈。与此同时，该站社会工作者还及时撰写了一篇新闻稿，发表于乡镇政府网站。事后，A 乡镇社工站给资助方仅反馈了一张物资签收表，而 B 乡镇社工站除了反馈物资签收表之外，还有受益对象心得、新闻报道和活动总结等一系列材料。社会工作者可以换位思考一下，假如自己是资助方，会更喜欢哪种做法呢？还比如，在实践中，曾出现过某地社工站承接机构从社会层面链接一批即将过期的奶粉，发放给困境儿童，后因食品安全问题引发社会负面舆论。最终还导致社工站项目的主管部门——当地民政局被推到了风口浪尖。不难推断，这家为职能部门"找事"的社工机构，因为有了一笔"不良记录"，今后势必损伤和政府部门的合作关系。

资源链接的过程，也是关系建立的过程。面对这个过程，无论是一线社会工作者还是机构管理者都应摒弃一蹴而就的思想，牢固树立"找资源重要，维护资源更重要"的资源方关系维护理念。只有通过一次次的资源链接实践，不断获取政府部门的支持信任，不断充实自身的"资源库"、扩大自己的"朋友圈"，才能为社工站的儿童服务注入持久活力。此外，社工站资源链接应始终秉承"儿童利益优先"的原则，避免成为为了链接资源而链接资源的"花架子"，时时刻刻践行儿童关爱保护的"真功夫"。

（三）学校资源的链接方法

学校是儿童完成初级社会化、形成人格品性的第二场所。同时，学校也是儿童完成社交行动、形成朋辈关系的重要领域，学校元素对于儿童的健康成长伴随着诸多的不确定性和复杂性。因此，学校既是社会工作者解决问题的一个切入点，也是应被社会工作者重视的一种资源来源。

第一步，了解学校资源。社会工作者该如何链接学校资源呢？在回答这个问题之前，我们先要回答如何对学校资源进行调查的问题，即学校有什么资源，或者是服务对象需要学校什么资源，诸如教室、阅览室、图书馆、体育馆、师资力量等。究竟什么是服务对象所需要的？这些资源的质量是否符合社会工作者的需求？社会工作者可通过实地考察、文献资料、互联网信息等渠道回答这些问题。我们需要对学校资源进行一个拟定确认，才能开始着手联系学校领导，以免出现"放鸽子"的尴尬局面。

第二步，联系学校领导。学校与社会工作机构的合作需要相关领导的支持，因此联系学校领导是链接学校资源必不可少的一步。如何联系学校领导？一般可分为两种方法：一是可以让购买服务的政府部门领导推荐、联系。这种情况下链接资源的时间成本、成功率和资源的质量都有着较高的保障。二是社会工作者自身主动联系学校的相关领导。这种方法的时间成本相对较高，同时成功率和资源质量保障性相对较低。

第三步，实地考察资源。在完成前两步的基础上，此时社会工作者的身份是未来的合作方，可以与学校领导进行洽谈，适当地对学校资源进行深入了解和实地考察。一是对学校资源进行更详细的掌握。社会工作者可以通过学校领导的介绍，更为深入具体地了解学校资源的分布情况，确认资源的质量保证，甚至可以发掘学校的特色资源。二是对资源分布和安排作出调整。在实地考察过程中，社会工作者可以按照儿童服务的需要和需求，对资源的分布、安排提供一定的建议和思路，以优化资源的后期分配效能。

第四步，建立专业关系。这一步为资源链接的后期阶段。与家庭不同，学校是一个建制化的正式单位，有较强的制度性和规章化特色。因此，社会工作者需要与学校建立一个正式的、主动公开的，甚至是具有一定仪式感的专业关系，包括但不限于签订协议、挂牌、颁发荣誉证书等形式。同时，还需要与对方明确资源供给期间的注意事项和内容，以为社会工作者所链接的资源提供保障。

（四）　社区资源的链接方法

社区是人们生活和工作的场景平台，也是承载各类社会资源的坚实载体。社区资源嵌入人们生活情境中，是人们接触最为密切、最为熟悉的，也是社会工作者链接的最常见、包含种类最丰富的资源之一。因此，对于社区资源的链接需要分类型进行：一是社区能人、社区领袖、商铺等具有自主性的非公共资源；二是如场地、公共设施等需要征求社区领导意见的公共资源。社区资源链接关系见图 3-2。

第一步，获得准入资格。无论是链接社区内的公共抑或非公共资源，社会工作者并非只作为单独的个人，而是负有正式和专业的职业身份。因此，社会工作者只有获得社区准入的资格，才能较好地被社区接纳。在这一步，社会工作者无法绕开的便是与社区相关负责人进行接触，只有得到他们的信任和支持，社会工作者才能较好地在社区内开展工作。

第二步，发掘社区资源。社区资源发掘需要社会工作者结合多种调查方法进行实地考察。一是文献资料法。可通过多种渠道收集社区的人文历史、地理人口、资源分布等文献资料。二是社区漫步法。可在社区内走访

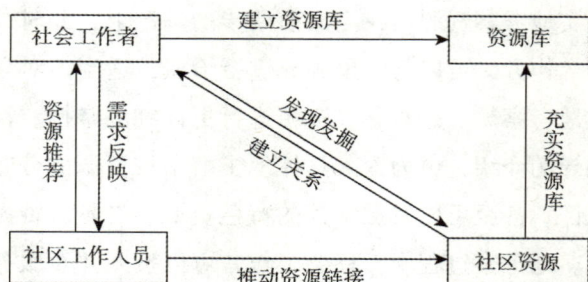

图 3-2　社区资源链接关系

调查，掌握社区内的实地环境和真实情况。三是二手资源法。社区社会组织是重要的社区资源，掌握着较多的社会资源，同时具有一定的链接基础。社会工作者可通过与其合作对接，实现二手资源的链接。

第三步，联系社区领导。如果链接的是非公共资源，那么在社区领导知情的情况下，社会工作者可以参考链接家庭资源的方法进行资源链接。如果链接的是社区内的公共资源，社会工作者的首要任务是联系社区领导，或者社区内的相关负责人。一是对社区内公共资源的使用必须征得社区部门的同意。二是社区领导可以调动社区力量，为社会工作者链接和使用公共资源提供时间和空间支持。

第四步，建立专业关系。这一步也是为了与社区资源方明确资源链接的内容、要求和注意事项，保障资源链接的稳固性和资源的优质性。如对于公共场地的使用，要提前通知社区居民场地使用时间，要在社区工作人员的配合下进行提前清场工作；或者是链接商户资源时要避免服务项目被商业化等。

案例分享

链接社区资源和学校资源

A 社工机构是一家专门做儿童社会工作的机构，今年承接了当地民政局关于儿童红色教育的一个项目，准备 7 月在 C 社区开展儿童青少年党史教育活动。社会工作者小陈作为 A 机构的一名社工，首先需要对社区的情况有一个基本的了解。

该社区是一个老旧小区，是当地第一个地下党支部的诞生地，具有较为丰厚的红色资源，且该社区居住着一定数量的退役老兵。但社区房屋建设比较拥挤，平日里停车都难，因此没有一个较为宽阔、容纳性足够的场地。这就让小陈犯了难。在进入社区当天，小陈对该社区进行了观察和走访。小陈细心地发现，C 社区内有一所小学，里面有 5 个篮球场，场地足以开展活动。因此，小陈决定与校方联系，链接学校的场地资源。

小陈首先通过社区书记联系了小学校长。在与校长建立联系、表明来意和目的之后，小陈率领 A 机构的团队进入学校开始协商。在洽谈之前，A 机构制作了一个关于儿童青少年党史教育的项目手册，里面清晰地介绍了 A 机构的活动方案，该项目手册在洽谈时就起到了一个很好的作用。此时正值 6 月，学校准备在 7 月开展党史教育活动以庆祝建党百年，小陈的到来恰好可以满足校方的需求。于是双方一拍即合，达成了协议。洽谈期间，小陈对学校的场地面积、硬件设施进行了检查，认为学校的条件能够满足开展党史教育活动的需求。

此时，场地、硬件设施都有了，唯一缺的就是红色教育的素材。小陈再次通过社区书记对社区内的退役老兵进行走访。在征求了对方的意见之后，选定了 4 名退役老兵作为本次红色教育资源和生动素材。最终，小陈成功地链接了本次活动所需要的资源，为活动的开展奠定了良好的基础。

案例点评：

第一，在资源考察方面，做足了准备。社会工作者小陈是做了一定的前期准备和调查，经过了一定的考虑之后才决定进行联系的。这就为社会工作者在链接资源期间争取了更多的主动。

第二，较好地寻找到了利益诉求共同点。社会工作者小陈抓住了建党百年活动的机遇，在学校需要活动素材、退役老兵需要发挥余热、社会工作者需要活动场地三个方面之间寻找到了一个完美的共同点和平衡点。

第三，有效地利用了"熟人资源"。社区书记、社区能人扎根于社区，对社区资源是最熟悉的，在助推资源链接方面的作用是不可忽视的。小陈通过社区书记的联络和介绍，与校方建立联系。这在一定程度上保证了资源链接的可能性。

（五）社会组织资源的链接方法

社会服务是社会组织的天职。社工站儿童服务的资源需求中，少不了社会组织的参与。

第一步，掌握儿童需求。社会工作者需要摸清儿童需求清单，并从中挑选出需要社会组织提供的资源。找准儿童需求可以采用访谈法、观察法等，明确哪些是共性需求、哪些是个性需求，分别有多大的需求量。

第二步，联络社会组织。根据社会组织的业务范围和使命宗旨，社会工作者按掌握的需求情况对应寻找有共同关注点的社会组织。

第三步，联合实施帮助。社会工作者在执行资源落地的时候，应做好渠道的支持，协助社会组织资源顺利到达儿童身上。这期间既要确保儿童受益，又要注意保护儿童隐私不受侵害。

第四步，总结合作成果。在社会组织资源落地之后，一般需要社会工作者整理好相关素材，撰写一篇合作成果文字报告给予提供资源支持的社会组织。

（六）互联网资源的链接方法

互联网技术是 21 世纪运用最为广泛的技术之一，具有巨大的应用价值。可以说，几乎所有行业都能找到互联网技术在其领域内应用的痕迹。互联网资源也是社会工作者不可忽视的一种重要力量。就目前来说，互联网技术资源在社会工作中的运用多集中于以互联网媒体为载体的信息发布、活动宣传、行动倡议，以及以"小程序"等应用软件为平台的事务办理四个方面。社会工作者可按照这几类方向，在选择和链接互联网资源时有所侧重。

第一步，筛选资源。互联网具有极强的开放性和自由性，囊括了极具复杂性和流动性的信息资源，社会工作者首先要对互联网资源进行筛选和检查。其一，社会工作者可通过互联网搜索查询资源方的信息，包括其在互联网平台的运营情况和项目情况。其二，社会工作者可通过咨询相关部门、资源合作方、关联方进行筛选调查。

第二步，联系资源方。在了解并且确定资源方符合服务项目需要之后，社会工作者可以着手联系资源方。在这一步，社会工作者同样需要完成明确来意、介绍项目、提出需求、考察资源等步骤，这里不再赘述。

第三步，建立合作关系。一般来说，常见的互联网资源以互联网公司开发的互联网产品为主，与互联网资源方建立合作关系即是与互联网公司建立一个较为正式和公开的合作关系，以强化资源链接的稳固性和保证资源的质量。

二、资源链接的技巧

技巧与方法不同，方法是告诉社会工作者如何去链接资源，而技巧则服务于方法，是为了提升资源链接的可能性和成功率。社会工作者可将资源链接的技巧融入方法，提升资源链接的可能性。

（一）重视党建引领的"万能接口"

党建其实是社会组织的万能接口，是能够打通各方、实现互联互通的一个"基建"。借助党建，可以把我们的成果和需求反映上去，把上面的政策理解清楚和传递下来，让社会组织在党和政府的事业中有更多能见度。

以党建引领为切入口链接资源，可以打通不同部门的资源渠道。依托"我为群众办实事"等活动平台，可以为服务对象链接资源，为资源方链接行动空间，达到互惠效果。比如各级机关、企事业单位的党组织每年都会开展"走基层"为民办实事的活动，社会工作者可以根据服务项目的特点和需求，与各级机关、企事业单位建立对接，这不仅能够起到较好的链接作用，还能达到互惠原则。

（二）绘制社区资源地图

社区资源地图是社会工作者进入社区之后需要重视的工具。它是根据社区的位置、面积、设施等资源分布情况所绘制出来的分布图，能够让社会工作者快速掌握社区资源信息。

社区资源地图的绘制大致分为五个步骤：实地走访和考察社区资源、

分析社区资源的分布、确定社区资源图例、分类别绘制社区资源地图、按需求合成社区资源地图。

（三）心态决定状态：胆大心细，主动利他

链接资源的过程实际上是一个与人打交道的过程，需要社会工作者与资源方从一个陌生的状态快速进入一个相互了解、相互熟络、相互合作的状态。因此，社会工作者要有一个较为良好的心理状态：一是要胆大心细，积极主动地去联系资源方；二是要明确链接资源是一个主动利他的过程，要用最真诚的态度与资源方进行深入的交谈。

（四）画好"同心圆"：寻找三方利益最大公约数

资源能否成功链接的关键，在于能否寻找到社会工作者、资源方、服务对象三方之间的利益共同点，社会工作者要画好利益的"同心圆"（见图3-3）。比如，对于资源方来说，他们会有一定的活动指标、产品推广等任务需要完成，因此社会工作者可以从中寻求利益共同点。当这种利益共同点未能被察觉或者不显著时，社会工作者可以适度进行创造。

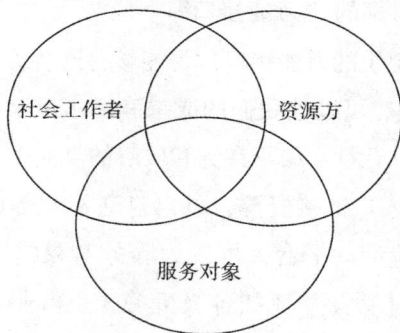

图3-3　同心圆关系示意图

（五）社区漫步法

"漫步"指的是随意地走动。社区漫步是指社会工作者通过观察、走访等调查方法，对社区内的资源进行一个初步的挖掘和了解。

社区漫步之前，社会工作者要准备好访谈的一些基本问题，包括明确自身走访对方的目的，选择走访的对象、适当的走访时间，穿着要得体，预想资源方的反应及自己的应对方案等。

第三节　资源链接的注意事项

在资源链接的过程中，社会工作者要恪守职业操守，遵守七大原则。

一、公益性原则

即社会工作服务项目是以社会公益为最终目的，要坚持服务项目的公益性。在链接资源期间，社会工作者需要注意保持公益性，对于如商户、企业等资源方，要避免社会工作者、社会工作服务项目成为其商业运作的平台，避免过度宣传。

二、互惠性原则

资源成功链接的基础在于满足双方的需求。正如前文所述，为了让资源方愿意提供资源，社会工作者就要寻求到一个利益共同点。

三、发展性原则

良好的合作关系必须以长期合作为发展指向。这就意味着社会工作机构与资源方在坚持各自原则和立场的同时，要达成双赢局面，并能够长期保持这种良好的合作关系。这能为未来社会工作服务项目的开展节省较大的成本。因此，社会工作者与资源方的合作要坚持发展性导向，社会工作者要处理好与资源方的关系并定期维护。

四、服务对象的隐私保护

在与资源方前期洽谈和中后期的合作期间，社会工作者需要注意对服务对象的隐私进行保护。这不仅仅是社会工作者自身的伦理道德要求，更是为了避免在与资源方互动的过程中因疏漏、妥协等原因而产生不必要的麻烦。服务对象也有可能是资源方的消费对象，因此社会工作者要绝对避免成为资源方的"商业信息库"。

五、有限资源的合理分配

资源的一大特性便是其有限性和稀缺性，因此并非每一个服务对象都能享受到资源。此时，社会工作者除了发展资源、扩大资源外，还需要对手中有限的资源进行合理分配，将资源分配给需求最迫切、匹配最精准的服务对象，以达到精准化、精细化的专业服务要求和资源效益最大化的目的。

六、服务对象是否真的需要资源

面向服务对象的需求，社会工作者需要作出一个准确的判断，即服务对象是否真的需要资源。一方面，服务对象可能存在自我认同感低的现象，长期以来一味地求助于社会工作者，对社会工作者会有较大的依赖性。对此，社会工作者应该进行积极的引导和纠正。另一方面，社会工作者应当了解，服务对象是不是经过自身努力无法解决问题才求助于社会工作者的。有的服务对象自己有能力解决但仍求助于社会工作者，此时社会工作者应增强服务对象的独立性、自主性，注重问题解决能力的培养，避免过度包办的情况产生。在此类情况中，社会工作者要对服务对象进行积极的干预和引导：一是增强他们的自我认同感，帮助他们增强信心。二是使服务对象拥有自主解决问题的能力，使其能够自主充分地利用和把握资源，增强自身的独立性和自主性。

七、资源需要不断地补充和维护

资源是具有流动性的，这意味着如果社会工作者不能定期进行补充和维护，它就很有可能流失。比如开展第一次活动的志愿者有 20 人，但是活动结束后社会工作者并没有对他们进行一个较为恰当的关系维护，后面愿意参加活动的志愿者可能会越来越少。如果社会工作者在活动结束后做一些回访、调研，或是对关系进行维护，让他们带领身边的人共同参与，志愿者资源就会越来越丰富。因此，社会工作者需要对资源给予定期的补充和维护。

知识链接

部分儿童工作基金会名单

基金会名称	宗旨	资助内容（公益项目）
中华少年儿童慈善救助基金会	救助有特殊困难的少年儿童，帮助他们获得生存与成长的平等机会和基本条件，资助民间公益慈善组织为少年儿童服务，坚持以慈为怀、从善如流、呵护未来、促进和谐的理念，倡导人人助我、我助人人的精神	紧急救助、关爱救助、医疗健康、成长发展、教育助学、生态环保、文化体育
中国少年儿童文化艺术基金会	为弘扬中华民族优秀传统文化、促进少年儿童文化艺术事业的繁荣发展，资助开展全国各地少年儿童的文化艺术事业，促进国际间和港澳台地区的文化交流	致敬英雄、爱童工程、艺教工程、少儿公益春晚、牵手计划等
中国儿童少年基金会	致力于推动儿童少年事业发展和促进儿童少年全面发展，为广大儿童少年平等享有美好生活创造更多机会	春蕾计划、儿童快乐家园、HELLO小孩、儿童安全等
北京儿童健康基金会	以开展慈善活动为宗旨，不以营利为目的。发展儿童健康事业，提高儿童健康水平	爱佑天使救助项目、中国儿童健康扶贫计划、小海豚爱心救助项目等
上海市儿童基金会	守护儿童健康、关爱儿童成长、助飞儿童梦想。坚持"一切为了孩子，为了孩子的一切"的原则，为儿童办实事、做表率，促进本市儿童事业的蓬勃发展	早教流动车项目、放心家园项目、上海青少年健康评测与预防指导项目等
湖南省妇女儿童发展基金会	维护妇女儿童权益，提高妇女儿童素质，促进妇女事业发展，为构建和谐社会作出应有的贡献	儿童百场宣讲、温暖善行、儿童道路安全体验中心等
江苏省妇女儿童福利基金会	动员社会各界力量，服务妇女儿童，造福妇女儿童，致力于改善妇女儿童生存困境、发展条件及权益维护，推动全省妇女儿童慈善事业发展	音乐种子助学行动、春蕾圆梦工程、儿童健康成长计划、我助妇儿康等

第 4 章

儿童个案服务常见模式

　　儿童个案服务是指运用与儿童成长发展相关的专业理论知识、方法技巧，帮助儿童个人及其家庭摆脱困境，增强其解决问题和运用社会支持系统的能力；同时改善家庭功能，协助其建立良好的家庭互动关系，保障儿童的健康成长和全面发展。儿童个案服务的实施步骤与社会工作通用过程模式相同，需要经过接案、预估、计划、介入、评估、结案六大步骤。在儿童个案服务过程中，儿童及家庭会面临不同的需要，这时，我们需要采用不同的模式来开展服务，主要的服务模式有个案救助模式、个案辅导模式、危机介入模式、行为治疗模式、人本治疗模式。

第一节　个案救助模式及范例

　　个案救助是兜底民生服务的基本内容，社工站统筹经办社会救助，形成标准化和规范化的兜底民生服务工作平台，确保兜底保障不漏一户、不落一户。社工站儿童服务中的个案救助的对象是孤儿、流浪乞讨儿童等特殊困境儿童。社工站工作人员依据救助政策，运用专业方法与技巧为特殊困境儿童提供专业服务，让其摆脱困境。

一、社工站儿童服务个案救助对象

　　在实际生活中会有一些在生理、心理或适应生活上遭遇到特殊困难的儿童。儿童个案救助的重要任务是帮助这些儿童健康成长，顺利发展。

（一）对生活境遇不良的儿童的救助

　　一部分儿童因生活境遇不良，或表现为生活困难无依，或表现为反社会等反常行为，需要做特别的工作予以救助。

（二）对孤儿、弃儿的救助

对孤儿、事实无人抚养儿童、流浪乞讨儿童提供应急处置、救助帮扶、监护支持、精神关爱等。

（三）对残疾儿童的康复救助

为残疾儿童提供救助服务，通过必要的身体训练和医疗手段，最大限度地矫正儿童的残疾。

二、如何开展特殊困境儿童救助：为折翼天使凝聚爱的阳光——特殊儿童救助个案①

个案救助模式应在相关救助政策背景的依托下，对服务对象开展问题和需求评估，提供专业的社会工作救助服务，其中包括物质层面的给予、补助和社会心理方面的关怀、支持等，从而促进服务对象发展。

（一）案例背景

服务对象一家是困境家庭，共同生活家庭成员有 5 人。服务对象是 2014 年出生的，疑似唐氏综合征儿童，学前教育适龄却未就读。其母亲全职在家照顾幼儿无法就业。其奶奶 60 多岁，早年丧偶，包揽家里的大小家务活，每天除了照顾家人的起居饮食，还负责繁重的农耕活，几乎从早忙到晚。农忙无暇照顾服务对象时，只能把他拴在小卖部门前的铁柱上，远远地照看着。服务对象父亲是一名货运司机，工作奔波劳碌，身体被熬出多种小毛病，经常腰酸背痛。服务对象父亲曾做了两次脂肪瘤切除手术，在家休养了很长一段日子，家里的经济负担全都落在父亲的肩上。

（二）识别需求，精准施策

社会工作者多次入户与服务对象进行有效沟通，向其输送《0—6 岁残疾儿童抢救性康复服务申请》政策资源，并分析了政策对服务对象自身发展的优势，重塑其信心和动力。同时，社会工作者与服务对象的父母共同梳理了他们目前所面对的困境和需求，促进了大家共同价值的认同。在社

① 江门市恩城街道社会工作服务站. 为折翼天使凝聚爱的阳光：特殊儿童救助个案［EB/OL］. https：//mp. weixin. qq. com/s/09S4kBNbpeyayM2ocstnPA.

会工作者的建议下，服务对象父母亲自带他到医院进行诊断评估。经诊断，服务对象被确诊为唐氏综合征、智力二级残疾。后续，社会工作者还引导服务对象父母携带资料到市残联为其申办残疾证、到街道社会事务办为其申请重度残疾人护理补贴。

社会工作者通过精准化识别服务对象一家的需求，为服务对象实施个案救助。社会工作者熟悉和运用社会福利保障政策，为服务对象一家讲解残疾儿童保障的相关政策，链接残疾儿童康复救助政策资源，协助其办理残疾证、申请重度残疾人护理补贴，切实保障他们的权益。

（三）链接资源，扩大社会支持网络

为了让服务对象尽早接受康复训练，社会工作者第一时间联系市特教中心，协助其家人带服务对象到特教中心进行康复需求评估，认识和了解康复训练，并引导其家人向市残联申请 0~6 岁残疾儿童康复救助。社工将这个困境家庭的情况反映给 M 村委会及 E 市特教中心，与他们高频互动，撬动更多的正式支持网络，拓宽社会帮扶渠道。一方面，联动慈善公益组织资源——广东狮子会，资助服务对象进行针灸和电疗；另一方面，链接爱心企业中石（新疆）石油工程有限公司党支部为服务对象捐赠 6000 元治疗金，定向资助康复教育，进一步减缓了服务对象家庭的经济压力，同时为家庭注入了社会爱的力量，让他们感受到社会的关怀和温暖。

除了向服务对象家庭输送相关社会福利保障政策以外，社会工作者还积极链接社会资源，包括政府部门、慈善组织、爱心企业等。通过资源链接，为服务对象及家庭争取到更多的福利保障和康复服务。社会工作者在个案救助过程中要注重整合社会资源，调动服务对象和家人积极行动，提高他们的生活水平和质量。

案例点评：

本案例运用了个案救助模式，为服务对象提供经济援助、福利政策支持、康复教育资源等，同时，促进服务对象及其家庭成员的社区融入。这不仅解决了服务对象的生理健康需求，也让服务对象自身得到进一步的发展。

第二节　个案辅导模式及范例

一、个案辅导的定义

儿童的个案辅导是指专业人员利用科学的知识和方法，帮助儿童了解自己、掌握面对困难和解决问题的办法，并且运用各种机会促使儿童在生活、学业、感情和人际关系等各方面全面发展以及发挥潜能。①

二、如何开展个案辅导："事实无人抚养"儿童辅导个案②

社工站在开展儿童的个案辅导时，一方面要注重儿童生理与心理健康辅导，包括对不良饮食观念和习惯的矫治、青春期生理发育的辅导、青少年自我意识、自我情绪的发展辅导等；另一方面，需要关注儿童的情绪问题，帮助他们正视和理解自己的情绪，培养自我情绪认知能力；指导他们恰当地表达自己的情绪，增强他们对快乐的情绪体验，培养情绪自我激励能力；教会他们处理情绪困扰，培养调控情绪的能力。

（一）案例背景

婷婷（化名），女，8岁，是一名事实无人抚养儿童，父亲于2016年5月因意外去世，母亲患有精神二级残疾，精神情绪时常不稳定。自父亲去世后，母亲已回娘家居住。婷婷现在和爷爷、奶奶、叔婶共住一个院，平时由爷爷奶奶照顾日常生活，接送上学，在经济方面除了享受事实无人抚养儿童基本生活救助金外，爷爷平时出去打零工补贴家用，婷婷在基本生活上相对稳定，但在亲子陪伴和教育上有所缺失。婷婷性格开朗活泼，学习成绩良好，与家里和同辈朋友关系也很友好。但是由

---

① 朱眉华，文军. 社会工作实务手册［M］. 北京：社会科学文献出版社，2006：222.

② 何继莹，漯河市益爱社会工作者服务中心. "事实无人抚养"儿童辅导个案［EB/OL］. https：//mp. weixin. qq. com/s/rDj3_ IR7OwSw-nT5vhwYLA.

于爷爷奶奶年龄大不能有效辅导学习，婷婷成绩偶尔下滑。在入户探访期间，社会工作者和婷婷及奶奶交流了解到，母亲在精神情绪稳定的时候会给婷婷打电话，但她并不愿意与母亲沟通交流，认为有爷爷奶奶的陪伴就行，聊起和家庭背景相关的话题也有所回避，生活中心情低落时自己会变得沉默寡言，残缺的家庭陪伴促使表面看起来开朗活泼的婷婷内心深处产生一缕郁郁寡欢的心理障碍。

（二）需求评估

社会工作者通过与婷婷和奶奶的沟通交流，发现其存在以下几方面的需要。

1. 改变认知的需要

婷婷对母亲有所排斥，不愿意与母亲沟通交流、亲近，聊起和家庭背景相关的话题也有所回避。社工要让服务对象解释和描述自己的困扰，减轻内心冲突，改善其不良认知行为。

2. 情感倾诉的需要

生活中婷婷心情低落时自己会变得沉默寡言，不愿意和奶奶倾诉，但实际上有情绪倾诉需要。社工要帮助服务对象重塑认知行为，有心里话也可以和奶奶、社会工作者倾诉。

3. 加强学习管理的需要

婷婷成绩一向优秀，偶尔会成绩下滑，社会工作者要衔接学校资源共同督促其学习，帮助婷婷培养良好的学习习惯，寻找更有效的学习方法，保持良好学习状态。

（三）服务介入

1. 改变和重塑认知

社会工作者和服务对象相互建立信任接纳关系，结合问题需求和预估，运用个案辅导模式，为婷婷提供心理疏导和情绪宣泄的机会，减轻内心冲突，摒弃自卑，引导鼓励婷婷要敢于面对现实，敞开心扉。在应对家庭背景与母亲关系上帮助婷婷增强信心，鼓励婷婷通过绘画把自己的内心世界表达出来。在某次开展服务时，婷婷拿出自己的绘画作品及手工作品与社工分享，社会工作者鼓励婷婷与妈妈通电话，表达自己的内心感受。

2. 增强学习能力

社会工作者给婷婷讲龟兔赛跑的故事，让婷婷悟出其中的道理，帮助婷婷制订合理的学习计划，探索有效的学习方法，增强学习能力。社会工作者与学校班主任老师取得联系，让其多关注、督促婷婷。社会工作者定期电话探访，跟踪服务，帮助婷婷保持理想的学习状态。

案例点评：

本案例运用了个案辅导模式。个案辅导是一个循序渐进的过程，是通过一次次的辅导服务，逐步改善服务对象的问题，实现服务对象的需求，促进服务对象的成长。

三、儿童个案辅导——游戏治疗模式

运用游戏治疗模式进行儿童个案辅导，更加贴合儿童的身心发展特点。因为游戏更容易被儿童接受，通过游戏可间接地了解到儿童的情感世界。社会工作者在个案辅导中通过有意识地设计一些游戏项目，如绘画、黏土、搭积木、角色扮演、沙盘摆放等，帮助儿童成长。

知识链接

想象互动游戏治疗方法的运用①

儿童辅导有许多方法或模式，但考虑到由于儿童年龄较小，其许多的困惑或遭受的伤害常常难以用语言表述出来，所以针对儿童的身心特点和年龄特点，更多的是运用游戏治疗模式进行儿童辅导，其中想象互动游戏治疗是儿童辅导或治疗的常见方法之一。想象互动游戏治疗一般是以想象游戏为媒介，促使孩子有机会以转化的方式沟通，从而透露一些隐秘性的事情。当在游戏世界里沟通时，孩子不仅能较容易、较安全地表达焦虑、

---

① 朱眉华，文军. 社会工作实务手册［M］. 北京：社会科学文献出版社，2006：222.

生气及其他负面情绪，而且还可以帮助儿童寻找一条试验新想法和其他解决问题而又不会伤害到任何人的途径。社会工作者协助孩子发展他们自己的主题，在游戏中完成这些主题，并引导他们向建设性的方向发展。在运用想象互动游戏治疗的方法进行儿童辅导时，社会工作者可以多种不同的方式介入游戏世界：首先，社会工作者应该表现出饶有兴致且完全融入的态度；其次，社会工作者可以成为一个更积极的玩伴；最后，社会工作者应该以口语化表达为主。

四、如何开展游戏治疗模式：社会工作者介入丧父被家暴儿童案例①

（一）案例背景

服务对象是一个 10 岁的小男孩，2019 年 12 月爸爸去世，妈妈独自带着服务对象三兄弟生活（哥哥读初二，弟弟读一年级）。服务对象三年级下学期，受疫情影响，所有学生都在家上网课，而四年级上学期复学之后服务对象依然没有去上学，据其母亲说是因为没有人接送。2020 年 9 月其重新入读本区小学四年级下学期。服务对象入学后，成绩较差，个人情绪低落，没有精气神，反应迟钝，老师叫他也没有反应。老师怀疑他智商低下，请家长带服务对象去做智力测试，但家长拒绝，认为服务对象没有智力缺陷。服务对象身上还经常出现莫名新伤。为了帮助服务对象，老师将个案转介给社会工作者跟进。

（二）服务介入

1. 介入前期

社会工作者初次跟服务对象见面时，服务对象状态低沉，无论社会工作者问什么问题，服务对象一概回应"不知道"。于是，社会工作者用绘画的方式与服务对象建立链接，进一步了解服务对象。社会工作者让服务对象跟着自己画，社会工作者画一笔，服务对象画一笔。就这样，服务对

---

① 付红霞，佛山市顺德区大良顺心社工服务中心. 社工介入丧父被家暴儿童案例 ［EB/OL］. https：//mp. weixin. qq. com/s/21ykQZS1NKIzjByzriKunw.

象跟着社会工作者画好了一棵树。

第二次辅导，社会工作者采用欣赏鼓励的策略，积极地欣赏肯定。这一策略发挥了重要作用，服务对象终于愿意表达了，面谈时能够有效回答社会工作者的问题。面谈后的绘画游戏环节，服务对象进步更加明显，自信心显著提升，眼里有了光亮。服务对象一口气画了一个非常生动的小男孩，代表自己，后来陆续在画面上加了山坡、苹果树、五彩斑斓的葡萄藤、昆虫洞和树根等，整幅画越来越丰富完整、富有逻辑性。

这次辅导，社会工作者通过鼓励欣赏的方式，令服务对象有了飞跃性的改变，说明这种方式是适合服务对象的，服务对象也感受到社会工作者对他的支持和关注，有了力量，也更加信任社会工作者，为后续辅导打下良好基础。

2. 介入中期

在中期阶段，社会工作者主要通过评估丧父与服务对象当下状态的关系，协助服务对象释放情绪压力，强化其积极情绪，并为服务对象输入新的认知，增强其自信心，同时协助服务对象寻找朋辈关系的支持。

为了让服务对象进一步释放情绪，社会工作者让服务对象自由创作一幅画。服务对象画得很细致，内容很丰富。从整幅画可以看出，服务对象通过被陨石砸倒的房屋、坠崖而死的人和车辆，释放自己内心的恐惧，也通过建造云朵房等显示其较强的自我修复的能力。社会工作者相信服务对象有能力走出困境，创造新生活。

3. 介入后期

在后期的跟进中，社会工作者发现服务对象家庭存在严重的家暴，于是迅速联动学校和有关部门保护其合法权益。社会工作者邀请了机构资深心理咨询师为服务对象做进一步的绘画测评，以确定能否结案。心理咨询师邀请服务对象自由画一幅画。服务对象一如既往地画了很多内容，并很认真地跟社工讲述他画的内容。最后评估服务对象人身安全得到保障，在其情绪状态和学习生活都稳定向好的情况下，顺利结案。

案例点评：

个案辅导应结合儿童的身心发展特点。游戏治疗特别是绘画游戏，能够舒缓服务对象的压力和恐惧心理，也能借助绘画让服务对象更好地表达自我，有助于社会工作者顺利开展辅导工作。

第三节　危机介入模式及范例

一、什么是危机

危机指一个人的正常生活受到意外危险事件的破坏而产生的身心混乱的状态。在个案工作实务过程中，一般的危机可以分为过渡性（或发展性）危机、外在伤害性（或情境性）危机和天然灾害三类。社会工作者通过服务介入，在有限的时间内快速、有效地帮助服务对象摆脱危机的影响。

知识链接

危机介入的技术

危机介入是有一定技术要求的。在开始阶段，通过问"发生了什么事"可以带领服务对象进入危机事件情境中，厘清自己的感受，找出是什么原因引发了问题。其工作目标主要是与服务对象建立牢固的专业关系基础，取得服务对象的信任。在中间阶段，社会工作者要进一步搜集资料，扩大对服务对象的认识，可以把现在发生的事情与服务对象过去的生活经历相联系，指出前后的因果关系，以帮助服务对象改正其对问题的认识，让服务对象倾诉以减轻焦虑，然后帮服务对象看看什么样的办法对解决问题有效。在结束阶段，回顾一下开始时双方协议要做的事执行得如何，达到了什么目标。这时提醒服务对象结束工作关系的时候到了，与服务对象一起回顾已取得的进步，征询服务对象对今后生活的想法。如果服务对象说"我行了，不用再见你了"，就标志着服务对象已经可以重新自主生活，危机结束了。

二、危机介入的注意事项

危机介入时要把引起危机的事件或原因具体化、清晰化。如果危机与过去事件有关，则要帮助服务对象分析这种影响，从而防止以后再发生。在危机介入中，社会工作者要恰当地承担专业角色。社会工作者的角色是提供信息和建议，需要时可以积极、主动、直接并系统化地介入。介入要限定时间，要鼓励服务对象面对未来，在特定阶段要做服务对象的榜样，让服务对象知道怎样才是有效解决问题的方法。①

三、如何开展危机介入模式：困境儿童"危机介入"服务个案②

（一）案例背景

小朱就读于 F 乡 J 中学初二年级。家中有一兄长，29 岁，在 Z 市一矿山工作，目前已成家，养育一名 1 岁儿童，不与父母同住，租住在矿山附近。小朱父母身患重病多年，并于 10 天前先后去世。因小朱父母看病欠下债务 20 余万元，现在所有的债务都留给了小朱哥哥偿还，而以目前小朱家的经济条件，小朱面临着失学的风险。同时，由于小朱是未成年人，正值青春期，与父母感情非常深厚，父母突然离世，对小朱心理造成了很大的打击。平日里小朱性格活泼开朗，但是自从父母去世后，经 F 乡镇社会工作者和村干部反映，小朱看起来面容憔悴、精神恍惚，且不与其他人交流，身上的衣服也很单薄，好似很久未换洗过。

（二）需求评估

社会工作者对小朱进行接触交流发现，其目前较为迫切的是生理和安全方面的需要。

由于生活上发生了重大变故，父母离世，欠下债务，经济陷入危机，小朱成为事实孤儿，并还在接受义务教育阶段，故小朱急需寻找到新的监

---

① 王思斌. 社会工作概论［M］. 3 版. 北京：高等教育出版社，2014：102.
② 鄢爽，湘潭市润湘社会工作服务中心. 困境儿童"危机介入"服务个案［EB/OL］. https：//mp.weixin.qq.com/s/-IvwRg-N81G7nD1w15yVSA.

护人，履行照顾职责，并保证小朱的日常生活和学习不被影响。同时，小朱父母去世对小朱的精神和心理造成了巨大影响，导致小朱目前存在自杀或自伤及其他潜在的风险，需要社会工作者和心理咨询师紧急危机介入，对小朱的心理状态进行及时有效的干预。

（三）服务目标

对小朱实施经济救助、心理援助，将家庭变故对小朱现有的生活和学习影响降到最低，并协助小朱平稳度过现阶段，帮助其健康成长，迎接新的生活。

（四）服务介入

运用危机介入模式，最先关注的应是服务对象的生命健康安全。社会工作者和专业的心理咨询师对小朱进行了心理评估，确定小朱目前的心理状态，是否存在自杀、自伤等风险，并舒缓小朱的悲伤情绪，协助其尽快走出阴霾。在确保小朱生命安全的情况下，社会工作者应处理小朱接下来的安置情况，包括照护、抚养、教育等。社会工作者为小朱申请孤儿认证，保障小朱以后的基本物质生活。社工与其家属、班主任老师保持联系，持续跟进小朱后续的日常生活、心理状况、学习状态等。

案例点评：

本案例运用了危机介入模式，初步评估服务对象是否存在自杀和自伤等可能，及时对服务对象产生的消极情绪和不良行为进行干预介入。同时，整合多方资源，为服务对象解决困难，帮助其顺利度过危机。

四、如何开展危机介入模式：儿童自杀的危机介入案例①

（一）案例背景

在事发前，服务对象妈妈听从就职学校的安排决定去外地工作半年，但出发之前并未与服务对象说明，只说要出差一段时间。在外地工作一周后，服务对象问妈妈何时返回，妈妈说要等过年的时候，且服务对象爸爸

---

① 姜英，深圳市福田现代社工事务所．儿童自杀的危机介入模式［EB/OL］. https：//mp. weixin. qq. com/s/nvAqSAeREari0EO-FeacmA.

在妻子离开后，对服务对象说："我决定和你妈妈离婚，你妈妈不要你了，你跟着我生活最好，跟你妈妈在一起你妈妈也不会对你好。"父母即将离异，妈妈外出就业未回，服务对象觉得即将被父母抛弃，遂背着书包到海边跳海。危机事件发生后，服务对象妈妈立即乘飞机第一时间返回，在征得服务对象同意后，经过法院的调解，服务对象的父母办理了离婚手续。离婚手续办理后，服务对象爸爸要求服务对象与妈妈一周内必须搬离，超出一周后一天收费 100 元。

（二）服务介入

1. 解除危机，保障生命安全

社会工作者与服务对象面谈了解其个人爱好、身体情况、睡眠状况、崇拜对象等信息，服务对象回答表述清晰、逻辑顺畅、精神状态良好。但是在交谈过程中，服务对象跟社会工作者说："我觉得我活着没什么意思，生命对我来说也没啥意义，没人关心我……"社会工作者觉察到服务对象很希望有人关注自己，抓准时机与服务对象作出口头约定，一同回顾其最喜爱的科幻小说。两人约定在下次交流书籍内容前，无论有何困难，服务对象都不要再伤害自己。社会工作者通过抓住服务对象阅读小说的兴趣爱好，与其分享自己的阅读感受，和服务对象达成共识，暂时解除了危机事件再次发生的风险，保障了服务对象的生命安全。

2. 链接资源，构建社会支持网络

在服务对象和妈妈找到新住处之前，社会工作者发挥社工站"枢纽、平台"的作用，联系辖区合作单位链接到场地，提供了可以存放物资的小区地下仓库。社工站社会工作者一起到服务对象家中协助搬运、安置物资。之后，社会工作者不定期地跟进服务对象的情绪状况、家庭互动情况、朋辈交流情况等。社会工作者引导妈妈与孩子进行正向沟通和表达，逐步改善亲子关系。社会工作者不定期地与服务对象及妈妈联系沟通，协助服务对象建立朋辈群体的交往，融入社区新生活。

案例点评：

本案例运用了危机介入模式，及时保障了服务对象的生命安全。通过链接社会资源，寻找社会支持系统，为服务对象及家庭构建非正式的社会支持网络，注入希望和关怀，使其逐步恢复相对健全的功能。

第四节　行为治疗模式及范例①

行为治疗模式的理论基础是行为主义。行为主义认为行为是外在的、可测量的，可以通过观察、模仿学习别人的行为。同时，行为受到环境的影响，环境的刺激会导致行为结果发生变化。行为治疗模式在儿童社会工作实务中也是广泛应用的方法之一，通过观察儿童的行为分析其可能存在的问题，进一步提供专业的服务。

一、行为主义个案工作的主要技巧

——正强化。当一个期望行为出现时即给予奖赏，从而模塑良好行为，以提高此行为出现的频率。

——负强化。当问题行为出现时即给予惩罚，以消除不良行为。

——角色扮演。在社会工作者指导下练习和不断重复期望行为，渐渐消除问题行为。

——榜样。社会工作者作为一个榜样，让服务对象学习正确的行为模式。

二、工作过程与步骤

——建立关系。

——评估问题。让服务对象用具体的例子描述问题，注意其背后的假设及服务对象对这件事的感受、想法和行为，确定工作目标。

——找出要学习的正确行为并示范这种行为，然后让服务对象进行角色扮演。

——布置作业。让服务对象反复练习期望行为并对之进行奖赏。

——评估。

---

① 王思斌. 社会工作概论［M］. 3 版. 北京：高等教育出版社，2014：106.

....

四种学习形态

行为治疗模式的社会个案工作是基于行为主义理论而开展的。斯金纳认为，人的行为主要取决于外部环境。

四种学习形态包括反应学习、操作学习、观察学习和认知学习。

1. 反应学习。行为主义认为，人类行为的本质是人对环境刺激的本能反应。无条件反射是不受人的意识控制的，是纯粹生物本能对外部刺激的反应。条件反射则是一种学习形态，即让一种无意识的行为成为受意识控制的行为。这给我们一个启示，即如何在行为治疗中割断"条件"和"反应"之间的联系，或者在两者间建立起一种有目的的联系从而改变行为。

2. 操作学习。操作学习就是研究如何通过改变环境（条件）来改变行为，即控制或操作条件，相应地产生一个期望的行为。该理论认为，人作用于环境，而环境又决定人的行为，通过这个过程，行为被塑造和改变。

3. 观察学习。观察学习认为，人通过观察他人而学习，不需要经过"尝试—错误"的学习过程。换句话说，学习是可以传递的。人的大部分知识都是由这种间接学习获得的。

4. 认知学习。认知学习认为人会感受和思考，即人能够赋予事件以意义，人的思想和感受影响人的行为。如果人改变自己的态度，行动也会朝积极的方向改变。

在儿童的个案服务中，社会工作者需根据儿童的具体需要选择具体方法。当儿童出现紧张、焦虑及与之相关的肢体症状时，可为其提供放松训练服务，让其学习放松方法，有意识地调整生理和心理状态，保持身心轻松平静。当儿童急需更正某一行为并习得新的行为方式时，可开展行为矫治计划，如正向强化、厌恶疗法、惩罚、代币管理等，可与儿童协商订立改变计划和相应的奖惩方式，并监督执行，分阶段地实现行为改善。其他常用行为疗法还有果敢训练、自我管理、系统脱敏等。

三、如何开展行为治疗模式："我不是故意的"儿童行为纠正个案①

（一）案例背景

服务对象是一名正在幼儿园大班就读的 6 岁男孩。在家庭生活中，父母在外打工，服务对象与父母接触的时间少，与爷爷奶奶的关系较为亲密。在学校中，服务对象有一名好朋友。班主任向社会工作者反映服务对象经常上课不认真学习，下课后会欺负同学，并且面对老师的教导会以冷战来对待，或者用吼、动手打人的方式表达自己的感情。社会工作者经多次观察发现，服务对象在集体活动中经常是一个人，融入同年龄群体中相对困难，并且伴随一定的过激情绪和行为。服务对象表示自己想要改变自己现在的情绪状况，很想加入集体中，但是自己不知道该如何改变自己的情绪，而且不知道为什么始终被大家排斥，为此感到十分苦恼。

（二）服务目标

通过对服务对象进行需求评估，社会工作者希望借助行为治疗模式增强服务对象的情绪控制能力、与他人交流的能力，鼓励服务对象融入集体和社会生活当中。通过行为修正和促进服务对象、家长、老师三方的沟通，帮助服务对象改变不愿学习的现状，同时通过家人和老师的关爱增加服务对象的安全感和信任感，增强服务对象的自我学习能力与自我调控能力。

（三）服务策略

一是通过解决服务对象与其他小朋友之间的矛盾，同时进行心理辅导，使服务对象能够控制自己的情绪和打人的行为。

二是通过引导服务对象进行正增长的行为治疗方案，当服务对象完成制定的目标时，履行奖惩机制（比如奖励小红花），以达到消除服务对象的负面行为的目的。

三是与校方老师沟通，通过老师对服务对象进行行为监督，推进服务

---

① 张颖，重庆市暖洋洋社会工作服务中心．"我不是故意的"行为纠正儿童个案［EB／OL］．https：//mp．weixin．qq．com/s/mqt86Y1NVrN8AGc2-akgXA．

计划的进程。

案例点评：

本案例运用了行为治疗模式，通过强化、激励机制来改变服务对象的不良行为。把服务对象当作一个受助者，而非一个问题行为者，帮助服务对象不断成长和进步。

四、如何开展行为治疗模式：初三学生中考焦虑的个案辅导①

（一）案例背景

小炜（化名），女，15岁，J市实验中学初三学生。中考临近，小炜越来越紧张，晚上睡眠很差，担心考入新的高中后与同学之间的相处问题以及老师是否喜欢自己，烦恼加剧。另外她又担心考试，甚至看到老师发试卷就不自觉地发抖，答题时手心出汗严重，甚至往下滴水。想到上次体检前早上起床后又吐又拉，害怕中考也会出现此情况。她听到两个同学说要来社工站就跟着一起过来。在一起做小组面谈时，社会工作者发现小炜脸色苍白，神情紧张，话语较少。小组面谈结束后，小炜与社会工作者协商决定下次单独来做个案辅导，社会工作者小安正式接案。

（二）问题分析与评估

服务对象在中考的紧迫压力下，出现了明显的生理心理症状：焦虑紧张、情绪低落、烦躁，自控能力较差，时常感觉精神疲惫，食欲下降，失眠，手心严重出汗，甚至发抖、呕吐、拉肚子等。服务对象已处于中等焦虑水平，严重影响了正常的学习和生活，且问题不仅涉及认知的改变，还需要在行为上作出一些改变，改善其考试过度焦虑的状态。

（三）服务目标

帮助其在日常生活学习中适当运用放松技术和积极的自我对话，以降低焦虑水平；完善服务对象的个性，使其形成正确的自我观念；提高其有效处理生活焦虑的能力，增强其自信和社会适应能力。

---

① 安芹霞，晋江市阳光家庭关爱服务中心. 初三学生中考焦虑的个案辅导记录［EB/OL］. https://mp. weixin. qq. com/s/1skeQ4FETzaCMwh9bnj8kQ.

（四）服务介入

1. 让服务对象表达需要和感受

社工小安与服务对象建立信任关系，开展会谈，探寻其心理矛盾及改变意愿。面谈开始，在接纳信任的氛围中，服务对象渐渐敞开心扉与社会工作者小安交流起来。第一次会谈结束，社会工作者小安推荐服务对象参加了初三年级学生"直面中考，减压前行"的团辅减压活动。

2. 宣泄情绪，放松训练

鼓励服务对象以讲故事的形式，宣泄压抑的情绪。找出其在考试时的内心想法及身体、情绪的变化情况，越细越好。如：其自诉当看到老师拿练习试卷进教室时，就立刻想到"我一定要考好""考不好会被表妹比下去，被亲戚朋友笑话"。帮服务对象识别造成考试焦虑的消极思想，以及出现这些消极思想的情境，识别紧随消极思维之后的问题行为，帮助服务对象分析这些消极思维，并建立理想的积极的思维。如"我只要像平时一样答题就好，我希望考好""只要我努力了，即使我没考好亲戚朋友也不会笑我的"。

社会工作者小安提供放松音乐，示范深呼吸放松方法并指导服务对象做冥想放松训练。

3. 巩固认知重建结果，积极自我暗示

社会工作者运用系统脱敏疗法，通过想象唤起服务对象的焦虑状态，评估焦虑水平，然后运用放松技术进行放松，再次评估焦虑水平，直至焦虑水平达到最低值。每次进行 1~3 级等级评估，或视服务对象情况而定。回顾上周的焦虑情境出现的频率，找出一些积极的自我暗示，如"我相信我能行""紧张会让我精力更集中的"。

4. 巩固辅导效果，提供考场放松技巧

宣泄紧张焦虑情绪，引导其进行积极的自我暗示。同时监督自己随时出现的不合理认知，并加以纠正。社会工作者小安向服务对象提供考场放松技巧。如：建议服务对象进入考场紧张时，尤其在没发考卷前轻闭双眼，把手放在桌子上，去感受桌面的温度。同时做几次深呼吸，以缓解自己紧张的情绪。

案例点评：

本案例运用了行为治疗模式中的认知重建和系统脱敏治疗的技巧，帮助服务对象重塑认知，降低考试焦虑等级，一步步帮助服务对象脱敏，走出焦虑的情境，改善焦虑带来的不良行为，做到自主且从容。

第五节　人本治疗模式及范例①

一、人本治疗模式的特点

人本治疗模式与以往的个案工作理论分析模式不同，它不注重个案工作者的具体辅导技巧，而以创造和谐、接纳和真诚的合作辅导关系为中心。罗杰斯认为，个案工作者在辅导过程中不是治疗求助者，而是关注求助者本身的发展；个案工作者不应以专家身份自居，而需要协助求助者开发其内在的资源，促使求助者逐渐成熟。

知识链接

人本治疗模式的特点

人本治疗模式是由美国心理学家卡尔·罗杰斯（C. R. Rogers）创立的，其理论分析模式的发展大致可划分为四个阶段：非指导性治疗阶段、当事人中心治疗阶段、治疗的条件阶段和以人为中心治疗阶段。人本治疗模式的辅导技巧具有以下几个特点。

1. 注重个案工作者的品格和态度。个案工作者需要为求助者提供同感、真诚和无条件的爱，需要全身心地与求助者交流，这样才能使求助者关注自己的感受，理解自己的内心冲突，减轻价值条件的影响，协调自我

---

① 中国社会工作教育协会，许莉娅. 个案工作 [M]. 北京：高等教育出版社，2004：150.

概念与经验的矛盾，体会自己的真实需要，充分利用自己的内在资源逐渐成熟。

2. 注重个案辅导关系。人本治疗模式比较注重个案工作者与求助者的合作关系，希望凭借融洽、接纳和轻松的辅导环境帮助求助者成长。

3. 注重个案辅导过程。个案工作者在辅导过程中，需要营造宽松、真诚的氛围，与求助者进行真挚的感情交流，使得求助者可以忠于自己的内心想法，毫无顾忌地表达对自己或对他人的各种心理感受。

4. 注重非指导性影响技巧。人本治疗模式以非指导性影响技巧为主要的辅导技术，包括倾听、释义、澄清、情感反映和自我揭示等。在合适的时机下，工作者也可以适当表达自己的感受和意见，目的是创造良好的辅导环境，使求助者能够自由地探索和表达自己的各种内心感受。

人本治疗模式的重点不是解决求助者的问题，而是协助求助者重整自我概念，让求助者更好地依据自己的真实愿望生活，变成一个能够充分发挥自己机能的人。

二、如何开展人本治疗模式：逃学威龙爱上学·驻校社会工作者实务案例[①]

人本治疗模式注重以人为本，注重协助服务对象挖掘潜能，实现自我。在服务过程中，社会工作者需要真诚地接纳服务对象；需要对服务对象呈现出的问题、需求给予真切关注；需要具备同理心，设身处地为服务对象考虑，学会换位思考。

（一）案例背景

小龙，6岁，刚刚成为小学一年级学生，从开学起每天在爸爸送其到学校上学，准备离开学校时其便情绪失控，大哭大闹。小龙不愿意返回座位上课，每天均在教室外"流浪"，致使全班同学不能够安静认真地上课，

---

① 林贞，广州市成长动力社会工作专业发展与资源中心. 逃学威龙爱上学·驻校社工实务案例［EB/OL］. https：//mp. weixin. qq. com/s/SlQr9jVNhN6SWlaeB6ojZw.

严重影响了班里的正常教学秩序；每天中午在学校也不愿吃午餐，以"绝食"表达对上学的厌恶；多次在爸爸走后翻越学校围栏，试图爬墙逃走。开学一段时间以来，小龙的情况没有如家长及老师预估那样变得越来越好，反而越来越严重，家长无奈地开始了每天到校陪读的生活，故班主任转介小龙给学校社会工作者跟进。

（二）需求评估

1. 角色转变的适应性需要

小龙从幼儿园升小一，刚结束以游戏为主的学龄前生活，走上以学习为主的有规律的小学生活，上课形式、课堂规则、课堂内容、学习强度等方面的突然变化均让小龙感到紧张。这个时期，良好的学习氛围、正面的指导是重要的，这也是小朋友适应新角色的阶段，所以我们要给予各方面的支持，例如情绪疏导、学业辅导等。

2. 社交的需要

环境的转变使小龙于幼儿园已经建立的稳定及良好的朋辈关系出现断裂，需要在新的环境里重新与他人建立新的联系。

3. 亲子关系调整的需要

家长面对小龙如此激烈的情绪及行为反应，亦感到不知所措，需要重整家庭沟通对话的模式习惯，让家长学会如何正确处理孩子的适应困难，给予孩子有效的支持。

（三）服务介入

1. 个人层面

（1）社工通过给予小龙无条件的接纳、尊重、关怀及同理与小龙建立专业关系；聆听小龙说话，解读其需要。

（2）正确处理对爸爸的思念感受。社工同理他想念爸爸的感受，肯定他想念爸爸的行为，同时鼓励小龙运用在幼儿园时使用的画画方式处理想念爸爸的感受。教导小龙处理情绪的正确方式，可以选择小声地哭泣，或者可以忍耐到下课时到社工室打电话给爸爸，告知爸爸自己想念他。

（3）重新澄清小学的规则及如何适应学习，以提升他对小学的接纳程度。社会工作者运用人本治疗法处理小龙的感受，澄清学校规则，鼓励小龙在教室选择一个让自己舒服的位置。小龙接纳了社会工作者的建议，并最后选择在教室后门最角落位置站着上课。社会工作者及时给予肯定、接纳并尊重其选择。在接下来的辅导中，社会工作者成功处理了小龙站在教室后门角落听课的问题，逐步过渡到在教室最后的空座位上坐着上课，再到最后小龙成功返回自己座位上课。

（4）处理小龙"绝食"的行为。社会工作者邀请并陪伴小龙去食堂，鼓励他尝试拿取自己的饭菜，再自行决定是否食用。社会工作者对他的决定给予尊重。小龙逐渐愿意尝试，后期不需要社会工作者陪伴也能够主动跟随班级同学排队去吃饭。社会工作者及时赞赏他的进步，肯定他的能力。

2. 家长层面

（1）提高家长对小龙分离焦虑及适应困难的正确认识，并沟通处理小龙适应困难的计划，让家长与社会工作者就辅导计划达成共识，清晰了解应该如何协助社会工作者达成辅导目标。

（2）调整家长的心态和认知，处理家长对小龙行为的愤怒和厌烦情绪。社会工作者提醒家长，不需要对小龙的行为过于紧张，也不需要因此认为他有问题，更不应将他与其他学生作比较，比较会强化孩子的无能感，会增加其适应学校生活的难度。

（3）重新调整期望。环境的转变给孩子和家长都带来了压力，孩子不能够马上或短期适应小学生活是可以理解的，家长不应要求孩子从一开始就乖乖地在学校上课。

（4）表明家长的态度。家长需清晰向孩子澄清其需要独立在校学习及家长不会进行陪读的态度，并学习正确处理孩子负面情绪的技巧。

（5）学会赞赏孩子。家长需及时察觉孩子在校的进步并给予赞赏，以肯定孩子的能力，并学习赞赏孩子的方法和技巧。

案例点评：

本案例运用了人本治疗模式，社会工作者在服务过程中注重服务对象的意愿和选择，利用真诚、接纳、同理心等个案技巧来协助服务对象重新调整自我认知，提升服务对象的能力，促进服务对象发展与进步。

三、如何开展人本治疗模式：儿童心理自卑案例①

（一）案例背景

13 岁的李璐（化名）眉清目秀，可微凸的牙齿（俗称"龅牙"）却带给她许多苦恼。平时她总感觉低人一等，在同学面前抬不起头，很少与人交流。某次自习课上，她与同桌张辉发生了争执，张辉当着全班同学的面喊李璐"大龅牙"！李璐内心受到巨大打击，动手打了张辉一记耳光。此后李璐开始厌学，与同学的关系也更僵化。

（二）服务介入

通过几次正面接触，社会工作者小晴判断李璐存在典型的自卑情绪，主要表现在对自己的外貌无法悦纳。于是社会工作者决定采用人本治疗模式帮助其走出困境。

1. 创设自由的谈话氛围，感受内心冲突

某天放学后，小晴安排了一次和李璐的单独面谈。

社会工作者：李璐，今天只有我们两人，你可以放心地讲出心里真实的想法，而且我保证，除非征得你同意，否则你说的话我一定保密，好吗？

服务对象：这样……好的……

面谈中，李璐告诉社会工作者，她最喜欢的故事是《白雪公主和七个小矮人》。

社会工作者：为什么喜欢这个故事呢？

服务对象：因为……白雪公主很漂亮，七个小矮人都喜欢她。我也希望像她那样，大家都欢迎我，不像现在……

社会工作者：现在怎么了呢？

服务对象：现在……我长得这么丑，总是被别人嘲笑，大家都不喜欢我……

---

① 郑颖芳．论人本中心模式的治疗原则与实务运用［J］．社会工作下半月（理论），2009（11）：24-26.

在这次面谈中，社会工作者非常注意在谈话之初就提出"保密"承诺，目的在于创设出轻松、信任的环境，减少当事人心中的顾虑，激发其表达的渴望。像李璐这样具有自卑心理的服务对象更需要自由的表达氛围，使她能够完全释放压力，缓解内心冲突。

2. 去"问题化"，转变刻板认知

李璐自卑的最直接因素是对外貌无法悦纳。再次谈话时，小晴抓住这一主要矛盾。

社会工作者：李璐，来，你看看我，说说我的长相。

服务对象：老师，你的眼睛很大，很漂亮……啊！老师脸上有雀斑，牙齿也有一颗是向外突的。

社会工作者：对啊，我有雀斑，牙齿也不整齐！

服务对象：可是，之前我怎么没发现啊。我一直觉得您长得挺漂亮的！

社会工作者：那你现在觉得老师还漂亮吗？

服务对象：当然了，老师还是很漂亮。

社会工作者：为什么？你不是看到我的长相也有缺点？

服务对象：可是，您对人很亲切，笑起来也很好看……

社会工作者：所以，你觉得我漂亮，主要不是因为我的外貌，而是你认可了我对别人的态度，是吗？

服务对象：好像是的……

社会工作者：世界上谁能完美无缺呢？就像老师喜欢和你做朋友，是因为你善良、勤劳。而且手工能力很棒，你有自己的作品（小晴指着桌上李璐编织的藤条玩具），别人无法代替，对吧？

服务对象因长相自卑而导致自我评价偏低，为自己贴上一个"不受欢迎"的失败者标签。从人本治疗模式出发，社会工作者对当事人表达出喜欢和她做朋友，并不是因为她长相好看与否，而是因为重视她内在的品质。在谈话中，社会工作者将外貌不足的"问题"正常化，同时提出评价一个人的标准应注重其内在品质，转变服务对象对"漂亮就受同学欢迎"的认识误区，转变服务对象刻板的自我概念。

3. 化解人际关系冲突，把主动权还给当事人

要想改变李璐的自卑心理，构建良好的人际关系是关键。于是社会工作者决定鼓励李璐主动修补和同桌张辉的紧张关系。

社会工作者：李璐，在张辉这件事情上，你有什么不开心的都可以告诉我，我们再一起试着找解决办法，好吗？

服务对象：当时我真的很生气，但事后也知道自己不对，打了他……现在我不知道该怎么办……

社会工作者：你说的不知道该怎么办是指什么呢？

服务对象：就是……不好意思跟他道歉……

社会工作者：那么，你想过用什么方法来改变现状吗？

服务对象：我想过，给他写个纸条道歉，但是，这样做挺丢人的。而且，他也有不对，不应该我先道歉吧！

社会工作者：李璐，其实你已经有很不错的办法了，只不过缺少一点行动的勇气。如果你能主动先去道歉，那可是很勇敢的行为，你认为呢？

服务对象：这么做行吗？

社会工作者：如果不去尝试，可能你们的矛盾也就永远无法得到解决了。

李璐犹豫了一会儿，点了点头。

（三）总结评估

本次辅导中，李璐走出了非常重要的一步——主动思考问题的解决方法。人本治疗模式强调服务对象潜能的开发，其中最重要的一步是将主动权还给服务对象，鼓励服务对象通过积极行动体验与外界沟通的成功感。辅导中，社会工作者并非强加给服务对象一个既定的方案，而是启发她自己提出解决办法并付诸实践，这体现了人本治疗模式的核心目标——相信当事人才是自己的主人，有解决问题的能力。

案例点评：

本案例运用了人本治疗模式，社会工作者在服务过程中始终站在协助者的位置，帮助服务对象更好地发挥主观能动性。同时，社会工作者也并非毫无保留地遵循非指导性原则，而是根据实际情况，为服务对象提供适当指引，实现服务对象自决。

第 5 章

儿童小组服务常见模式

　　小组工作在儿童服务中是一个常见的方法，能够提供儿童自我改变和"被肯定"的社会场景；创造儿童互相帮助和共同成长的学习机会；提升儿童人际交往和社会适应能力；塑造儿童平等意识和归属感；扩充儿童社会支持网络。这些功能的发挥，有助于儿童青少年在身心和社会发展方面都得到完善，符合儿童这一群体的需要和特点。社工站如何开展儿童小组服务，是社工站的社会工作者们可以不断深入学习的课题。本章希望结合当前本土社会工作实际，呈现几类常见的小组类型和操作方式。

　　小组服务主要包括社会目标模式、治疗模式、发展模式和互惠模式。然而，在儿童领域和现实场景中，则更多呈现出兴趣小组、治疗小组、合作小组、成长小组等类型。因此，本章节分别就以上几类常见小组展开探讨，再从小组操作过程出发，展示各阶段操作方法。

第一节　兴趣小组模式及范例

一、何谓兴趣小组

（一）兴趣小组的含义

　　小组工作亦称团体工作，是一种以小组活动形式开展社会工作的方法。小组工作旨在以人际间的依存互动关系为基础，通过小组活动过程来恢复和增强个人、团体的社会功能，进而实现社会发展的目标。

　　兴趣小组是实务工作中常见的小组形式，是社会工作者采用小组工作方法，以组员共同兴趣为媒介，通过共同兴趣以学习、交流、展示等形式开展社会工作者服务，促进组员兴趣、能力、社会功能等发展的服务模式。

（二）兴趣小组的类型

兴趣小组可以分为以下类型：

文体兴趣小组，例如书法兴趣小组、绘画兴趣小组、瑜伽兴趣小组、舞蹈兴趣小组等。

技能兴趣小组，例如手工兴趣小组、烹饪兴趣小组、园艺兴趣小组、PS 兴趣小组等。

兴趣小组在实际操作过程中，可能以团、班、队等形式存在，例如××合唱团、××学习班、×××舞蹈队等。

二、兴趣小组的特征和功能

相较于其他社会工作服务方法，小组工作方法在儿童服务中运用得更为广泛。一方面，小组工作类型丰富，可操作性强，适用于不同熟练程度的社会工作者和处于不同服务阶段的社工站，适用于不同场景的服务需要；另一方面，小组工作有着独特的功能和魅力，对儿童成长发展有着不可替代的作用。

（一）兴趣小组的特征

开放性。相较于其他小组形式，兴趣小组更为开放，表现为：小组成员的开放性，组员选择范围较广，一般有兴趣即可，小组成员的固定性要求不高；小组内容的开放性，任何文体项目或技能都可成为小组的内容。

基础性。兴趣小组更多时候成为社工站的基础服务，结合目前内地社会工作者服务现状，可以明显看到，兴趣小组往往成为社工站建立初期社会工作者们的选择。对服务对象而言，兴趣小组轻松且具有吸引力，是服务群体乐意接纳和参与的基础服务。

发展性。兴趣小组的开展可以为社区或者组员带来更多可能。随着小组活动的深入，组员的动力得到激发，潜能得到挖掘，小组很可能得到进一步发展。例如，书法入门兴趣小组发展为书法初级兴趣小组，合唱兴趣小组成为社区合唱团雏形，手工兴趣小组发展为手工志愿小组等。

（二）兴趣小组的功能

培育居民组织，助力社区治理。小组可被视为一个临时的社区团体，各类兴趣小组可被视为兴趣类社区社会组织的雏形。在兴趣小组的基础上，可以进一步发挥组员特长，成立各类社区自组织，推动居民自我服务，互帮互助。

培育居民骨干。根据组员在小组中的持续参与表现，可筛选出部分组员成为居民骨干。例如培育出儿童小领袖，带领更多儿童参与社区实务，保障儿童参与权。

提升居民素养，实现社区教育功能。兴趣小组有助于提升社区儿童文化、艺术、技能等综合素养，不仅能帮助组员实现个人增能，而且能实现社区教育目标。

对于社会工作者而言，开展兴趣小组有助于在服务早期建立专业关系，打下良好的服务基础。

三、兴趣小组的适用范围

兴趣小组由于其开放性、基础性和发展性等特点，适用范围广泛，只要有共同的兴趣、适宜的空间和设施均可开展。受到新冠疫情等外部因素影响，兴趣小组还可以采用线上形式开展。

兴趣小组可以被广泛运用于社区、小区、学校等场所。在社工站的服务中，尤其在服务前期，兴趣小组的服务形式往往更受到社会工作者和服务对象的欢迎。

四、开展兴趣小组活动的方法：以 "××县××村留守儿童陶艺兴趣夏令营" 为例[①]

（一）案例背景

湖南省××县××镇中心学校有在校学生 400 余名，其中一至四年级有留守儿童 40 余名。暑假将至，一方面，学生宅家暑假无处可去，镇上兴趣培训类机构仅一家，规模较小，以舞蹈教育为主；另一方面，留守儿童缺乏父母陪伴，在暑假更显孤独失落。社会工作者通过走访学校老师、学生和

[①]　资料来源：长沙县星辰社会工作发展中心。

家长，了解到学生们特别渴望像城市的孩子一样参加夏令营活动。对此，社会工作者申请了一笔公益基金，又取得了学校的支持，在学校开展了暑期陶艺兴趣夏令营活动。

根据社会工作者的调查，40多名留守儿童中有近50%可全程参与夏令营活动，其他儿童因兴趣不同、要去和父母团聚、要去亲戚家等原因无法参加。能全程参加的留守儿童大部分对手工活动很感兴趣。在此之前，该学校没有孩子参与过夏令营等类似活动，也没有孩子参与过陶艺等有关活动。组员们都是零基础学习陶艺。

（二）分析预估

根据社会支持网络理论，留守儿童的环境适应取决于所获资源支持的多少。现实情况是留守儿童的社会支持不足的困境在暑假更为明显。通过小组开展，组员们将获得来自学校和社会的支持，有安全的场所、老师和同学的陪伴、兴趣的成长和公益基金的关注。

（三）服务计划

1. 目标

帮助20名以上留守儿童全程参与陶艺兴趣夏令营，初步了解陶瓷文化，每位学员学会2种陶艺制作方法；80%以上的组员在活动中获得正面体验，例如开心、满足、自信等。

2. 策略

通过积极整合社会资源，支持留守儿童发展陶艺兴趣，让留守儿童陶艺制作能力提升；通过丰富的小组互动和分享，促进成员之间互相支持和协作，提升组员的正面体验。

3. 小组计划（见表5-1）

表5-1 "泥巴中的艺术"小组计划

节次	主题	内容
第一节	启动仪式+开营团建	1. 小组介绍； 2. 互相认识； 3. 破冰游戏； 4. 分组和小组契约

续表

节次	主题	内容
第二节	陶瓷艺术赏析和基础知识	1. 暖场游戏； 2. 陶艺历史、陶艺作品欣赏； 3. 陶艺制作基础知识； 4. 认识相关工具； 5. 组员分享
第三节	捏彩泥	1. 暖场游戏； 2. 老师教授彩泥制作方法和技巧； 3. 自由创作彩泥； 4. 彩泥作品分享
第四节	泥条成型	1. 暖场游戏； 2. 老师教授泥条成型陶艺制作方法； 3. 组员自主练习（制作花盆、房子等）； 4. 作品分享
第五节	陶瓷艺术馆参访	1. 乘车前往陶瓷艺术馆； 2. 艺术馆工作人员进行参观指引和讲解； 3. 参观分享，返程
第六节	拉坯学习	1. 认识拉坯机器和配套工具； 2. 老师演示拉坯； 3. 尝试自己拉坯制作杯子； 4. 组员感受分享
第七节	上釉与烧制	1. 认识釉彩； 2. 老师演示釉彩上色； 3. 组员自己动手将上期完成的作品上釉； 4. 专业人士进行作品烧制
第八节	作品展示和小组总结	1. 小组个人表现总结； 2. 小组回顾； 3. 我想对你说

（四）服务实施过程

陶艺小组的开展需要大量资源支持，在小组筹备阶段，社会工作者通过多次走访联络，取得了多方资源支持：联系学校提供场地和设施；联系基金会支持获得经费；联系艺术馆提供免门票参观和讲解；联系有关企业提供烧制和参观接待；联系职业学校提供授课老师；联系家长志愿者协助小组工作。社会工作者搭建了丰富的小组资源网络，多方共同帮助留守儿童完成兴趣梦想。

在小组成员招募阶段，社会工作者接收到近40多份报名，其中包括那50%左右的留守儿童。为了去标签化，在资源允许的情况下，社会工作者将组员分为两个小组进行，每个小组都有一定数量的留守儿童和普通乡村儿童。

在小组初期，组员们来自不同年级和班级，社会工作者通过热身游戏让组员融合在一起，并将小组再次分为5~6人一组，每组由一名志愿者全程协助。社会工作者提前对志愿者进行了培训，志愿者不仅能帮助确保组员安全，更能观察到组员的参与程度和感受，及时提供帮助。

组员们的期待值很高，对小组的参与度也较高。在志愿者的帮助下，每个小组成员之间更加熟悉，协作程度更好。其中一名组员是留守儿童，也是学校有名的难管教的学生。但在夏令营中，他表现很好，动手制作陶艺时很专注，作品也很有创意，受到肯定的他在其他环节也表现良好。

在小组中期转折阶段，组员们都能完成一定的作品，但组员之间也出现了一些冲突。例如某些组员作品被不小心打碎，组员伤心哭泣，社会工作者和志愿者协助组员更好地面对和处理"意外"；发放物资时出现抢夺，社会工作者和志愿者组织大家再次讨论和强调小组规则。

在小组成熟阶段，组员们基本能在小组规则之下顺利出行，并且能够互相照顾，完成艺术馆和企业参观等内容。组员们不仅学会了陶艺制作的基础方法，也和老师、社会工作者、志愿者建立了较好的感情。

在小组结束阶段，很多组员表现出强烈的离别情绪。许多组员多次询问下次活动的时间。社会工作者通过引导组员回顾活动内容，通过"我想对你说"环节引导组员向他人表达自己的情感，肯定组员们的参与和努力，总结收获，并引导组员将收获到的知识、技能、友谊、美好的感受继续保留，带到剩余的暑假生活和今后的学习中。此外，社会工作者还为每位组员准备了活动证书并拍摄了合影留念，以有仪式感的方式结束小组活动。

（五）总结评估

小组目标达成情况：100%的组员都能用不同手法完成不同的陶艺作品，90%以上的组员在活动中收获了积极正面的体验。本次活动目标达成。

社会工作者发挥了资源整合的作用，项目购买的陶艺设施和材料捐赠给了学校，后续，学校有意将陶艺课程作为自己的特色美术课堂，长期开展。

（六）专业反思

乡村儿童兴趣教育的资源非常缺乏，但培育兴趣特长，得到综合全面发展是乡村儿童的权益和需求。对此，社会工作者的兴趣小组作为低成本、收效好的服务方式，可以在乡村儿童服务中发挥更大的作用。

五、社工站开展儿童兴趣小组的注意事项

一是作为社会工作者专业服务手法，社会工作者开展的兴趣小组重点目标不仅仅是让组员学会某个兴趣或特长，还应当关注学习过程中的个人成长、组员之间的沟通模式、小组成员的社区参与等内容。因此，社会工作者在服务目标设定和服务内容设计时不应当单纯设计技能学习内容，更要注重小组分享、小组讨论等环节的设置，以推动小组其他目标实现。

二是发挥组员作用，找准社会工作者位置。因兴趣小组的重要内容是兴趣学习，需要讲师参与，此时社会工作者应当避免全程充当"老师"角色，而是需要积极整合内外资源，或赋权组员，由组员互助教学。

三是注重发挥兴趣小组的持续影响力。发挥小组持续影响力的方法主要包括以下4种：其一，为小组持续提供机会。例如在文艺小组结束后，为组员提供展示的舞台。其二，成立自治组织。例如在手工小组结束后，以小组为雏形，在社区或学校成立社工兴趣社团等自组织。其三，推动小组的社区参与。例如在毛线编织小组结束后，引导小组成员结合自身特长参与社区志愿服务，为孤寡老人编织手套等。其四，TOT式小组方法。让每位小组成员学会技能后，成为技能讲师，再去教授他人，针对其他有需求的人开展同类小组。

第二节　治疗小组模式及范例

开展治疗小组对社会工作者工作能力要求较高，一般社会工作者需经过一段时间的服务积累，聚焦问题后，于服务深入阶段在社工站实施开展。且因儿童本身年龄阶段和发展性特点，治疗小组模式在实务中运用相对其他模式较少。

一、何谓治疗小组

作为小组工作的一个传统模式，治疗小组是精神医学、心理学和社会学的结合与运用，需要相应的理论和技术。常见的儿童治疗小组类型有儿童康复治疗、儿童心理治疗、儿童行为矫治小组等。

（一）治疗小组的含义

治疗小组实际上是一种社会治疗或社会康复模式，旨在治疗和解决个人的社会问题，改变个人的社会行为。治疗小组主要针对行为失范人群或有特定问题的人群，例如医院的患者、吸毒人员、社区矫正对象等。在儿童服务领域，可能包括残障儿童、有共性心理问题的儿童、行为偏差儿童等。

（二）治疗小组的类型

儿童康复治疗小组有心智障碍儿童农疗康复小组、艺术治疗小组等。儿童心理治疗小组有非理性情绪治疗小组等。儿童行为矫治小组有戒除网瘾小组、暴力行为治疗小组等。

二、治疗小组的特征和功能

治疗小组具有限定性、互助性、社会性三大特征。它在儿童的行为矫正、自信的建立以及朋辈支持网络的构建方面具有较大作用。

（一）治疗小组的特征

限定性。相较于其他小组形式，治疗小组更具有限定性，表现为小组成员需符合某些共同特征，或都出现了同类问题。小组内容可能深度涉及组员感受、隐私等内容，需要在特定场所开展，更需要做到隐私保护等。

互助性。相对于个体治疗，小组治疗除了治疗技术本身，还注重运用组员自身经验、能力获得疗愈。

社会性。治疗小组不仅用于矫治组员某些失范行为，还可疗愈组员身心，更重要的是有望通过小组学习，增强组员的社会功能，使其达到社会规范，实现社会康复。治疗小组关注个人的心理和行为问题，认为这些心理和行为问题不是简单的个人问题，也有关社会关系的失调，因此强调通过小组来解决组员的社会化缺陷，重建其社会关系网络，恢复和发展其社会功能。

（二）治疗小组的功能

矫治偏差行为，疗愈身心，帮助恢复组员社会功能。治疗小组最核心的功能就是帮助组员获得改变，在社会工作者和组员的支持下恢复社会功能。

提供小组组员自我改变及"被肯定"的场域，帮助组员在他人的肯定和鼓励中获得改变的动力以及树立起信心。

提升组员的朋辈支持，打造朋辈支持网络。小组能够提供帮助他人以及被他人帮助的机会，帮助组员重建社会关系网络。

三、治疗小组的适用范围

治疗小组最早来源于精神医学和心理学，如行为修正理论、学习理论等，后来社会学的社会化和再社会化理论对小组治疗模式的影响也日渐深入。

对儿童群体而言，治疗小组适用于特殊状况下的儿童，例如身心障碍儿童、情绪问题儿童、行为失范儿童等。由于治疗小组对社会工作者要求比较高，社会工作者不仅需要掌握有关专业知识，更需要对所服务社区的特殊问题儿童及其环境有更充分的了解，因此，对社工站而言，治疗小组往往应用于服务深入阶段，或项目开展的中后期。

四、开展治疗小组活动的方法：以"青春新启航——青少年行为偏差治疗小组服务案例"为例①

（一）案例背景

儿童青少年由于心智不成熟，容易出现偏差行为，这给服务对象及家庭带来一定负面影响。某区某学校老师告知社会工作者，学校有 5 名二年级学生人际关系不和谐，出现小团体，与其他同学产生行为冲突、矛盾，希望社会工作者能对此进行跟进。

社会工作者进校观察，发现几名服务对象的行为表征有冲突矛盾，甚至有校园欺凌的倾向，故社会工作者与老师达成共识，通过行为偏差治疗小组进行介入，引导服务对象认识行为偏差的行为及种类，改变自身的偏差行为。

（二）分析预估

1. 服务对象存在行为偏差认知

5 名服务对象的原生家庭各不相同，有的是留守儿童，由爷爷奶奶照顾生活；有的是在"棒打教育"环境中成长；有的是在单亲家庭中成长。在平时校园生活中，他们通过脱别人裤子、说脏话、摸生殖器等偏差行为引起别人的关注；通过拍打他人头部、打小报告等偏差行为得到同伴的崇拜；通过模仿成人的欺凌行为得到同伴称呼"大哥"。他们的认知标新立异，以与众不同的行为获得满足。

2. 心理上渴望爱

服务对象原生家庭存在局限，照顾者的学历不高，缺乏正确的教育方法，在服务对象的成长中，无法及时有效回应，导致他们在心理上缺乏关爱，渴望引起他人关注。

3. 渴望有新的朋辈社交

服务对象认为，班级中得不到老师的关注和同学的朋辈交往，其内心深处渴望得到与其他同学的社交。

━━━━━━━━━━━━━

① 资料来源：广州市志城社会服务发展中心。

基于认知行为理论、正向强化理论等，社会工作者希望聚焦引导服务对象改变认知，治疗服务对象的打人、抓生殖器、说谎等特定偏差行为；结合日常生活的情境，尝试引导服务对象改变影响情境的因素；促使服务对象改变类似于"拳头可代表一切"等特定类型的认知，代之以更为理性的认知，使其问题或行为得到改变；采取观看案例在反思和体验中学习的方式，引导服务对象自我反思发现自身的行为偏差，以奖励制度激励服务对象保持改变。

（三）服务计划

1. 目标

通过小组活动，提升小组成员对偏差行为的认识，改善自身的偏差行为。具体目标包括：

（1）组员学会倾听和正确表达自我想法。

（2）组员学会区分暴力行为及其种类。

（3）组员通过团队合作完成任务，总结保持行为改变状态。

2. 策略

（1）订立契约。小组过程中，组员共同制定小组契约，共同遵守小组的约定，加入正强化和负强化的奖励制度。

（2）联动老师。社会工作者通过与老师进行交谈，了解服务对象行为表征的情况以及在班级里的表现。

（3）家庭支持。社会工作者通过老师转达的方式，让家长知晓社会工作者的服务及改善自身的家庭教养方式并给予支持。

（4）个体反思。本小组期望服务对象以学会聆听、正确表达自我、区分暴力行为及反思等介入手法，认识自身存在的偏差行为并及时改善。

（5）个案跟进。社会工作者与服务对象在小组结束后进行个别交谈，了解服务对象出现"欺凌"等倾向的背后原因。

3. 活动流程（见表5-2）

表5-2 "青春新启航"小组活动流程

节次	主题	内容
第一节	认识你我他	1. 社会工作者介绍和小组介绍； 2. 破冰游戏：抢凳子； 3. 问卷前测； 4. 互动游戏：描绘我的好朋友； 5. 制定小组契约（社会工作者引导组员结合自身不文明行为制定小组规范，设置奖励制度）； 6. 内容回顾
第二节	学会倾听	1. 上节内容回顾； 2. 重温小组契约； 3. 传达与聆听游戏，分享； 4. 结合小组成员表现落实奖励制度； 5. 预告下一节小组内容
第三节	学会区分暴力行为	1. 上节内容回顾； 2. 同学矛盾较多场景讨论； 3. 如何与同学友好相处讨论； 4. 播放《哪吒》片段，识别暴力行为； 5. 边界的意义（打架和玩耍的边界；隐私部位等身体边界）； 6. 结合小组成员表现落实奖励制度
第四节	讨论朋辈交往的暴力行为	1. 上节内容回顾； 2. "拳头是否说明一切"小组讨论； 3. "不管三七二十一"小组游戏，游戏分享； 4. "一年后的我们"集体创作绘画； 5. 本节总结和下节预告
第五节	团队合作与总结	1. 上节内容回顾； 2. 头脑风暴：收集日常朋辈冲突及处理办法； 3. "沉船合作游戏"； 4. 播放《超能陆战队》和《哪吒》片段，讨论两者的不同，分享喜好和感受，强化对团队暴力行为的认识和改变； 5. 奖励制度落实； 6. 巩固改变成果； 7. 后测和小组总结

（四）服务实施过程

1. 第一阶段目标：订立契约，日常化情景模拟体验

小组前期阶段，服务对象对社会工作者的认识较浅，不知道自己为什么要参加本次小组。服务对象在心理上没有一个准备期，只知道是老师"命令"他们参加的小组，一名服务对象甚至以动作欺凌行为来试探社会工作者的身份。

（1）及时介入冲突。社会工作者在观察到一名服务对象敲打另一名服务对象头部的欺凌行为时及时制止。问及此行为的缘起，是因为在课堂上的"恩怨"。社会工作者当下扮演"公证人"的角色，解释组员行为的不恰当之处，塑造组员们自我行为的认知。

（2）口述初步制定小组规范。社会工作者以分数奖励制度的方式，引导服务对象制定了小组契约和分数榜。服务对象的行为因有其约束，开始有意识地控制其行为。

（3）体验被排斥的感受。有 3 名服务对象很愿意听取其中一名服务对象的意见，共同排斥另一名服务对象。社会工作者以抢凳子、"口耳传递""和友好做朋友"等游戏互动环节，让服务对象感受被排斥、不被尊重的场景，并分享当时的感受。

2. 第二阶段目标：区分攻击性行为，识别控制自身暴力行为的情景

经过小组前期阶段，服务对象对社会工作者有了更多的信任，每节小组都会提前到集合点等待小组服务开始。

（1）案例观看，认识攻击性行为和玩耍的区别。社会工作者通过《哪吒》视频片段，让服务对象写下片段中哪吒具有攻击性的行为，并引导服务对象回想日常生活中自身有哪些具有攻击性或不好的行为。经统计，偏差行为有打人、脱别人裤子、说脏话骂同学、丢石头、戴假面具恐吓他人、说谎骗人等。

（2）认识日常生活中的偏差行为。社会工作者以真人模特的形式，让服务对象指出不经过他人同意，私自摸哪里是属于偏差行为。最终服务对象日常生活中的偏差行为总结如下：咬人、打架、打耳朵和生殖器、拿水

泼同学等。以上的行为证明了服务对象在日常生活中曾经有出现过上述的偏差行为。

（3）认识"力的大小"。社会工作者安排服务对象模仿不同行为的不同力度，认识打架和玩耍的区别，5名服务对象都分别展示了不同的行为及力度，且不同力度出现物品不同程度的损伤。经过模拟实验，服务对象开始有意识区分不同行为和不同力度属于哪一类行为。

（4）讨论拳头的作用，讨论暴力行为在朋辈交往中的影响。社会工作者为加快服务对象认识偏差行为，与服务对象讨论"拳头是否说明一切"和"拳头的真正作用"两个话题。服务对象会根据自身成长过程中的经验去分享。社会工作者以事件（A）、结果（C）和错误理念（B）分析服务对象遇到的场景，在小组结束后，个案跟进服务对象对行为偏差的认知改变。

奖惩制度对服务对象的改变能起较好的促进作用。在小组过程中，当社会工作者观察到服务对象偏差行为减少时给予正向的奖励加分，服务对象对小组的信任度得到提升，并产生依赖。

3. 第三阶段目标：总结保持行为改变，观测目标初达成

小组的后期阶段是整个小组的重要阶段，社会工作者通过组后作业、自画像、团队历奇任务合作等观察服务对象偏差行为出现的频率和程度。

（1）布置组后作业，强化偏差行为改变。社会工作者在小组中以布置组后作业的形式，让服务对象记录自己每天出现暴力、说脏话、摸生殖器等偏差行为的次数，相互监督。

如小琦一开始欺凌别人最严重，到最后一节小组时，他在班级和小组的表现中都能有效控制偏差行为出现的次数，且告知社会工作者能逐渐识别到自己情绪的产生。社会工作者为激励服务对象在生活中保持行为的改变，兑现了帮助他们实现一个小心愿的承诺。

（2）总结反馈，服务对象基本完成小组目标。在小组的后期阶段，社会工作者能通过与学校老师交谈、社会工作者的观察发现服务对象的思想和行为在发生轻微的变化，能基本达成小组目标。

（3）处理离别情绪，建立个案档案及进行个案跟进。小组尾声时，服

务对象对社会工作者已经十分信任，在遇到问题时会第一时间找到社会工作者进行倾诉。社会工作者在征得服务对象、学校老师的同意下，以建立个案跟进的形式，一对一进行个案跟进和家访，整合家庭的力量，支持服务对象的健康成长。

综观小组过程，服务对象提升了自身及朋辈间存在的偏差行为认知，且能识别及制止朋辈相处过程中的暴力行为。回顾整个小组，社会工作者围绕服务对象行为表现背后的根本原因和需求给予回应，通过关注个体，聆听心声，给予支持和鼓励，纠正服务对象偏差行为的认知和巩固服务对象作出的改变。

（五）总结评估

1. 评估方法

量化资料评估。社会工作者通过前后测、将小组反馈表向 5 名服务对象进行派发，了解服务对象对小组设置内容的满意度及个人感受。

质性资料评估。社会工作者在小组开展过程中，以自画像、一年后的我们、分组讨论等实际操作，了解服务对象在小组后行为的改变。

社会工作者自我观察。社会工作者将服务对象在每节小组中的行为表现、出席率、参与度和投入程度等作为评估目标达成的参考之一。

服务对象的自我评价情况。社会工作者结合正强化和负强化理论，使服务对象以自我评价的角度回顾自身行为变化的认知和改变的程度。

2. 评估结果

社会工作者观察到：在本次小组初期阶段时，组员们的表现一开始并不和睦，有雏形欺凌的情况出现；在小组的中期阶段时，小组成员逐渐意识到暴力不能解决一切问题，其中包含行为暴力、语言暴力两大种类；在小组结束时，小组成员可以通过合力合作堆积木，相互鼓励，小组气氛和谐，组员和睦相处。

（六）前测和后测统计结果（见表5-3）

表5-3　前测和后测统计结果

测量问题	前测	后测	对比分析
你有几个好朋友	小琦：0个； 小晖：2个； 小瀚：1个； 小乔：2个； 小泽：1个	小琦：5个； 小晖：5个； 小瀚：4个； 小乔：5个； 小泽：4个	服务对象的小组氛围和朋辈关系有所改善
打人、说脏话、抓生殖器是什么行为	3名填不知道； 1名填攻击行为； 1名填正常行为	5名均填攻击行为	服务对象认识到偏差行为的种类
你认为暴力行为有哪些	小泽填写了打人，其他服务对象均填写说坏话	5名均填写说脏话、乱吐口水、乱说别人坏话、打架、打肚子、打眼睛、抓生殖器、偷东西等	服务对象认识到更多的暴力行为种类
拳头是否代表一切	是的	小琦：别人打我我会还手打回去，但不会主动打别人。如果老师一直不管被打的人，自己就会动手。 小泽：拳头不能代表一切，因为打人，自己也会被人打。 小晖：拳头不代表一切，我会告诉社会工作者和老师。 小乔：拳头有时候是有用的，不过社会工作者告诉我们不能用拳头打人。 小瀚：拳头不能代表一切，因为自己也打不过其他人	服务对象从一开始认知拳头能代表一切，到小组结束，认知观念发生变化
你是否愿意作出改变	5名均写无所谓	5名均同意作出改变	5名服务对象都愿意作出改变

（七）小组目标达成成效（见表 5-4）

表 5-4　小组目标设定与达成情况

目标设定	达成情况
组员学会倾听和正确表达自我想法	以行为控制的小组契约介入，组员能从旁观大笑到认真聆听其他组员发言，且在发言中学会用正确的语言表达自我观点。目标达成
组员学会区分暴力行为及其种类	组员通过真人模特、力作用大小的实验，区别了玩耍与打架的概念，认识暴力行为的种类。目标达成
组员改善自身偏差行为的认识	通过组员的自我评价和组员相互评价，5 名组员均对自身存在的偏差行为有了正确认识。目标达成
组员保持自身偏差行为改变的情况	通过小组结束回访，组员们能保持自身偏差行为的改变。目标达成

（八）小组总结与反思（见表 5-5）

表 5-5　小组总结与反思

适用性	1. 服务共性 适用于小学阶段的青少年； 适用于青少年偏差行为萌芽阶段的干预； 适用于青少年对偏差行为的正确认识； 适用于有改变的意愿和行动。 2. 介入手法 结合问卷评估、个案访谈和过程观察法； 发挥小组动力特点，强化正向行为激励作用； 发挥家庭、学校、社区系统良性互动作用
迫切性	1. 青少年的偏差行为严重影响朋辈间的友好相处； 2. 青少年的偏差行为已经影响班级的班风； 3. 青少年的偏差行为已经在家长会上被其他家长提出
容易出现的问题	1. 学校老师转介青少年问题的差异，社会工作者设计小组目标不一致； 2. 社会工作者结合第一节小组情况，面对冲突，迅速作出反应，考验临场反应能力； 3. 家长一开始不配合，认为拳头式的教育方式是正确的； 4. 青少年认为自己接收到学校与家长的观点是对立的，陷入不知如何选择的矛盾
整合资源	1. 前后测偏差行为问卷量表； 2. 学校老师的支持； 3. 家长配合改变的支持； 4. 机构督导的支持； 5. 机构同工的讨论交流支持

五、社工站开展儿童治疗小组的注意事项

一是社会工作者需综合运用精神病学、心理学、社会学、临床社会工作的知识和技巧，明确治疗方向，设定计划帮助控制小组发展。因此，社会工作者还可以邀请有关专业人士加入治疗小组的设计和开展过程中，开展多学科合作。

二是多种服务手法相结合。治疗小组认为组员个人问题不仅是个人原因，也由环境造成，例如青少年吸毒问题，青少年的家庭环境、社区环境、朋辈群体等都可能是导致青少年吸毒的原因，社会工作者需运用家庭治疗、社区教育等方式综合治理。所以针对治疗小组的问题，社会工作者需要综合运用多种服务手法开展工作，才能达到更好的效果。

三是需要充分考虑风险因素，征得儿童家长或监护人的同意。治疗小组将对小组成员产生较为深入的影响，所以社会工作者在开展工作前需要充分评估每位组员的情况（包括家庭或监护人情况），收集信息和取得家长同意。

第三节　合作小组模式及范例

合作小组需要多个组员之间相互配合以达成共同目标，是儿童服务中常见的小组模式。儿童通过合作建立组员信任关系，社会工作者可以对儿童积极行为给予正向支持和积极鼓励。

一、何谓合作小组

在合作小组中，最重要的是小组组员的关系建构、相互交流和相互支持。

（一）合作小组的含义

合作小组亦可呈现为互助小组或支持小组，一般由具有某一共同问题的小组成员组成，通过小组之间彼此提供的信息、建议、鼓励和感情上的支持，达到解决某一问题或成员改变的效果。社会工作者的任务是指导和协助小组组员讨论自己生命中的重要事件，表达经历这些事件时的情绪和

感受，建立起能够互相理解的共同体关系，达到相互支持的目的。

(二) 合作小组的类型

合作小组的常见类型包括单亲家庭自强小组、慢性病长者互助小组、自闭症儿童家属互助小组、吸毒人员戒毒同伴小组等。在儿童服务领域，从直接儿童服务和间接儿童服务角度划分，主要有两类：

儿童合作小组。直接针对儿童本人的互助小组，例如英语学习互助小组、人际支持小组、留守儿童生活互助小组等。

儿童照顾者合作小组。非直接针对儿童本人，而是针对对儿童服务影响重大的人群，该类人群也需要合作小组的支持。常见的照顾者合作小组包括隔代教育支持小组、单亲家庭支持小组、脑瘫儿童家长互助会、抑郁症儿童家长互助会等。

二、合作小组的特征和功能

合作小组具有互助性、组员主导性、平等性的特征，能够使组员快速获取有效经验、寻找朋辈支持以及获取外部资源的支持。

(一) 合作小组的特征

互助性。小组以共性问题或共同需求为纽带，组员们能在小组中得到帮助和帮助他人，而且这些帮助是小组成员在其他渠道难以获得的。

组员主导性。小组的核心是帮助组员建立良好互助关系，组员自身的能动性非常重要，组员在小组中占据主导地位，社会工作者的位置可能是边缘化的，其仅在外部资源等方面给予一定协助。

平等性。互助小组要求组员在小组中养成平等的关系，虽然组员经验有差别，能力有差距，但每个组员都是独立的个体，组员参与小组的机会和空间应当是平等的。小组成员通过沟通、理解、互动达成共识，实现小组的目标并由此获得个人的发展。

(二) 合作小组的功能

帮助组员快速学习有效经验。小组中可能就有从相同问题走出来的"过来人"，通过经验分享，组员能习得解决问题的有效方法，或获得心理、资源上的有效支持。

帮助组员找到朋辈支持。组员可能存在某种缺陷或面临某种困境，加入合作小组更能让成员"抱团取暖"，得到难以替代的理解和支持。

获得外部环境的支持。面临同样问题的组员联合在一起，需求放大，可能得到更多的外界关注和资源支持。

三、开展合作小组活动的方法：以"××社区儿童青少年网课情绪线上互助小组"为例①

（一）案例背景

新冠疫情期间，大部分儿童青少年都在家里上网课，因此产生了更多的亲子相处和自我情绪方面的问题。针对这些问题，社会工作者前期对××社区乐童社社团成员进行了线上及电话访谈，家长集中反馈，因为网课的特殊性，很容易使自控力弱的儿童青少年无法集中注意力。疫情期间，孩子与家长的空间距离快速拉近，每天朝夕相处，矛盾也不断增加，冲突不断，家长感到很焦虑。为了缓解网络教学期间儿童青少年的压力和情绪问题，××社区联合沐风社会工作者服务中心开展"云出烦恼·释放压力"××社区儿童青少年网课情绪线上互助小组，通过"吐槽"分享的方式，将网课过程中的烦恼、压力、情绪问题进行抒发，与小组成员一起分享和解决，形成小组内的社会支持网络，缓解小组成员上网课期间的压力和情绪问题。

（二）分析预估

1. 外部因素

因新冠病毒肆虐，所有正常的活动全部停摆，小组组员只能在家上网课，少出门甚至不出门，家长也仅有少数复工复产。大环境的变化，让所有人都无法适应，甚至感到焦虑。

2. 家庭因素

外部环境的变化促使家庭内部的关系也随之发生了巨大的改变。由于疫情，家长和小组组员有大量的时间相处，使得空间距离急剧缩小，原来处于平衡的关系被打破，产生了许多亲子相处方面的问题。小组组员因在

---

① 资料来源：厦门市湖里区沐风社会工作者服务中心。

家上网课，亲子关系变化加上自身情绪无法得到纾解，成为小组组员两大待解决的难题。

3. 心理因素

根据埃里克森人格八阶段理论，6~12 岁的儿童处于学龄期，这一阶段的儿童都应在学校接受教育。学校是训练儿童适应社会、掌握今后生活所必需的知识和技能的地方。而因为疫情的关系，小组组员只能长时间待在家里，没办法在学校接受教育，同时网课的模式使得他们需要重新适应，加上疫情的信息激发了他们焦虑恐慌的情绪点。

（三）服务计划

1. 目标

通过开展网课情绪线上互助小组，帮助小组成员缓解网课带来的情绪问题和压力，帮助他们释放和纾解因网课而产生的不良情绪以及与家长的沟通问题，同时帮助小组成员为开学做好前期准备。包括：

（1）引导每一个小组组员在每一次小组分享中分享对于网课的态度和想法。通过表达的方式宣泄因网课而带来的适应性问题和焦虑的情绪。

（2）引导每一个小组组员在小组中分享他们网课过程中的情绪、压力问题。小组中设置"吐槽"环节，引导组员在吐槽环节中表达自己的困扰和情绪。

（3）在小组结束之后，每位小组成员能够在小组中获得 2~3 个"如何做好开学的前期准备"的方法策略。

2. 策略和程序

第一节小组通过社会工作者的引导，组员们互相认识彼此，制定小组契约并进行对于网课态度的发言。

第二节小组开始设置小组成员"吐槽"环节，通过引导组员分享网课如何影响他们和父母的关系，来了解因网课而变化的亲子关系。

第三节小组引导组员分享网课后父母的具体变化以及与自己的关系变化。

第四节小组通过引导组员分析为什么网课后自己与父母的关系发生了

变化，试图找出发生变化的原因，并提出解决方法。

第五节小组引导组员通过绘画、文字等方式，对这一次漫长的"寒假"做一次自我总结，并提前告知组员本次小组即将结束，做好离别情绪的处理。

第六节小组回顾前5次小组的内容，同时通过帮助组员罗列出需要为开学做哪些准备，引导组员分享本次小组的感受。

（四）服务实施过程

1. 小组准备阶段

小组开展前期，社会工作者通过电话和线上访谈的形式，在××社区乐童社中进行需求调研，了解服务对象的需求，并进行小组组员的筛选工作。同时根据小组组员的需求确定小组工作目标和制订小组服务计划，确定小组的时间、形式和频率。

2. 小组开始阶段

破冰之旅。本次小组共5名组员，他们主要是××社区儿童亲子社团乐童社的社团成员。本次小组以线上的方式进行，小组组员互相不认识，社会工作者通过他们打卡签到的顺序，引导组员在线上群组中进行自我介绍，让大家互相认识。

建立契约。契约是一个小组开展的基础。社会工作者引导小组组员进行契约的制定，每位组员提出一个他认为大家都需要共同遵守的契约；组员分享后，社会工作者进行总结归纳。社会工作者在小组中一直向组员强调，我们的小组并不是上课，是大家一起在小组中探讨有关网课的感受等，所以大家可以畅所欲言、无须拘束；同时告知了组员关于小组的时间、小组的形式、小组的频率和6次小组的内容，希望组员可以提出自己的想法，组员均表示他们觉得这样的时间、形式和频率他们可以接受。小组成员共同制定了契约：积极参与发言，表达自己的感受；准时参与小组，不迟到；小组一共6节，需要组员每次都参与。

3. 小组转折阶段

"吐槽"Time。每节小组都在最开始设置了"吐槽"环节，组员可以在小组中"吐槽"这段时间以来网课、生活中遇到的想要"吐槽"的事情、感受等。一开始组员有些放不开，有的组员只在社会工作者引导他分享的时候才进行分享，或者只是听其他组员的分享。社会工作者在活动过程中发现了这个问题，及时引导较为内向的组员。在小组进行了 3 次活动之后，一开始不愿意分享的组员也慢慢和其他组员们熟悉起来，渐渐主动分享。活动过程中组员们互相为其他组员"出谋划策"，提出建议，通过"吐槽"的方式，小组组员能够纾解因网课和疫情带来的焦虑情绪和解决亲子相处的困扰。

分享 Time。社会工作者在每节小组都会和小组组员一起探讨和分享疫情网课期间的情绪和感受。

例如：上网课期间自己遇到的最大的挑战是什么？自己是如何应对这些挑战的？小组组员普遍认为在家上网课"诱惑"较多，有玩具、有电脑、有手机，会让他们分心，同时因为形式的不同也需要有适应的过程，也是一种挑战。其中组员 A 分享："游戏确实是我比较大的挑战，但是我时常会假装妈妈在旁边，就不敢了。"

又如：用两种动物分别形容网课前和网课后的父母的形象，并分别说说为什么他们是这两种动物。组员 B："从头到尾都是鸡和老虎。鸡是在旁边一直不停地叫，唠叨我。然后老虎呢，就是在那边催着我，快点写作业啊之类的话语。鸡是上网课前和上网课中的妈妈的形象，然后老虎是在上网课后的。"组员 C："妈妈网课前像兔子，网课后像老虎。因为上网课前在学校里，每次晚自习我都能把作业做完，然后一回家做作业妈妈会温柔地对我说话，吃饭的时候也是温柔地叫我。上网课后我会有点不自觉，妈妈动不动就进来说一下我，上完网课就叫我写作业。因为之前学校晚自习是一小时上课时间，在家里妈妈都叫我尽量半小时写完作业。我觉得我一下课就要马上去做作业，而且速度要快，有订正要订，订正好再复习一下，然后再和妈妈讨论下去玩的事情。出去玩需要早点回来吃饭，这样子妈妈可能会变成一只温柔的小兔子，然后我也能变成一个优秀的好孩子。"

网课前后父母与自己关系的变化有哪些？组员各自分享了自己的观点。组员 A："妈妈更容易因为一两句话就心情不好。没错的时候总挑一点错。"组员 D："上课之前妈妈都会很温柔地教导我，但网课后的态度就会发生转变，课前是天使课后是魔鬼。有时候我作业写完了想看一会儿书，但是妈妈不让，总是让我写一堆的东西。而且有时候会把不好的情绪发泄到我身上，而我当时正在上网课，这让我觉得不开心。"

组员们通过每次小组的分享，把积压在心里的情绪适当地宣泄出来，同时通过倾听其他组员的分享获得新的感悟，帮助其他组员一起解决遇到的困扰和难题。

4. 小组结束阶段

小组过程中，组员们进行了很多思考和讨论，他们对于亲子关系、网课带来的情绪焦虑和困扰有了新的思考和认识，对于亲子关系作出了自己的尝试。组员纷纷表示在网课情绪线上互助小组的过程中，收获很多。组员 C："收获是可以和组员们一起交流，可以把自己开心或不开心的事和别人分享，虽然是一件普普通通的事，但是可以让大家都知道，大家为你伤心的事感到伤心时也会分享怎么解决，对你开心的事也感到开心，这样大家会一起开心。"组员 A："小组中可以发泄自己的情绪，把最不好的情绪全部宣泄出来，然后就可以缓解我们的情绪。"

最后，小组组员分享了在本次小组中的收获。组员 E："通过这 6 次小组，每天的心情都在变好，写作业的效率也提高了，也变得很爱跟妈妈说话。"组员 A："情绪不好的时候学到有些办法可以解决问题，听别人的吐槽有时会有新的发现，把社会工作者教的那些方法用在应对家庭危机或者家庭小冲突上，即使有时候还是会有些冲突，但相比之前现在比较好。"组员 C："通过这次小组懂得如何跟爸爸妈妈相处会更好，也通过吐槽这个环节宣泄了自己的不开心，变得没有那么爱生气。跟组员互动多了就感觉在家即使没有像在学校那样有那么多同学，但是能在小组里和其他组员一起分享，也是很有意思的。在小组里还能看到别人的优点。在小组跟在学校上课最大的不同是可以表达也可以不表达，想分享可以，不想分享也可以。"

从小组成员最后的收获可以看出，小组组员的情绪和压力得到了释放，亲子关系也得到了不同程度的改善，小组成员在小组活动的过程中互相支持，形成良好的社会支持网络。

（五）总结评估

1. 目标完成情况

引导每一个小组成员在每一次小组中分享对于网课的态度和想法。小组活动的每一个环节，5 名组员都会积极参与分享，表达自己的想法和感受。

引导每一个小组成员在小组中分享他们网课过程中的情绪、压力问题。小组设置"吐槽"环节，每一次小组一开展，每一个组员都在吐槽环节中表达自己的困扰和情绪。

在小组结束之后，每位小组成员能够在小组中获得 2~3 个"如何做好开学的前期准备"的方法策略。小组第六节组员各自分享了几个关于做好开学准备的方法和策略，同时社会工作者进行汇总和总结，组员均获得了这些方法策略。

小组目标均按照计划达成。

2. 小组组员表现情况

小组里有两三个组员之前参与过小组活动，因此比较熟悉也愿意分享，加上和社会工作者熟悉，本身信任感就在，一开始参与度就较高。而第一次参与小组的组员一开始因缺乏自信心比较不敢表达。社会工作者与家长进行了沟通之后情况有所改善，组员参与了几次小组之后，愿意开口分享，并且开始信任其他组员，把自己的情绪在小组内分享出来，宣泄了自己的情绪。总体来说，小组组员在参与度和配合度上都较高，所有组员都能够积极参与小组，从一开始到最后变化明显，从不怎么分享到愿意分享，从只说好的地方到慢慢会表达不良情绪。

3. 社会工作者表现情况

从建立关系到小组分享再到总结，社会工作者经历了一个比较顺利的过程。社会工作者一开始主要以引导者的角色引导组员在小组中进行分享宣泄情绪。随着小组的深入，组员们逐渐熟悉彼此、信任彼此，社会工作者的角色也随之变化，转换为观察者，把控着小组整体的节奏。

4. 小组延展性方面

通过本次小组的开展，社会工作者挖掘到辅导性个案一个，并进行后期的个案跟进工作，通过面谈、电话、线上等方式与个案服务对象建立关系，并开展个案服务。

（六）专业反思

1. 社会工作者角色转变

在小组第一节、第二节，社会工作者主要作为引导者的角色去引导组员分享和讨论。第三节开始，组员彼此熟悉，在"吐槽"环节就已经可以自己去分享不开心不愉快的事情，社会工作者只作为小组流程把控和分享情况汇总的角色。组员们在小组中渐渐可以主动地分享，社会工作者从带领者、引导者逐渐退居幕后，让组员成为小组主控者。

2. 理论在小组中的实践思考

本小组以社会支持理论为依据，通过线上分享、讨论的方式引导组员将困惑困扰宣泄出来，同时共性的问题可以引起小组组员的共同思考和互相支持，形成小组组员中的情感支持网络。小组组员不仅在过程中宣泄纾解了个人的焦虑，同时通过个人的分享帮助其他组员缓解压力情绪，其焦虑情绪和亲子关系的紧张问题都有了一定程度的缓解。社会支持理论对于引导小组组员达到预期目标起到了重要作用。

3. 社会工作者专业敏感度方面

社会工作者通过在小组中的观察者身份，敏锐地察觉到了小组组员的问题所在和细微变化，促成了小组工作向个案工作的专业方法转换，挖掘和开展了辅导性个案。

四、合作小组的适用范围和注意事项

合作小组以互动模式为基础，服务对象没有固定概念，既可以是青少年群体、老年人群体、残疾人群体、学生群体等，也可以是一些有特定缺陷或问题的困难团体或边缘群体。因此，合作小组的应用范围非常广，近年来发展很快。

在儿童领域，社工开展合作小组需要考虑以下事项：

一是需要在小组中建立正向积极的互助关系。关系可以是双刃剑，给儿童带来朋辈支持的同时，也可能带来一些不良影响。例如小组活动中的组员友谊建立，如果原本无行为问题的组员受到影响出现行为问题，就需要社工及时介入和制止。

二是需要对组员持续跟踪回访。由于注重互助关系建立，在小组结束后，组员之间往往持续保持联系，社工可以定期对组员进行回访，了解互助关系是否持续有效存在。

第四节 成长小组模式及范例

成长小组是以发展模式为基础的小组类型，是较晚发展起来的一种小组工作模式。近年来较为流行的是体验小组，具有较宽泛的适用范围。

一、何谓成长小组

成长小组主要解决和预防服务对象社会功能的衰减问题，恢复和发展服务对象的社会功能。

（一）成长小组的含义

成长小组的理论基础主要源于发展心理学、社会发展论、社会关系和社会结构理论以及小组动力学。成长小组旨在帮助组员了解、认识和探索自己，从而最大限度地启动和运用自己的内在资源和外在资源，充分发挥自己的潜能，解决所存在的问题并促进个人健康正常地发展。

（二）成长小组的类型

成长小组的典型类型是近年来针对不同人群的需要而开展的各类"体验小组"，例如职业体验小组、青少年野外拓展训练营等。

二、成长小组的特征和功能

成长小组具有发展性、参与性、互助性的特点，能够帮助小组成员建立信心、挖掘潜能和恢复或强化社会功能。

（一）成长小组的特征

发展性。成长小组强调发展的视角，关注的焦点在于小组组员的社会功能而不是有关生理和病理方面的因素，重视的是组员个人潜能的发掘和发挥而不是治疗性辅导。

参与性。成长小组强调组员在小组中的投入和参与，有参与才有体验，有体验才有成长。往往组员参与程度越高，潜能开发就更多，收获也就更多。

互助性。成长小组强调通过小组协作达成小组目标，同时实现个人成长。在小组中，组员互帮互助、协同发展。

（二）成长小组的功能

有利于组员积累成功经验，提升自信心。成长小组不太关注个人的问题和困境，而是看重个人的潜力和优势，这有利于为组员增加参与动机，减少退缩和顾虑，逐步获得成功经验和自信。

帮助组员挖掘潜能，提升综合能力。在成长小组中，强调组员的自我探索、健康发展，组员可能被赋予更多期待和权利，尝试更多可能。

帮助组员恢复或强化社会功能，且组员更能发现和运用自身的内在资源和外在资源。

三、开展成长小组活动的方法：以"探秘情绪王国——儿童情绪成长小组"为例

（一）案例背景

儿童青少年的"情绪问题"是最常被家长、老师提及的问题之一。得益于心理学的普及、大众传媒的广泛传播等因素，将"情绪"看作是个人内在的心理结构已经成为一种普遍的社会认知。在这样的背景之下，儿童青少年常被描述为情绪失控或缺乏情绪管理技能的人，情绪带来的问题常常与人画上了等号，很多时候被定义为"有情绪问题的人"。这样的描述让人们逐渐相信问题是内在的，自己就是问题的所在。深陷问题的困境及由此带来的个人负面的身份认同，削弱了人的力量与自主性。

叙事治疗的世界观相信"人不等于问题，人和问题是分开的"。本案

例尝试将叙事治疗运用于儿童的团体实践中，以叙事治疗的"外化"技术为核心，协助××社区一至三年级的 15 名儿童用外化的方式探索情绪，将情绪客体化，使得儿童能将自己和情绪问题分开，进而推动儿童在应对情绪带来的影响方面有更多的主动性与掌控能力。

（二）分析预估

根据××社区社会工作者的家庭服务需求调研，社会工作者了解到社区家长对儿童情绪管理的服务需求较高。为回应社区家长的需求，该社区社会工作者设计并开展了本服务。本服务以叙事治疗为理论背景，以叙事外化作为小组工作的主要策略，帮助服务对象在应对情绪带来的影响方面有更多的主动性与掌控能力。

（三）服务计划

协助服务对象提升自我情绪掌控能力，推动家长关注、参与、见证服务对象在情绪掌控能力方面的提高，促进儿童身心健康成长。具体包括：

一是通过体验活动、多媒体资源、情绪日记等方式，协助服务对象将个人与情绪分开，用准确、外化的方式描述并记录情绪。

二是通过讨论、多媒体资源、工作纸等方式，协助服务对象了解情绪对人的影响及施加影响的策略。

三是通过讨论、分享，协助服务对象尝试发展应对情绪影响的方法，并在小组内共享经验。

四是通过及时反馈、邀请家长参与、文件、见证等方式，推动家长关注服务对象在探索及掌控情绪能力方面的提高，促进家长关注服务对象的正向改变。

（四）服务实施过程

1. 第一节：小勇士集结，初探情绪王国

本节目标：建立组员间、组员与社会工作者之间的关系；制定小组目标及契约，增强组员的投入度。

2. 第二节：跟着莱莉认识她的情绪伙伴

本节目标：促进组员间、组员与社会工作者之间的相互熟悉；运用多媒体资源推动组员外化情绪，了解情绪的作用。

3. 第三节：哪些情绪拜访过你，给它画个自画像

本节目标：运用绘画的方式进一步促进组员外化情绪；鼓励组员对情绪做详细的贴近个人经验的描述。

4. 第四节：情绪身份大揭秘——情绪伙伴何时来拜访

本节目标：进一步促进组员间、组员与社会工作者之间的相互熟悉，提升团体动力；协助并推动组员揭露不同情绪的身份特点，增进组员对情绪的了解及探索。

5. 第五节：情绪身份大揭秘——合力应对智慧多

本节目标：推动并协助组员进一步揭露情绪的计划与身份；推动组员发展并共享应对情绪的方法与技巧；邀请家长参与，见证组员的成长并以证书及仪式的形式强化小组成效。

（五）总结评估

1. 服务对象评价情况

小组集会记录显示，服务对象由于小组内容丰富且有趣，故出席率及参与度高，零流失率且成效较好。在家长沟通群内和小组最后一节现场，家长们纷纷反馈了自己观察到的孩子在小组中的收获与成长，以及孩子参与小组对家长的启发。一些家长反馈，情绪日记帮助家长更多了解和理解了孩子，也看到父母自身情绪成长的需要。家长们纷纷赞赏社会工作者对服务的用心，提出下一年继续开展服务，并优先开展家长情绪主题的服务。服务对象们也表示期待后面更有趣的活动，愿意继续参与。

2. 总体目标达成情况

小组面向服务对象及家长分别发放反馈表收集信息。

（1）面向服务对象以纸质反馈表的形式发放，共发放反馈表14份，回收14份。100%的服务对象认为小组目标达成，其中79%的服务对象对目标的达成表示完全满意。综上分析，小组目标的达成情况良好。本小组综合运用了绘画、讨论、扮演、家庭作业等多种方式，100%的服务对象对小组的形式表示满意，其中79%的服务对象表示非常满意。

小组营造了安全、轻松的氛围，内容有趣且贴近儿童的兴趣，服务对象反响良好。100% 的服务对象对自己的投入度表示满意，其中 86% 的服务对象表示完全满意。100% 的服务对象对社会工作者的表现和工作态度表示完全满意。

（2）面向服务对象家长以线上反馈的形式进行，共发放反馈表 14 份，回收 13 份。家长根据自己的观察，反馈了小组的成效（百分制），"孩子能够准确描述并记录自己的情绪状态"这一目标得分为 84.6 分，"孩子能够了解情绪对自己的影响"这一目标得分为 84.6 分，"孩子能够尝试发展应对情绪影响的方法"这一目标得分为 77 分，孩子的情绪管理能力提升这一目标得分为 83 分。家长对本小组服务的总体满意度达 98.4 分。

（六）专业反思

1. 存在的问题

（1）小组的时间控制能力仍需进一步加强，常常因时间不足而缩减每节最后的分享时间。

（2）小组带领过程中，对于部分分享积极的服务对象，社会工作者给予了较多的关注，社会工作者的注意力分配需改善。

（3）本小组根据家长的反馈增设了名额，由于人数较多且服务对象年龄较小，因此服务进程较慢，需要更多的引导、示范，今后需充分考虑服务对象的年龄及人数设置等。

2. 服务总结

本次的小组服务是社会工作者将叙事治疗运用于儿童团体工作中的一次实践初探，使其积累了不少工作经验，也发现了可以进行更多尝试与实践的空间，如可以参考游戏治疗的知识丰富外化的过程，或在时间充裕的情况下，在外化情绪后引导服务对象发展应对情绪的策略等。本小组在该部分准备较为仓促，这是今后可以进一步改良的地方。

四、社工站开展成长小组的适用范围和注意事项

这一模式的应用范围极为广泛，如各种困难人群、面临危机的人群以及寻求更大自我发展的人群等。在儿童服务中，成长小组多运用于各类学

生和边缘群体的辅导工作。注意事项如下：

一是创造更多组员参与的机会，将更多权力赋予组员，组员有参与机会才会有更多成长。

二是社会工作者须充当"使能者"角色，支持帮助小组成员互相帮助和互相分享，提升组员解决问题、整合资源和自我发展的能力。

知识链接

儿童小组服务常用理论运用的注意事项

一、小组动力理论

1. 了解小组工作过程是一个充满动力的过程，以及这个过程中的各种影响因素及其相互作用。

2. 注重创造民主的气氛，为小组带来积极的动力，提升工作效果。

3. 促进小组动力的产生，并通过积极的小组力量影响个体的改变。

二、场域理论

1. 了解组员每一个行动均受到行动所发生的场域的影响。

2. 在小组工作中要重视此时此地，重视当时环境对成员行为的影响。

3. 要创造一个有利于小组成员成长的场域空间。

三、符号互动理论

1. 深入地理解小组工作就是一个符号互动的场域，小组组员在这个场域中经过与他人之间的互动而实现社会化和人性化。

2. 促进小组组员在小组活动中的互动和真实的回馈，帮助小组组员感知他人对自己的反映和评价，形成更全面的自我意识、自我形象和自我评价。

3. 通过探讨个人的首属小组以及首属小组中的人际关系对个人目前的人际关系模式及非适应性行为的影响，帮助组员获得更深入的自我觉察。

四、社会学习理论

1. 推动小组组员在活动中进行观察、模仿和学习，增加个人的适应行为。

2. 促进小组组员彼此分享经历和经验，以提供丰富的替代强化资源。

3. 强调在学习过程中认知的重要性，肯定小组组员的尊严和能动性。

五、社会支持网络理论

1. 理解小组组员面对环境能否适应，最重要的是看其拥有资源的多少。

2. 动员和发展小组中的社会资源，推动小组组员之间彼此支持，从而建立组员和小组的社会支持网络。

3. 通过小组过程提高小组组员发掘社会资源、构建社会支持网络的能力。

第五节　社工站如何开展儿童小组服务

在了解儿童小组服务常见的几种模式之后，社会工作者需要对开展儿童小组服务的方法和技巧予以把控。本节将对社工站开展儿童小组服务的步骤和技巧作简要介绍。

一、社工站开展儿童小组服务的步骤

小组服务按时间划分为小组筹备期、小组形成期、小组中期（转折期）、小组成熟期和小组结束期共 5 个阶段。

（一）小组筹备期

1. 前期调研

充分了解所服务区域儿童和各利益相关方对该类型小组的需求、意愿、期望等，同时了解可以支持小组的各类资源。

2. 组员的招募和遴选

组员招募方式：结合调研情况，有针对性地邀请感兴趣或有需要的儿童参加；通过社区干部、骨干、组员推荐居民参加；通过线上和线下发布公开招募信息，邀请居民自愿报名参加。因组员均为儿童，参与小组活动需征得其监护人同意，部分情况下需要监护人配合或陪同参与。因此，组员招募还需要充分考虑儿童家庭情况。

线上招募工具推荐：灵析、金数据、互动吧、易企秀、群接龙等网络工具均可对活动进行展示、推介，且可以直接线上报名。社会工作者亦可通过电话报名热线等方式接受组员报名。

组员遴选和评估：社会工作者可以通过个别会见、个别电话访谈、资料考察、问卷等形式，对可能的小组成员进行必要的遴选和评估。评估需综合考虑小组成员的感兴趣程度、期望、年龄和性别、文化水平和认知、家庭状况、可能存在的困难等。

确定组员：根据小组的规划，确定小组成员。小组成员人数可根据活动特点、场地大小、资源情况等综合考量。对于小组成员的理想人数，学者们一直有争议，多数意见同意在 3~50 人。不同规模的小组具有不同的功能，5 人的小组适合讨论，8 人的小组最容易完成任务，而兴趣小组规模可以稍大些。不过，社会工作者需要明晰，如果小组成员超过 25 人，成员之间的紧密度将明显降低。

3. 确定工作目标

小组目标的设定需要符合 SMART 原则，可以从以下几个维度设置目标：

知识目标，即组员通过小组获得知识的提升。例如学会 3 种手工艺制作方法。

情感目标，即组员通过小组获得的体验、感受、态度等。例如 5 名成员对某事的参与热情提高。

行为目标，即组员参与小组后在行为方面的改变和受到的影响。例如组员主动参与讨论次数增加 2 次。

值得注意的是，社工在目标设置时可以结合自身实际进行，不需要太受到类型限制。比如，虽然兴趣小组以兴趣学习为主要内容，但目标设置不应以兴趣发展目标为唯一核心目标。社会工作者更应关注组员在小组中的个人成长、小组间的相互支持等，据此可以在小组中设置沟通目标、过程目标等。同时，虽然小组有不同类型划分，但不同类型可能出现交叉，例如兴趣小组也有成长目标，成长小组兼具治疗功能等。此外，可以根据每个组员的具体情况和需求设计个体目标，这部分可以和小组成员讨论完成。

4. 制订工作计划

一份专业的小组工作计划是开展小组工作的必要条件。在小组准备阶段，社会工作者要根据目标及资源条件，精心制订可实施的工作计划。在制订工作计划时，需要注意：

（1）适度的游戏。儿童喜欢游戏，因此游戏环节容易在小组中开展，社会工作者要善用各类小组游戏。但社会工作者需要避免小组活动游戏化，全程游戏堆叠会使小组成员除了"开心"无法获得更多收获。

（2）注重分享。儿童分享的能力会受到其年龄阶段限制。社会工作者在带领分享环节，应尽量少用抽象方式，多用可视化、具体化的方式。例如，分享情绪时，打印出表情供孩子选择，再展开描述；分享收获时，采用投票、计分、绘画等方式，使儿童更容易参与分享环节。

（3）紧密结合目标设置环节。小组计划内容的设定是为了推动小组目标实现，社工在制订计划时需要考虑每个环节和目标之间的逻辑关系，并预留一些改进的空间；如果在操作过程中发现某一环节效果不足以达到目标，可以及时调整。

5. 申报并协调资源

开展小组工作需要人、财、物、场等方面的资源，一方面，社会工作者需要向所在服务机构提出申请，递交工作方案，争取批准和资源支持；另一方面，社工站需要向所在乡镇（街道）或社区汇报，争取有关资源支持。在资源不足的情况下，社会工作者需积极申请社会资源支持。例如，邀请社区内经验丰富的长者志愿者担任书法老师，邀请辖区内商业机构赞助获得物资支持，邀请儿童家长担任小组志愿者等。

6. 确定小组地点和时间

（1）小组地点的选择。小组需要安全的场所，尽量减少外界干扰，让组员全身心投入。兴趣小组场所需充分配合兴趣学习所需条件，例如电源、水源、活动设施等。小组场所需要考虑组员参与的便利性，例如乡镇社工站的儿童兴趣小组，同等条件下，可考虑选择进入村或居民小组开展服务，减少儿童参与小组往返途中的风险。小组开展的场所内若有座位安排，宜选择圆形、U形或者面对面的座位摆放，这样有利于促进组员之间的沟通。

（2）小组时间的选择。社会工作者需结合自身工作时间、组员时间、各类资源可配合时间，综合确定时间安排。小组的时间安排是小组成员出席率的重要影响因素。

小组时间需考虑四个方面的内容：一是小组整体开展和持续的时间。对于在社区层面开展的儿童兴趣小组，周末或寒暑假时间更有利于组员参与。二是小组聚会的频率。较为常见的小组聚会频率为每周1~2期，社会工作者可视小组具体情况而定。三是每次聚会的时间长短。较为常见的小组聚会时间为45分钟、1小时或1.5小时，不宜超过2小时。四是每次小组活动各环节的时间安排。

（二）小组形成期

在小组的开始阶段，组员们初入小组，往往存在疑虑、担忧等心情，此时社会工作者的角色非常重要。这一阶段主要包括以下任务：

1. 协助组员彼此认识

社会工作者可以运用破冰游戏拉近组员之间的距离，营造轻松的小组氛围；还可以通过邀请组员自我介绍、进行姓名接龙游戏等方式加深组员认识。在部分组员没有做好发言准备时，要避免强行要求组员发言。

2. 澄清小组目标和组员目标

可邀请组员通过说、写、画的方式分享期望。

3. 建立安全、信任的关系

针对一些治疗小组或保密程度高的小组，可以签订保密协议。

4. 形成小组规范，签订小组契约

制定小组规范对于儿童小组非常重要，有助于培养儿童的规则意识。社会工作者可以引导组员从以下几个角度建立小组规范：

（1）秩序性规范，用来界定组员之间的互动准则，例如每个人的发言时间控制在几分钟之内，如果小组内意见不统一如何决策等。

（2）角色规范，界定和明确组员期望的具体角色和行为。

（3）文化规范，澄清小组的基本信念和价值，强调开放、平等、保密、非批判、团结合作等原则。

制定规则后，可以邀请组员共同签署小组契约。

5. 协助组员初步建立小组凝聚力和归属感

社会工作者可以运用的方法和技巧包括：

（1）积极主动与组员沟通，倾听他们的想法，运用同理心建立信任关系。

（2）创造机会让组员表达自己的想法，鼓励组员之间互相反馈和真诚关怀，让组员感觉到自己被重视、被接纳。

（3）寻找和强调组员之间的相似性，可以通过一些分享和互动游戏，发现彼此的相似性。

当组员发现彼此相似、互相接纳、互相鼓励时，组员的归属感和小组的凝聚力就产生了。

6. 及时撰写《小组工作过程记录表》和进行过程评估

（三）小组中期（转折期）

在小组转折期应完成以下主要工作。

1. 关注特殊组员

例如组员出现缺席、沉默、反常等，社会工作者可以单独找组员进行访谈，或有针对性地向其他组员了解情况。社会工作者对特殊组员的关注，能避免小组出现不可控风险或避免小组动力被破坏。

2. 处理防卫、抗拒行为

可了解组员行为背后的需求或意义，有针对性地解决或缓解；如果由小组活动内容本身引发抗拒等，需要对内容进行及时调整。

3. 协调和处理冲突

面对冲突，社会工作者需要保持包容、冷静、理性的态度。在解决冲突时，可以采取一些具体措施：

（1）帮助组员澄清冲突的本质，特别是澄清冲突背后的价值观差异。

（2）增进小组成员对自我的理解，如运用角色扮演方法复制或重现冲突情境，从而增进自我了解和对他人处境的敏感度。

（3）重新调整小组的规范和契约。

（4）协助组员面对和解决由冲突带来的紧张情绪和人际关系。

（5）运用焦点回归法，将问题抛回给组员，让他们自己解决。

4. 进一步促进小组动力的形成

（1）保持组员对整体目标的意识，进行提醒或重申。

（2）在所有组员都认可小组整体目标的情况下，通过小组团队合作的方式，帮助他们建立一个可执行的计划。

5. 撰写《小组工作过程记录表》

（四）小组成熟期

在小组成熟期应完成以下主要工作。

1. 协助组员维持小组的良好互动

社会工作者可以引导组员对于小组互动模式进行观察和讨论，引导他们总结小组良好互动的经验，并持续运用这一经验。

2. 协助组员从小组经验中认知重建

社会工作者可以进一步鼓励组员自我表露、自我探索，以获得更深的自我认知。鼓励组员积极反馈，让组员对自我或事物有客观了解，有更多新的认知。

3. 协助组员把领悟转化为行动

鼓励组员尝试新的行为，在良好的新行为出现时，及时肯定和强化，鼓励组员继续尝试。

4. 鼓励组员互助互惠，协助组员解决问题

5. 引导组员促进目标的达成

6. 撰写《小组工作过程记录表》

（五）小组结束期

在小组结束期应完成以下主要工作。

1. 处理组员的离别情绪

（1）提前告知小组结束日期，让组员做好心理准备。

（2）正视组员离别情绪，与他们一起讨论和处理。

（3）鼓励组员进行情绪表达，说出自己的想法和感受。

（4）可以进行一些结束的仪式，例如拍合影、发放证书、写卡片等。

2. 协助组员巩固小组经验并运用于实际生活中

（1）模拟练习。模拟生活场景，在小组中练习。

（2）树立信心。及时鼓励和肯定组员的变化，表达对他们的期望和信心。

（3）寻求支持。向组员家人、朋友寻求支持，以维持组员的变化。

（4）鼓励独立。鼓励组员独立完成工作，降低小组对组员的吸引力，避免过度依赖。

（5）跟进服务。转介、跟进聚会、探访等。跟进聚会通常安排在小组结束后的两个月后、三个月后或半年后。

3. 小组评估

（1）社会工作者自评：目标是否达到、工作表现等。

（2）组员自评：个人的改变；参加小组的感受；小组效能。

（3）观察人员或督导评估：对组员的观察评估；对小组效能的评估。

4. 处理遗留工作

5. 安排跟进工作

6. 撰写《小组工作过程记录表》

7. 撰写《小组工作评估总结报告》

二、社工站开展儿童小组服务的技巧

根据社会工作者在开展儿童小组服务时的逻辑顺序，下面对小组方案设计、小组游戏带领两个方面进行技巧说明。

（一）小组方案设计及撰写技巧

1. 紧扣小组目标

小组活动是实现小组目标的工具，任何一个小组活动的环节，都需要紧扣小组目标开展。例如在小组初期，为了促进组员互相熟悉，消除紧张情绪，通常可以设置自我介绍、相互介绍、寻找共同点、合唱、游戏等方式，以创造轻松的氛围；在小组中期转折阶段，可设计角色扮演、角色互换、角色冲突情景模拟等环节，引导学员学会包容、换位思考，化解矛盾和冲突。设计小组活动方案时，需充分考虑这些活动和目标的逻辑性及内在联系，以保持小组整体活动的连贯性和一致性。

2. 考虑组员的特征和能力

在小组活动设计时，社会工作者要综合分析每位学员的生理、心理、情绪、教育程度等个体特征，认识和把握组员的社会关系背景，了解其以往的成长经历及主要问题，综合考虑有针对性的、小组成员能够适应和参与其中的活动。

3. 充分考虑小组活动的基本要素

小组工作计划需要考虑多种因素，可概括为 6W+2H+1I＝3E。

6W：why（原因），what（目标和内容），who（服务实施），whom（服务对象），where（服务场所），when（时间安排）。

2H：how（怎么做），how much（需要多少资源）。

1I：if（风险预案）。

3E：efficacy（产出），efficiency（效率），effectiveness（效力）。

小组工作计划的撰写内容详见表5-6。

表5-6　小组工作计划的主要因素和基本内容

主要因素	基本内容
理念	机构的背景；组成小组的原因；小组的理论或概念框架
目标	总体目标和分目标
组员	特征、年龄、教育背景、家庭情况、兴趣及其掌握程度、需要解决的问题、参与小组需要克服的困难等
小组的特征	性质、时间（长期或短期）、规模、活动频率和具体时间等
初步确定的程序计划和日程	每次集会的计划草案、环节、日期、时间，每次聚会的特点，活动的具体目的，社会工作者的责任，活动准备，需要的器材和设备，需要的费用等。 需注意每节小组之间、小组每个活动环节之间需要与小组目标对应，内容层层递进、环环相扣，具有内在逻辑性
招募计划	组员来源，宣传、招募方法，允许的招募时间，报名方式等

续表

主要因素	基本内容
需要的资源	器材，场所和设备，人力资源（如兴趣教学老师、协助志愿者等），物资和道具等
预案	小组组员的问题（如某个组员需要家长接送，但家长可能某天没空；某些组员跟不上学习的进度等）； 社会工作者和机构的问题； 其他问题（如舞蹈小组排练带来的扰民问题，天气变化导致场地不可用等）
预算	讲师、器材、交通等费用的总和，是否需要向组员收费，是否需要组员自费购买器材等
评估	评估的范围、评估方法等

4. 设置经验分享环节

小组的不同阶段都可以设置经验分享环节，且须预留一定时间让组员彼此分享经验，鼓励组员发表参与小组活动的感受，讨论彼此在小组中的成长经验，总结有益的启示。同时，小组分享环节也是社会工作者评估小组活动是否达到预期目标的环节之一。

（二）小组游戏带领和解说技巧

1. 小组游戏带领技巧

（1）充满自信，自我开放。

（2）规则说明清楚（简洁、清晰、有步骤），示范动作要夸大。

（3）尊重个人意愿，不强迫参加（尊重、适时鼓励旁观者变成参加者）。

（4）适当处理游戏的竞争性（引导组员以正确的态度面对竞争，重点是全力以赴、认真投入，从成功中找乐趣，从失败中找原因，而非盲目求胜）。

（5）随时开始，适时结束（视小组需要，适时开展催化游戏；见好就收）。

2. 小组游戏解说技巧

想要应用好小组游戏，解说是非常重要的部分。如果没有解说，游戏就只是游戏，达不到小组目的。解说游戏可以从"4F"维度进行：fact（过程回顾）、feeling（深刻感受）、finding（反思体会）、future（前瞻应用）。此外，社会工作者作为小组游戏的解说人员，需要注意以下事项（见表5-7）。

表5-7　小组游戏解说注意事项

宜	忌
组员（儿童）主导	带领者主导
让组员自己表达和分享	带领着说教
鼓励不同或具有创意的表达	要求标准答案
解说不断进行	解说只在完成时进行
表达正面，鼓励和欣赏组员	表达负面，批评或嘲笑组员
让组员自行选择分享	勉强组员分享

拓展阅读

小组游戏的选择方法

不同的小组游戏有着不同的功能。儿童喜欢游戏，在儿童小组中，游戏可以发挥更大的作用。

一、小组游戏的选择方法

1. 弄清楚玩游戏的目的，再决定选择哪一种游戏。

2. 游戏不只在小组初期或聚会开始才会玩。

3. 游戏需要有变化（新鲜感）。

4. 因应场合和组员的特性改变游戏。

5. 混合不同游戏玩。

6. 游戏要有好的次序安排（从简单到复杂、由一个游戏带到另一个相关的游戏、动静结合)。

7. 让组员参与制定规则或改变玩法。

二、几种常用的小组游戏 (见表 5-8)

表 5-8　常用小组游戏及玩法

类型/作用	游戏名	玩法
破冰游戏	宾果游戏	每位组员拿到一张任务卡，在卡片上列举一些个人特征，组员找具有该特征的人签名，全部完成即为完成任务
	抓虫虫	组员围成一圈，每位组员伸出左手食指和右手手掌连成一圈，听一个故事或一段话，听到某个词，左手躲、右手抓同伴
加深了解游戏	姓名大侦探	在旧报纸上找文字，找出或拼出所有组员的名字
	爱好滚雪球	组员围坐一圈，逐个累加说出自己的兴趣，最后一位需要说出所有人的兴趣和名字
提升凝聚力游戏	蒙眼过河	两人搭档蒙眼过障碍
	两人三足	两人或多人搭档，站成一排，两人之间腿绑在一起，共同跑到终点
打破次小组游戏	大风吹	主持喊：大风吹； 组员问：吹什么； 主持说：吹×××的人 (组员们的某一特征)； 符合特征的组员起来换座位，没有抢到座位的人主持下一轮
	一块五毛	男生代表五毛，女生代表一块，主持人说一个金额，组员抱团组成该金额

(三) 小组活动带领技巧

1. 开启

通过口头语言及肢体语言等形式，帮助组员进入相互交流的情境中。主要适用于小组工作开始或小组动力不足时。

2. 设调

为小组设定一种情绪氛围，设定小组的基调。主要适用于小组工作前期。

3. 示范

演示某些行为供组员模仿。应注意自身的观念、行为对组员的影响。

4. 澄清

引导小组组员对模糊不清的陈述和信息作更详细、更清楚、更准确的表达和解说。主要适用于组员陈述内容不清楚或忽略某些议题时。

5. 聚焦

协助组员将话题、讨论范围、内容或者问题集中，指出重心和目标所在，再继续讨论。主要适用于话题游离、多元和分散的情况。

6. 总结

提纲挈领、简明扼要地整理、归纳、概括和阐明组员或小组讨论的要点。适用于段落结束、主题变换、组员发言过长、复杂和宽泛等情况。

7. 催化

推动组员之间进行明确而直接的互动，促使组员为小组发展承担更多的责任。主要适用于小组动力不足的情况。

8. 联结

协助组员将个人经验与小组共同经验联结起来，或把组员未觉察到的一些有关联的片段资料加以串联，整合经验，促进小组组员的成长。应注意组员内在的相似性。

9. 设限

对小组讨论的时间、范围、形式等方面设定界限。当组员出现垄断小组讨论、脱离主题、语言不当等行为时应及时予以干预和阻止。

第6章

儿童社区服务常见模式

儿童健康发展离不开社区环境，儿童社区服务需要以社区为单位和平台，依靠社区和社会力量为儿童健康成长开展综合性服务。因此，需要对社区环境进行建设营造。一是营造儿童友好社区，满足儿童健康发展的社区环境要求。二是不断发展儿童社区服务的方法和模式，提升儿童社区服务的质量和效果。本章将对儿童友好社区的建设以及常见的模式进行介绍。

第一节　社区营造：儿童友好社区建设

社区营造是我国社区治理的创新性探索模式，它强调以基层党建为引领，以居民需求为本，重视居民主动参与及社区内生力量的培育。

一、社区营造的概念

社区营造是指由社区居民发挥自身力量，解决现实生活中社区存在的需要进一步完善的问题的过程。这些问题包括"人""文""地""产""景"五大类，旨在促进以居民为核心的多元主体共同参与，通过空间再造推动社区共同体再造，从而实现自下而上地"营造"治理共同体。

社区营造不仅能够提高社区居民的生活质量，减少居民间的困扰和矛盾，经过长期的发展还能够逐渐建立起人与人之间、人与生活环境之间的紧密联系。社会工作者开展社区营造工作需要结合本土实情，对社区进行走访，了解社区的基本情况，发掘社区的积极分子和能人领袖，注重社区居民的主体作用。要充分挖掘社区居民的潜能，培养他们主动参与社会事务的意识，增强他们对社区的认同，培育和发展社区自组织，鼓励居民参与社区治理。

二、社区营造中的儿童友好

2021 年 3 月，《中华人民共和国国民经济和社会发展第十四个五年规划和 2035 年远景目标纲要》发布，首次将"儿童友好"纳入五年规划。同年 9 月，国务院印发《中国儿童发展纲要（2021—2030 年）》，明确提出"建设儿童友好城市和儿童友好社区"；国家发改委联合 22 部门发布《关于推进儿童友好城市建设的指导意见》，明确指出鼓励儿童友好社区建设。儿童友好相关政策的出台，表明党和政府对于儿童福利的高度重视和对儿童友好环境的建设的大力推动。

儿童友好型社区是指以尊重并赋予儿童权利为基础，从社区政策、服务与空间环境等方面，为儿童提供满足其健康成长及天性需求、鼓励儿童积极参与治理的社区。

儿童友好社区建设需遵循"儿童优先，普惠共享""因地制宜，探索创新""多元参与，凝聚合力"等基本原则，"儿童为本""空间改造""全程参与""多元联动"是实现社区"儿童友好"的关键要素。这为社会工作者立足于社区开展"儿童友好"服务提供了有效的指导，社会工作者可通过扮演服务提供者、呼吁者、赋权者、行动者、管理者、资源链接者和政策影响人等角色，有效促进儿童友好社区环境营造、儿童服务及友好社区机制的建立。

在开展儿童友好社区营造前，我们需要明晰"空间改造"的内涵，即将社区具象空间分类转化为可操作再造的空间类型，包括社区社会空间、文化空间、生态空间、柔质空间和经济空间。

社会空间指社区的生活空间、关系空间，对应社区"人"的营造；文化空间是社区文化的容器，承载着社区物质与非物质文化的呈现与活化，对应社区文化的营造；生态空间指社区自然生态环境，对应"地"的营造；柔质空间主要是指社区中为人们提供休憩娱乐活动的广场、花园和绿道等公共生活的区域，对应社区景观的营造；经济空间是社区经济活动的空间，对应社区经济以"产"为主的营造。通过对社区空间的类型化将营造议题化，能更精准地针对不同类型的空间再造解决不同社区问题，并再造不同面向的社会关系，从而全面促进社区发展。

案例分享

五大空间议题整合行动，再造脱贫的仙娘溪村

仙娘溪村位于广东从化良口镇的大山深处，是典型的空心化贫困村。驻村的社会工作者在 2010 年开始了以开发经济空间为核心的营造设计。最初考虑到村内留守妇女较多和有一片荒废梅林，社会工作者设置了两个村民生计小组，一个是以民宿和农家乐经营培育为主的妇女小组，另一个是以男性村民为主围绕梅林进行开发的青梅小组。

社会工作者对留守妇女进行了培训，链接文化公司和大学的资源协助她们活化老村屋、创意包装农耕风格的旧物、兴建公共设施，推出体验农耕文化的旅游产品。青梅小组则在保护当地农业生态的基础上对原被视为无经济价值的青梅进行了加工，开发了梅子酒、梅子酵素等农家特产。同时，成长起来的两个小组作为村内主要社会组织展开互助，形成了体验农耕、住民宿、尝农家菜、选购梅子产品等一条龙的农村旅游休闲产业，完全由村民自己经营，甚至吸引到部分外出务工青壮年回归家乡建设。仙娘溪村从经济空间营造开始，推及社会空间、文化空间、生态空间、柔质空间的系列整合行动，将贫困村因势利导再造为广东知名的生态旅游村。

表 6-1 从建设儿童友好社区的视角出发，分析、总结了社区营造中落实"空间改造"的具体措施。

表 6-1　社区营造下的儿童友好社区建设①

空间改造维度	营造措施
人（社会空间）	1. 构建儿童社区支持网络 2. 保障儿童成长生活的社区安全环境 3. 强化儿童社区共同体意识
文（文化空间）	1. 开展儿童社区教育 2. 营造关爱儿童社区氛围 3. 面向儿童开展传统文化保护和宣传活动 4. 与儿童探索、创建社区文化、生活符号
地（生态空间）	1. 引导儿童参与社区生态环境保护 2. 带领儿童熟悉、探索社区环境
景（柔质空间）	1. 打造符合儿童成长生活需求的公共空间 2. 鼓励儿童参与美化社区公共空间
产（经济空间）	1. 发展符合儿童成长生活需求的业态 2. 促进利于儿童成长的社会组织发展

知识链接

儿童友好社区的标志及四个维度

儿童友好社区的标志	1. 儿童的基本需要得到满足 2. 让儿童与同伴见面和玩耍 3. 保护儿童免遭伤害 4. 有干净的饮用水和卫生的环境 5. 为儿童提供所需的教育、医疗和紧急庇护服务 6. 儿童能参与家庭、社区和社会生活 7. 儿童能够在其发展过程中发挥儿童的作用，尤其是在与儿童自身相关的社区事务中
儿童友好社区四个维度	1. 政策友好：出台支持性的儿童福利政策 2. 空间友好：给予儿童快乐健康地成长以及方便、安全地玩和学习的空间 3. 服务友好：为各个年龄阶段儿童提供满足其不同需求的服务 4. 文化友好：传播儿童友好相关的理念，在社会中营造儿童友好的氛围

---

① 蔡静诚，熊琳. "营造"社会治理共同体：空间视角下的社区营造研究 [J]. 社会主义研究，2020（4）：103-110.

三、儿童友好型社区建设方法：以成都市行益社会工作服务中心项目实践为例①

（一）案例背景

××社区是 A 街道首个纯商住楼盘的城市社区，辖区楼盘多为刚需性楼盘，常住人口达到 3 万余。社区人群结构包括外来工作的年轻人、帮助子女带孩子的随迁老人，由于工作、参与路径、多元化需求未得到满足等因素，居民表达意见多为电话投诉或在社区群里直接反映，居民整体参与社区治理程度较低，参与人数较少。他们的共同需求点是关注家庭中的儿童教育，期待社区能够提供儿童照顾服务。

（二）社区服务需求分析

1. 满足儿童家庭多元化需求

社区居民对于儿童照顾存在较强的服务期待，希望社区能够缓解双职工家庭在周末及寒暑假时的儿童照顾问题。其具体的服务需求包括：绘画、手工、音乐、舞蹈等类型的兴趣类服务，学习指导、作业辅导等类型的课业成长类服务，儿童教育、家庭效能等家庭关系建设类服务。

2. 扩宽儿童家庭参与平台

儿童家庭渴望社区有系统性的平台可以为儿童提供成长与展示的空间，社区也希望将儿童家庭转化为服务治理型团队，实现儿童家庭参与小区治理。这需要激发家庭参与积极性，扩宽儿童家庭参与平台，逐步推动儿童家庭从接受服务转变为建设社区。

3. 实现儿童家庭参与持续性

立足学校对于儿童社会实践教育的要求，家长也有重视儿童公益意识的需求。在"以事聚人"组建儿童参与队伍后，在儿童参与的过程中，需结合多元化的形式，优化儿童参与机制，传播儿童家庭参与事迹，通过服务影响力扩大，提升儿童家庭参与的内生动力，推动儿童家庭持续性参与。

---

① 资料来源："社工客"微信公众号。

（三）项目服务策略

1. 三类型服务提升居民的社区归属感

项目关注儿童不同类别的需求，链接社区内外部服务资源，为辖区少年儿童群体提供多元化、精细化、高品质特色服务。

一是兴趣类服务，增强社区归属感。在日常周末，开展创意手工、绘画、合唱、艺术素养培育等活动，在满足儿童课余生活需求的同时，将零散的儿童家庭组织化。

二是课业类服务，缓解家庭照顾困难。在寒暑假期间，链接志愿者资源，开展作业辅导、学科知识等公益课堂，帮助小学阶段的儿童家庭解决暑期带娃难、辅导作业难等问题，缓解双职工家庭照顾儿童的困难。

三是教育类服务，构建家庭互动网络。链接社区党支部资源，邀请有资质的党员、志愿者，开展亲子沟通、阅读、父母效能等亲子教育活动，在学习中促进社区儿童家庭认识交往、相互陪伴支持、交流"育儿经"，增强家庭之间的互动交流，形成社区家庭互动网络。

2. 两路径介入发挥儿童家庭参与能动性

项目以儿童议事会机制建设为载体，以激发儿童潜力、树立儿童参与意识、引导儿童发现问题、解决问题为执行目标，有规划地提升儿童参与能力。

路径一："一米高度看世界"冬令营激发儿童参与热情

以"一米高度看世界"为主题，开展为期4天的城市生活冬令营活动，以"你理想中的城市生活"为切入点，结合北京冬奥会开展运动城市主题服务，引导儿童共同搭建梦想中的运动城市场景，同时思考友好的运动城市形象，思考社区现阶段的生态环境和人文环境是否对他们友好，激发他们参与城市社区治理的热情。

路径二：儿童议事训练营提升儿童参与能力

围绕儿童参与能力提升，开展儿童议事会训练营，在辖区内招募儿童代表20余人，从指导儿童代表出发，从意识激发、发现问题、能力提升、推动行动四个维度，运用专业社会工作小组，采用游戏互动、情景模拟、社区调研、课堂培训、服务实践等形式去推动儿童具体化地参与社区治理。具体服务步骤如下。

一是通过多元化的游戏形式，在激发儿童参与兴趣的同时，刺激他们的听觉、视觉、触觉等五感。结合儿童议事会相关视频，让儿童了解儿童议事服务工作，引导儿童对身边人和身边事认真听、仔细看，用心思考，团队协作。

二是围绕环境友好、出行友好、空间友好、生活友好四个议题，推动儿童议事会成员以实地调研的形式，引导儿童代表发现社区问题。通过走访调查、居民访谈的形式了解问题产生的原因，期待问题解决的成果，指导成员梳理问题解决的计划，指导儿童对问题的系统性思考。

三是围绕议题形成解决提案后，通过开展提案演讲赋能课堂和模拟议事厅，指导儿童议事会成员用清晰的逻辑思路和流畅的语言表达来展示和汇报方案。在社区开展提案路演，强化儿童信心，让居民听到儿童的声音。

四是为儿童代表发放服务资金。以小组为单位，根据不同的服务主题，指导儿童去实践服务活动，具体包括社区公共环境卫生、交通安全、公共墙体乱涂乱画、文明养犬等。通过为居民发放文明宣传单、绘制文明提示牌、联动物业共同安装文明提示牌、润心田垃圾维护，用微小力量积极宣传倡导儿童友好行为，关注儿童友好问题的解决。并以家庭任务分配、家长后援团配合的形式，强化家长参与度，从而逐步实现儿童家庭在社区治理中的作用。

3. 多平台搭建扩大儿童家庭参与影响力

项目以深化儿童家庭参与团队职能为载体，线上线下相结合，展示儿童家庭服务事迹，从而扩大儿童家庭参与影响力，营造儿童家庭参与氛围。

一是进小区推广儿童友好公约。组织儿童家庭开展儿童友好公约共创讨论会，形成社区儿童友好公约，制定包括家庭友好、空间友好、社会友好的儿童友好承诺书，指导儿童家庭通过小区摆点、走访宣传的形式，收集辖区内居民签字，并结合线上微信公众号、社区居民群进行宣传，增强公约的知晓度，倡导居民关注儿童友好。

二是新媒体传播儿童参与事迹。搭建家庭主持播报平台，组建家庭主持团队，指导儿童家庭收集播报素材、撰写播报新闻稿，共同录制儿童家庭参与播报视频，主要播报儿童发现的城市生活不友好行为和问题，以及儿童家庭营造城市品质化社区的服务过程。通过视频号等形式，以社区为平台，在辖区各小区群进行传播推广。

三是常态化展示儿童参与成果。打造儿童议事会示范点位，将儿童家庭共创的儿童友好公约上墙，增强儿童友好文化建设，充分展示儿童家庭的服务过程，提升儿童家庭的价值感与荣誉感，强化儿童家庭持续参与的积极性。

案例点评：

该案例服务模式从社区营造角度出发，推动儿童带动家庭参与社区治理，使居民们从"接受服务者"变为"服务提供者"，社区治理切入点也从"单纯的服务"转为"注重家庭价值感的发挥"，有效破解了社区治理的难题。儿童议事会机制的建立，形式了社区党建引领下"物业+自管会+儿童议事会"多方议事主体的发展模式，使得社区治理群体更加多元和全面，完善充实了社区治理的格局。

拓展阅读

如何组织儿童议事会

儿童议事会是由儿童代表组成的儿童议事平台。儿童议事会代表通过诉求表达、参与决策、监督评价等方式，参与直接影响儿童自身或儿童群体利益的公共事务，实现将儿童视角纳入城市治理决策体系。

儿童议事会一般由儿童代表、成人支助者、专业顾问等人员组成。

议事会工作流程：

1. 收集问题。儿童代表可以通过从儿童中征集，从社会广泛关注的儿童问题中筛选，或者关注儿童公共政策和公共服务项目等方式收集问题。

2. 提出议题。成年人或儿童个人、儿童代表向儿童议事会书面提出议题，儿童议事会成人支助者予以签收。有条件的社区，可设立"儿童意见收集箱"，或通过公开电话和电子邮箱等方式，多渠道收集儿童意见。

3. 确定议题。成人支助者和专业顾问协助儿童代表召开议题审核会议，并对已签收的议题进行初步审核。原则上儿童议事会三分之二及以上儿童代表到会，到会儿童代表一半以上同意的审核结果有效。可根据讨论事项的不同内容，采取口头、举手、无记名投票等方式进行表决。对符合议事规定范围的予以受理，对内容相同或相近的可进行合并受理，对不符合议事议题范围的不予受理。作出受理或不受理决定后，由成人支助者答复提出议题人员。

4. 专题调研。议题确定后，在成人支助者和专业顾问的支持下，儿童代表制订调研方案，并有组织地开展专题调研，调研形式可包括线上线下的文献研究、问卷调查、交流座谈、实地走访等。调研结束应形成调研报告（调研报告应包括调研背景、调研概述、调研方法、实施步骤、小组分工、调研结果与分析、对策建议）。

5. 分析研判。成人支助者和专业顾问协助儿童代表听取调研专题汇报，组织分析研判活动，就相关议题在充分讨论的基础上，集体协商，形成儿童议事会决议。决议形式包括但不限于文字报告、主题海报、PPT等。原则上儿童议事会需要三分之二及以上儿童代表到会，到会儿童代表一半以上同意的决议结果有效。可根据讨论事项的不同内容，采取口头、举手、无记名投票等方式进行表决。所有参会儿童须在记录中签名确认决议结果。

6. 提交决议。决议形成后 15 个工作日内，由儿童代表或委托儿童议事会成人支助者、专业顾问书面提交相关部门或个人。相关部门或个人收到决议后，应指定专人予以办理，并约定期限，及时将采纳办理情况向儿童议事会进行反馈。相关部门反馈结果可采取书面告知、交流座谈、现场走访等形式。

7. 成果评估。在成人支助者和专业顾问协助下，儿童代表对儿童议事会形成决议被相关部门或个人采纳情况进行成果评估，并通过评估查找议事活动中的问题，进一步完善议事流程和方法。

8. 总结归档。儿童议事会进行阶段性或年度工作总结，形成总结报告

(总结报告内容可包括已开展的活动、取得的经验成果、反思、下一阶段工作计划、儿童成长记录等，形式不限于文字)。整理相关档案(档案可包括议事活动大事记、签收议题清单、确定议题清单、每项议题调研报告、议事决议、提交议题清单、转化成果清单等)。可对履职优秀、作出突出贡献的儿童代表、成人支助者、专业顾问给予精神奖励。

第二节 社会策划模式："五社联动" 儿童服务

社会策划模式又称社区计划模式或社会计划模式，是社区工作的三大模式之一。在服务过程中，社会工作者扮演着专家和决策者的身份，准确把握所在机构的宗旨和资源，分析自身能力，针对社区问题确立服务目标，依据目标制订并选择最佳服务方案；然后结合社区需要，动员和分配资源，在工作过程中根据实际情况调整服务计划，保证计划围绕服务目标进行；并在工作结束后，对整个工作内容和服务成效进行总结反思，最终解决社区问题。

一、社会策划模式下的 "五社联动"

中共中央、国务院印发的《关于加强基层治理体系和治理能力现代化建设的意见》明确指出，要 "完善社会力量参与基层治理激励政策，创新社区与社会组织、社会工作者、社区志愿者、社会慈善资源的联动机制"。这意味着基层社会治理的社会力量参与机制必须实现社区与社会组织、社会工作者、社区志愿者、社会慈善资源的 "五社联动" 模式。

"五社联动" 是指以社区为平台、社会工作者为支撑、社区社会组织为载体、社区志愿者为辅助、社区公益慈善资源为补充的服务模式。"五社联动" 立足社区，坚持以党建为引领，以居民需求为导向，以政府购买服务为牵引，旨在发挥社会工作的专业优势，赋能社区社会组织、社区志愿者和社区居民，发掘和利用社区公益慈善资源，提升社区治理效能，推动建设人人有责、人人尽责、人人享有的社会治理共同体。

社会工作者在服务中发挥专业优势，立足社区以"赋能"和"增权"的方式激发社区居民参与社会服务的热情，通过资源共享的方式盘活社区资源为儿童服务提供保障，构造良性循环的儿童服务体系。

知识链接 ···

五社联动的五要素：社区、社会工作者、
社区社会组织、社区志愿者、社区公益慈善资源

社区：有效发挥社区基础平台作用，社区"两委"积极培育社区社会组织，动员社区志愿者，吸纳社区公益慈善资源，支持、监督社工机构开展社会工作专业服务，鼓励、支持社区工作者参加社会工作者职业水平考试，提升转化为社工人才。有条件的城乡社区探索建立社会工作服务站（室）。社区工作者加强与专业社会工作者协作，为社区社会组织、社区居民赋能，带动社区志愿者服务居民群众，共同解决社区问题。

社会工作者：开展居民服务需求调研，策划服务项目，参与或督导项目实施，为社区工作者和社区志愿者提供专业参谋、实践指引和服务指导；孵化培育社区社会组织。

社区社会组织：承接、实施社区公益项目或活动，组织居民开展自助互助服务，在提供社区服务、扩大居民参与、培育社区文化、促进社区和谐等方面发挥积极作用。

社区志愿者：发挥自身特长和优势，在专业社会工作者和社区工作者的带动引领下，积极参与社区自助互助服务和社区治理。

社区公益慈善资源：包括社区可获得、可支配，用于回应社区需求、提供社区服务、解决社区问题的一切物质、资金、技术、服务等社会资源。社区开发利用好相关社会资源，社会工作者当好资源链接者，为服务困难群众、促进社区治理汇聚社会力量。

二、社区策划模式的方法：以西夏区镇北堡村"儿童之家"运营项目为例

（一）背景介绍

"儿童之家"建设是近年我国未成年人保护工作的一项重要内容，秉持儿童优先原则，整合政府和社会资源，打通村（居）为儿童和家庭服务的"最后一公里"，推动公共服务均等化，保障儿童生存、发展、受保护和参与权利的有效实现。促进儿童健康成长和家庭幸福和谐是"儿童之家"运营的主要目标。

目前，乡村因资源分散、协作不畅等问题限制，"儿童之家"阵地整体利用率低，未能发挥实际效能。近年来，随着民政部对"五社联动"的倡议，宁夏六盘善行社会工作服务中心深入基层，探索"五社联动"运营乡村"儿童之家"服务模式，成功构建了"以社区为枢纽，社会工作者为引力，社会组织为载体，志愿服务为支柱，公益慈善资源为保障"的运营模式，可有效引导乡村进行最大化的资源整合，保障"儿童之家"可持续发展。

（二）分析预估

根据社区走访、人员访谈等对镇北堡村"儿童之家"面临的需求及可利用的相关资源进行了解分析。具体如下：

1. 需求分析

近年来，镇北堡村虽有心打造"儿童之家"，但成效甚微，主要有以下问题。

一是机制不全，职能不明。常态化运行机制不健全，"儿童之家"职能不明，在功能室设置、规章制度敲定、特殊型儿童归属、服务绩效评估等方面没有相应的对策，对儿童之家职能和作用发挥有限。

二是功能不足，发展受限。首先，宣传力度不够，居民知晓率低，服务覆盖面窄。其次，服务内容主要为传统的文体娱乐活动，与"儿童之家"建设规划的"提供游戏、娱乐、教育、卫生、社会心理支持和转介等服务"的要求还有很大差距。

三是资源单一，供给断层。首先，人员供给不足，主要运营者为儿童主任，欠业务培训、缺人才指导，后备力不足。其次，资源供给不足，主要依靠政府购买社会工作服务支撑，项目一停服务就中断了。

2. 资源预估

面对镇北堡村"儿童之家"遭遇的困境，社会工作者利用专业优势，挖掘可利用资源。总结如下：

（1）内部资源：①人力资源：村书记支持，儿童主任配合，老年活动中心公岗人员协助。②物质资源："儿童之家"阵地划分，主设有"四点半"课堂、舞蹈功能室、幼儿活动室。③组织资源：村书记监督、儿童主任直管、公岗人员协助、社会团体和志愿者支持是目前已形成的运营结构。

（2）外部资源：①企事业单位聚集，含禁毒办、消防、交通局、医院、学校等。②传统文化资源丰富，设有各类非遗工作室，以及能人聚集的秦腔艺术团、社火表演团等。③志愿者潜质群体明晰，如大学生、"全职妈妈"等。

（三）服务计划

1. 服务目的

探索"'儿童之家'+'五社联动'"运营模式，常态化开放"儿童之家"，落实儿童关爱举措，促进儿童健康成长。同时，通过"儿童之家"阵地的常态化运转，达到提高居民生活质量和幸福指数的目的，以助力乡村振兴。

2. 服务目标

（1）服务对象层面的目标：完善运营机制，丰富功能内容，整合本地资源，常态化开放"儿童之家"，提高居民参与率与阵地利用率。

（2）社会层面的目标：打破舶来品模式限制，拒绝"儿童之家"模式套用运营，因地制宜，结合本地特色，构建特色化运营模式。

（3）文化层面的目标：加强宣传，提高"儿童之家"知晓率，联结受众群体，畅通"儿童之家"服务家庭、服务儿童的"最后一公里"。

3. 服务内容

（1）政策宣讲，确定社区枢纽作用。依靠政府购买服务项目和相关政策法规等，与镇北堡村建立了信任合作关系，就"儿童之家"的常态化运营、发展目标等达成统一意见，对于村内资源等进行分享交流，就运营任务等基于优势特长进行合理分配。

（2）共享双赢，确定公益慈善资源保障作用。社区利用辖区监管、领域熟悉优势，梳理村内可利用资源。社会工作者利用理论、技巧优势，就可利用资源需求/优势等进行分析。双方协作，基于需求/优势分析，提供"解决需求⇆提供资源"的链接方式。

（3）联建共育，确定社会组织载体作用。社会组织，如非遗工作室、秦腔艺术团、社火表演团，甚至是其他专业团队等，基于其宣传、发展、人才培养等方面需求，通过社区的引荐支持，与其建立"曝光宣传⇆提供资源"的合作关系，在丰富"儿童之家"功能作用上提供相关载体。

（4）成长互助，确定志愿团体支柱作用。将志愿服务重点人群锁定在大学生群体上，链接方式如下：一是高校合作。直接和大学支教社团、爱心社团等建立合作伙伴关系，由社团成员提供服务。二是本土大学生培育。以镇北堡村"助学圆梦"助学金帮扶计划为基础，组织当地大学生形成志愿服务团队，提供特色化的服务。

（5）合作多赢，确定闭环服务模式。社会工作者作为引力，组织社区、公益慈善资源、社会组织、志愿团体等进行需求梳理，同时就需求与资源进行配对，"五社"形成多赢合作关系。

（四）实施过程

1. 初期：挖掘需求，预估资源（用时 1 个月）

依靠西夏区未成年人社会保护政府购买服务项目，与镇北堡村建立信任合作关系，通过社区走访、人员访谈等对需求、资源等进行了解分析，同时就"儿童之家"的常态化运营、发展目标等达成统一意见，即探索"'儿童之家'+'五社联动'"运营模式，常态化开放"儿童之家"，提高阵地利用率与居民知晓率。

2．中前期：加强宣传，奠定基础（用时 2 个月）

基于项目任务，社会工作者利用周末、节假日等在"儿童之家"开展主题活动、小组活动。此阶段开展的活动具备以下特点：一是调动群体积极性；二是多类群体参与；三是服务对象易于接受。如开设的"兴趣体验"小组、"红色主题观影"活动、"指尖艺术，趣味折纸"活动等，有效宣传社会工作者、社会工作、"儿童之家"，为"五社联动"奠定阵地、人员基础。

3．中期：重构团队，"五社"联动（用时 7 个月）

由易到难，逐步将可利用的资源纳入服务体系。

一是社区。本阶段，与社区已经建立了信任关系，进一步加强联结，达成部分共识，如周末开放"儿童之家"，免费提供相关设备，为大型活动提供人力物力支持等。

二是大学生志愿者团体。在寒暑假期间，开设"寒暑假公益课堂"，课程内容主要包括假期作业辅导、兴趣课堂、志愿服务、户外拓展及亲子活动。如 2021 年 7 月、2022 年 1 月开设的"助困扶幼，情暖童心"公益课堂，由社会工作者组织领导，村内大学生实施。

三是企事业单位。链接辖区内企事业单位为孩子们开展专业的安全教育宣传活动，如 2021 年 8 月，邀请镇北堡镇禁毒办的工作人员开展了"从小不毒行"禁毒宣传教育活动。

四是各类工作室。主要进行参观学习、兴趣小课堂等活动，开阔孩子们的视野，如李转能老师的刺绣非遗工作室、牛尔惠老师的镇北堡书院等。

通过 6 个月不间断的实施，社会工作者与以上资源建立较紧密的联系，部分资源如大学生志愿者团队、相关企事业单位等变被动为主动，从参与者变为组织者。

4．中后期：深化交流，强化联结（用时 1 个月）

本阶段中，社会工作者再次评估各方价值、需求，对标需求，进行内部资源对接，深化各方交流合作，以增强合作稳定性，梳理各方在"'儿童之家'＋'五社联动'"服务模式中承担的任务职责。

5. 后期：模式宣传，评估总结（用时 1 个月）

临近结项，社会工作者对"'儿童之家'＋'五社联动'"服务模式所产生的成效进行评估调研。本次评估主要基于服务目标对比"儿童之家"发生的变化，内容包括"儿童之家"运营机制、"儿童之家"阵地利用、"儿童之家"服务功能落实、"儿童之家"服务覆盖四方面。

同时，社会工作者利用自身专业，寻求督导的帮助，更进一步挖掘"五社"各方资源与需求，推进任意三方形成"铁三角"，以保证模式的稳定性。

（五）总结评估

基于后期进行的成效调研，对比初期制定的服务目标，可知服务成效显著，目标基本达成。首先，在个体层面，"儿童之家"运营机制进一步完善，服务功能全部落实，成为常态化开放阵地。其次，在社会层面，撬动、链接本土资源，成功推出"'儿童之家'＋'五社联动'"服务模式。最后，在文化层面，服务覆盖辖区全区域，特殊性儿童覆盖率达 100%，镇北堡村"儿童之家"成为孩子们集学习、娱乐于一体的新阵地，相关工作人员成为家庭教育的好帮手。"儿童之家"的常态化运营，提高了辖区居民的生活质量与幸福指数，切实推进乡村振兴稳步向前。

（六）专业反思

目前，镇北堡村"'儿童之家'＋'五社联动'"服务模式虽已形成，但在稳定性方面还需改进完善。如公益慈善资源、社会组织、志愿团体两两之间并无联系，一旦缺少社会工作者、社区的联结，已构建的服务模式将会瘫痪。

下一阶段，社会工作者还需更进一步挖掘"五社"各方资源与需求，以强化模式的稳定性。除此之外，社会工作者更需结合项目期短的现状，寻找"替代者"，完善人员培养机制，以保证服务的可持续性。

案例点评：

该项目采取"五社联动"的模式，发挥了多元主体参与社区治理的功能，通过积极培育发展社区社会组织，为社区居民参与儿童服务提供组织载体；通过有效发挥社会工作者的专业支撑作用，全方位提升基层治理效能；通过壮大社区志愿者队伍，有效弥补社区儿童的服务人力不足；通过调动社会慈善资源，为资金保障拓宽社会渠道。此案例充分显示了"五社联动"模式对社区的平台优势、社会组织的组织优势、社工的专业优势予以整合，再加持社区志愿者人力优势和社会慈善资源优势，有利于促进政府治理和社会调节、居民自治良性互动，构建基层社会治理共同体，可以有效增强服务对象的获得感、幸福感、安全感。[①]

拓展阅读

社区中儿童服务志愿者培育方法

1. 广泛动员招募：基于儿童服务相关的需求，通过信息公告、主题活动等居民喜闻乐见的方式进行动员，招募热心社区事务的志愿者。

2. 发掘能人，聚集资源：发掘社区内如党员、退休教师、妇女骨干等有为儿童提供服务能力的能人，聚集社区本土资源。

3. 组建志愿者队伍：通过协商讨论，确定队伍为社区、为儿童提供服务，并根据社区儿童群体的需求开展志愿服务，实现政府治理、社会调节、居民自治的良性互动。

4. 协商议事，解决问题：通过与社区居委会或社会组织沟通协商，把社区内的积极分子（包括楼栋长、宣传员）以及志愿者队伍骨干、党员等聚集在一起，协商议事。通过志愿服务行动，带动更多社区居民参与社区儿童关爱保护服务。

5. 规范队伍管理：确立管理制度，确定团队名称、队长、口号、服务方向等，以此增加团队凝聚力，使志愿者队伍规范化，根据社区需求、队伍意愿开展精准志愿服务，有效提升志愿者队伍的自主性、积极性。定期开展团队建设和能力建设活动，包括领导力、团队力、责任力、管理力等，使志愿者队伍良性发展。

---

① 资料来源："邂逅社工"微信公众号。

6. 建立激励机制：通过星级评定、开展表彰活动、授予志愿者荣誉称号等建立志愿者激励机制，促进服务常态化。

第三节　社区教育：青柚课堂儿童性教育

社区教育是指在一定区域内利用各种教育资源开展的，旨在提高社区全体成员整体素质和生活质量，服务区域经济建设和社会发展的教育活动。随着社会的迅速发展，社区越来越成为儿童除了家庭和学校之外接受教育和社会化的主要场所，社区教育对儿童人格完善和社会化起到的影响越来越大，社工介入儿童的社区教育、丰富社区教育的内容对儿童的综合素质和适应社会的能力有着积极的推动作用。儿童社区教育旨在补偿儿童群体知识的不足，引导儿童掌握必要的行为规则，树立正确的价值观和社会责任感，促进儿童综合素质提升。运用社会工作方法中的小组工作、社区工作可以有效地达到社区教育的目标。

一、社区教育中的儿童性教育

儿童性教育问题一直深受社会的广泛关注，《"女童保护" 2021 年性侵儿童案例统计及儿童防性侵教育调查报告》显示，2021 年度全国各级媒体曝光性侵儿童案例 223 起（受害儿童逾 569 人），其中中小学学龄段的案例为 127 起，占比 80.90％。由于性教育知识的缺失，遭受性侵伤害的儿童数量逐年上升，城市和农村儿童均面临受伤害的风险。而由于传统观念的影响，儿童父母对"性"教育敏感，不轻易与儿童开口谈及，而学校性教育水平也参差不齐，儿童了解性教育的知识少，且来源渠道不规范，导致其更容易受到性侵等伤害，因此从社会工作专业的视角介入社区儿童性教育问题是非常迫切且重要的。

知识链接

儿童性教育的定义

儿童性教育是一个基于探讨性的认知、情感、身体和社会层面的意义的教育过程。其目的是使儿童具备一定的知识、技能、态度和价值观，从而确保其健康、福祉和尊严；培养相互尊重的社会关系和性关系，帮助儿童学会思考他们的选择如何影响自身和他人的福祉，并终其一生懂得维护自身权益。

儿童性教育的目标：

1. 了解信息：介绍与性相关的生理学、医学、社会文化各类信息，让儿童全面地了解性。

2. 澄清价值观：通过服务，讨论、分享、分析介绍和性相关各类事务的价值观念。

3. 培养技能：帮助儿童建立与性相关的重要技能，例如亲密关系的交流与决策、避孕工具的使用、性侵害的预防、疾病的求助等。

4. 建立责任感：了解性道德、权利与公共规范，帮助儿童建立批判性分析的能力，为自己和他人的健康与安全负责。

二、社区教育的方法：以"青柚课堂"儿童性教育公益项目为例

中国社会儿童与青少年存在与性相关的多重问题，例如高发的意外妊娠与流产、疾病、性侵害、自我悦纳和认同障碍等。数据显示：每年约1000万次人工流产，其中超过50%为25岁以下未婚女性；青少年艾滋病感染者近5年平均增长超过35%；2013—2015年媒体平均每天曝光超过一起儿童性侵害案件。政府与民间领域每年为这些问题的解决投入巨量资金，但这些问题并非各自独立，其系统性的解决需要以完善的性教育为基础。

2015 年，湖南本土社工机构湖南李丽心灵教育中心发起的"青柚课堂"儿童性教育项目，目前已经覆盖湖南 13 个市州 65 个县市区的 500 余所学校、村社，受益儿童达 11 万余名。经过 7 年多的实践与探索，"青柚课堂"逐步形成了一套行之有效、务实管用的经验做法。该项目运用社区教育模式，是促进儿童家庭教育、学校教育、社会教育有机融合的有效实践。

（一）项目背景

1. 社会公众传统的"性观念"，落后于儿童的性发展需求

尽管现代社会人们思想得到解放，但受传统文化的影响，人们思想普遍封建保守。有部分社会公众认为，性教育不符合中国的"传统文化"，认为先进的性教育经验是从国外传来的，把国外的性教育搬到中国来，不符合中国的"传统文化"。还有一部分群体，谈"性"色变，将"性"作为低俗、下流、色情的代名词，认为性是不洁的、羞耻的、低级的、下流的、丑陋的、恶心的，只可以做，不可以说。这种落后的性观念，远远落后于儿童的性发展需求。

2. 学校及家庭对于性教育的误区，忽视了儿童接受性教育的权利

根据项目组进行的调查发现，家长群体对于性教育普遍存在的误区是认为性教育会导致早期性行为，性教育可以在青春期开展，但不适合低龄儿童。还有一些家长认为，自己的孩子还小，对"性"没有兴趣，还很纯洁，而接受了性教育会剥夺孩子"天真无邪"的本性。而有学校老师则认为，性教育已经涵盖在生物课、品德课里了，不再需要单独的性教育课了。但这些内容都是生物学科或品德学科自身学科体系中的一部分，仅仅是涵盖了性教育中很小的部分，对满足学生性发展的需求和解决社会上与性有关的问题远远不够。

也有人认为，家庭是进行儿童性教育的场所，对孩子进行性教育是父母的责任，而非学校的责任。父母和家庭作为性信息来源在帮助孩子建立健康的性关系和人际关系方面的确扮演着重要角色，但这并不意味着政府和社区、学校就可以不承担教育责任。相反，在社区、学校提供安全的学习环境，开展高质量的性教育，是对家庭性教育的巨大支持和补充。

3. 网络中的不安全信息，容易诱导儿童走进误区

儿童天生对性感兴趣，儿童会从同伴、媒体或其他地方获取相互矛盾甚至有害的信息。如今，互联网的发展使信息传播变得异常便捷，手机、电脑等成了儿童获取性知识的重要渠道，性相关信息以动态的方式展现在儿童眼前，儿童以此接触到形形色色的性知识，一定程度上了解了与性相关的知识，但其内容准确性参差不齐，掺杂了许多不良信息，如网页弹出的色情广告页、游戏中的色情信息等，容易使儿童走进误区。

（二）服务需求分析

1. 内容上，儿童需要全面的、系统的性教育课程

项目调查显示，由于学校和家庭的性教育的缺乏，而学生普遍需求性知识，因而网络电视、录像视频、图书杂志、朋友同学等非正规途径成为获取性知识的主要途径，从而导致部分儿童在性健康方面存在着一些错误的认识，缺乏实用的性健康知识。调查显示，83%的调查对象表示希望能够接受到全面的性教育知识。他们最想知道的性知识中排前三的选项是生命的起源、青春期身体变化、自我保护方法。

2. 场地上，儿童群体愿意在学校和社区接受性教育

在对学习场地的选择上，有63%的调研对象希望在学校接受性教育。学校是学生的主要活动场所，这也充分说明了学生对学校实施性教育的认可和需求；也有28%的调研对象认为可以在社区内开展。这组数据有效表明了在学校和社区等正规学习场所开展性教育是保证儿童身心健康的必要和有效途径。

3. 形式上，儿童更喜爱互动性强、视觉上更鲜明的集中式授课方式

在授课形式的选择中，体验式课堂、互动游戏、动画片讲解最受儿童群体的喜爱，而部分家长则偏向用讲座方式讲解。在男女混班上课和分性别授课中，超过一半的儿童觉得两种方式均可，儿童本身对是否分性别进行性知识的学习没有特别的要求。反之，超过60%的家长选择了分性别进行授课，这也体现出了家长对于"性教育"需要进行脱敏学习。根据往期授课成效证明，男女生集中授课的模式与分性别的授课形式相比效果更好。

4. 授课人员上，儿童群体更偏向于专业讲师进行讲解

调查显示，儿童对于授课人员的选择上更偏向于专业的讲师，其次是学校老师，最后为家长，这也就意味着儿童群体认为性教育和其他学科一样，更希望有接受过专业的系统的性教育学习的老师带领其进行学习。

（三）项目内容

1. 服务模式

项目采用"1+3+N"的服务模式，即围绕 1 个核心——以儿童群体为服务核心，依据其成长和发展需求，立足学校、社区、家庭 3 个服务板块，通过体系化能力建设培训 N 名专业性教育讲师，运用标准化课程开展服务。

2. 服务内容

（1）立足学校、家庭、社区开展预防式服务。

学校主导：社工培训志愿者讲师进入学校，采用体验式学习法，开展系统性教育课程。通过讲解、游戏、互动、随堂测验等多种形式进行性教育，传授与生命和身体发育相关的知识及应对策略，采取男生女生同课堂教育，以自然班授课和主题讲座形式弥补性教育性别失衡问题，同时发挥同伴教育的作用。

青柚课堂课程表（见表6-2）：

表6-2　课程主题和内容

小学 1~3 年级	1. 我从哪里来：了解生命出生。 2. 认识我的身体：生殖系统，生殖健康行为习惯。 3. 我的家庭：了解不同家庭类型，成员的分工。 4. 我的身体我做主：学习自我保护。 5. 反对暴力：学习识别预防以及应对暴力。 6. 我们都平等：了解性别平等
小学 4~6 年级	1. 青春期来了：了解青春期生理变化和心理变化以及应对方式。 2. 月经和遗精：了解月经和遗精。 3. 我爱我自己：学会接纳自己，认识到社会环境对自我认同的影响。 4. 尊重他人：学习如何更好地尊重他人。 5. 我想和你交朋友：学习沟通、人际关系处理

续表

中学	1. 了解性教育：性教育脱敏，更好地理解性教育。 2. 了解性别：了解刻板印象，尊重差异，包容多元。 3. 生殖系统：认识生殖系统，学习保护自己的身体。 4. 青春期：学习青春期变化并更好地接纳自己。 5. 怀孕与避孕：帮助大家提高自我保护的意识，怀孕避孕是男女双方需共同承担的责任。 6. 疾病与行为：认识疾病与性行为，没有危险的人群，只有危险的行为。 7. 了解性暴力：识别预防以及应对性暴力。 8. 爱情与婚姻：学习爱情会带来的积极与消极的影响并积极应对

家庭配合：在学校课程开始前，通过班主任或是家委会与家长建立良好的联动机制，帮助家长定位自身的角色，促进其对性教育教育观念、性教育态度的转变；并在课后布置互动性的"家庭作业"等，充分发挥家长在性教育中的能动性和示范作用；在课程结束后，及时反馈儿童性教育效果，助推家长在儿童成长过程中更加关注儿童身心发展；利用家长会及家长学校的契机，开展"如何与孩子谈性"等家长性教育课程，进一步帮助家长更新观念，掌握性教育方法和技巧。

社区巩固：依托社区服务中心（儿童之家）开展"儿童性教育及儿童防性侵"相关宣传、儿童性教育小组、社区性教育嘉年华、性教育夏令营等活动，在社区营造良好的性教育氛围，净化社区的一些对儿童健康成长不利的因子，促进儿童性教育的社会化。

（2）为有需要的儿童及家庭提供咨询及个案辅导。

"青柚课堂"项目与民政、妇联、检察院等政府机构密切合作，以服务热线和微信客服的形式接受儿童、家长对于性教育相关内容的咨询，作为"未成年一站式救助保护"机制的重要部分，为辖区内被性侵儿童及其家长开展个案辅导。

（3）培育专业性教育讲师队伍，扩大服务范围。

项目招募了一支以儿童家长、爱心志愿者、社会工作者、一线教师、大学生等为主体的志愿者队伍，通过线上带领学习、线下集中培训、试讲考核、助教实践等多个程序，帮助志愿者掌握性教育开展技巧，确保志愿服务质量，并通过志愿服务的开展，实现了性教育的广泛覆盖。

（4）广泛宣传倡导，普及科学理念、破除"刻板印象"。

项目除了开展一线服务外，也重视对社会公众的宣传和引导，通过微信公众号宣传、线上社群分享、互联网众筹活动等形式普及科学的性知识。打破社会公众对于"性"的刻板印象，为性教育去除"污名"，强调性教育对人一生的重要影响，培育社会公众对于性教育的正确认知，提升社会公众对性教育的重视程度。

案例点评：

"青柚课堂"性教育项目案例致力于从社区教育的角度为儿童普及科学的性知识。根据项目团队自创的"1+3+N"服务模式，通过需求调研，以问题导向和成长导向为项目设计逻辑起点，结合儿童性教育知识体系，以沉浸式、参与式、互动式课堂体验，通过加盟式培训培育专业性教育讲师，深入湖南全省各地的学校和社区，为服务对象提供科学系统的性教育资源体系，最终实现服务对象性脱敏，提升服务对象针对性问题的应对能力，成为社会工作介入儿童性教育的一个项目样板。①

知识链接 ··

儿童性教育的常见误区

误区一：性教育会鼓励儿童发生性行为

良好的性教育能够有效减少初次性行为时不采取任何安全措施的比例，性教育不会也不可能成为性教唆。

误区二：性教育自然而然就能懂，不用去教授

没有一种知识和技能是不需要学习和练习就能掌握的。研究表明，相对于未接受性教育人群，接受过良好性教育的人群，在首次性行为时采取

───────────

① 资料来源：湖南李丽心灵教育中心。

安全措施的比例、日常性行为时采取安全措施的比例、对性骚扰与暴力的认识、亲密关系的沟通等方面都有明显差异。

误区三：性教育会把孩子教坏

与性相关的负面问题比如少女怀孕率、性侵犯率、性病感染率等越少的地区，无一例外都是实行了最为开明的性教育的地区。国内目前最早的性教育是在幼儿园中班。

误区四：性教育应当分性别开展

性教育和其他学科一样，没有任何一门学科需要分性别教学。无论性别、宗教还是文化，人们所应当了解的性教育的基本内容都是一样的，融合教学更能够促进不同性别相互理解和讨论，促进性别平等及培养坦然、大方地对待性的态度。

第四节　社区照顾：流动儿童社区照顾服务

在儿童的成长中，由于受到诸多因素的影响，常常导致他们生活指导、成长需求和学习教育的缺失，面对这种情况就需要通过儿童社区照顾弥补上述不足。在儿童社区照顾中，社会工作者可以发挥专业优势开展工作。

一、社区照顾模式

社区照顾主要通过整合社区内所有资源来达到照顾服务对象的目的。儿童社区照顾是指以社区为载体，由正规的社会组织协同社会工作者、社区居委会工作人员及志愿者运用专业的社会工作理论知识与方法为社区内的儿童提供托管照顾和相关社会工作服务。

社区照顾的功能如下：

一是通过社区成员之间的多向支持与关怀，扩大社区安全网的影响范围，提升社区工作的功能。

二是通过社区照顾，使得有特殊困难而需要帮助的人及其家庭能得到不同程度、不同形式的物质和精神上的援助和支持，从而能够保持被帮助者健康的社会方式和正常的生活水平，并且把家庭的某些功能社会化，从而减轻家庭的物质和精神负担，加强社会整合。

三是促进社区内良好人际关系的确立。

四是通过社区照顾，社区工作者对社区成员灌输互帮互助的精神，对于有困难的成员或家庭在进行援助的同时鼓励其走向社区，这就体现了社区的综合功能，使得社区成为有生气的、集多种功能于一体的社会实体。

二、社区照顾的方法：以凌塘村社区儿童服务项目为例①

（一）项目背景

本项目的服务地区为广州市天河区凌塘村。根据该村（居）委会（村公司）提供的数据，该村2017年有1400栋出租屋，本村户籍人口1400人左右，来穗人员3万人左右。凌塘村的居住人群具有多样性，本项目服务的人群主要是在村内居住5~10年的蓝领工人、环卫工人，以及非正式就业人员（如餐厅服务员、商铺店员、作坊工人、流动摊档档主、家政人员、房屋托管人员、废品回收人员）等。

该人群具有以下特点：多数持中等学历，少数有高等学历；家庭收入水平参差不齐；其家庭在就业创业、家庭生计与日常生活改善、子女教育、家庭照顾等方面存在各种各样的内部压力、矛盾和不确定性。

根据分析，凌塘村社区存在两个非常突出的"聚集"，分别是"服务供应不足的聚集"和"流动家庭随迁儿童照顾困难的聚集"。这两个"聚集"，共同构成了社区居民面临的问题。凌塘村社区存在以下问题：

一是社区基础设施和公共服务均不足。该问题突出体现在以下几个方面：公共设施和空间的不足、政府公共服务的不足、社会保障（五险一金、义务教育等）的不足、社区文化娱乐休闲活动偏少、公共医疗卫生条件差等。同时，进驻社区的公共服务机构少，新塘街社工服务站虽会到该社区开展服务，但其本身开展服务范围大、任务重，难以照顾整个社区。

---

① 资料来源：广天社区服务与研究中心。

二是商业服务多样，但在儿童照顾和教育方面的服务不足。凌塘村内部有密集的商业服务网点，基本生活条件供应充足，但在儿童照顾和教育方面存在服务费用高、商业化程度高、不重视儿童的综合成长等缺陷，对儿童的全面发展缺乏支持。

三是社区邻里互助网络缺乏。社区居民大都抱着"过客"心态，邻里关系疏远，公共意识缺乏。

在以上问题的背景下，凌塘村社区随迁儿童家庭子女教育和照顾需求就变得十分突出。目前，这些家庭里儿童的照顾和教育工作多数落在妈妈身上，这些社区妈妈通常还要兼顾工作，再加上支持网络的缺乏，使得她们多数存在闲暇时间短缺、精神压力大等问题。

（二）服务目标

1. 直接目标

（1）满足社区随迁儿童的照顾需求。

（2）为来穗家庭提供支持，减轻照顾者（主要是社区妈妈）的压力，优化其儿童教养理念、知识和技能，增进亲子关系，改善家庭生计。

（3）为社区来穗妇女（社区妈妈）提供资助和社区参与支持。

2. 间接目标

（1）通过改善家庭照顾条件，对社区层面造成积极影响，促进居民广泛的互助合作。

（2）拓展性目标，如打造社区厨房等公共社区空间。

（3）促进社区变迁，加强居民对社区事务的参与和对公共议题的讨论，推进社区内性别平等，培养社区骨干分子，推动社区互助和共治共建共享，打造流动人口"落脚社区"。

（4）提供本地户籍居民和外来流动人口相互交流的机会，促进社区融合。

（5）通过对项目实践的研究和总结，传播有益经验，产成社会影响，促成社区长远变化，实现公益行动的社会价值。

（三）服务内容

在社区内依托两个服务站点（社区照顾中心、凌塘新家园）的服务来进行整体性运营。其中，社区照顾中心主要服务于项目的核心问题，即社区随迁儿童的教育和照顾问题；而"凌塘新家园"社区服务则聚焦于改善社区整体环境，加强项目的社区影响力，提高项目成效。

1. 凌塘村社区照顾中心建立与运营

在建立照顾中心之前，凌塘村已经进行了"硬件"和"软件"的筹备工作。"硬件"筹备工作包括项目设计和申请、场地租赁装修、人员招聘、日常运营机制的建立、安全条件的确保以及宣传工作等。而"软件"筹备工作则以社区互助合作社的动员和培育为主。在这之前，凌塘村社区已经培育了"社区妈妈互助合作社"这一社区自组织雏形。在中心的建立过程中，基于社区来穗家庭内部本身已有的互助合作需求基础，社区通过从旁激发、引导等手法，来动员社区妈妈们共同参与项目。中心成立后，提供了3个基本服务内容：午餐和午托服务、晚托服务、亲子早教服务。

午餐和午托服务：培育社区妈妈负责运营中心的午餐和午托服务，同时通过实时社工支持，不停地跟进和改善运营。

晚托服务：由社区妈妈、社区居民兼职人员及大学生志愿者三方共同照顾入托学童、提供功课辅导。

亲子早教服务：链接广州市法泽社会工作服务中心的项目资源，为社区内2~3岁随迁幼童与家长提供亲子早教服务，其内容包括周一至周四上午的课程，以及每月一次的户外亲子教学等。

在三大基本服务范畴以外，中心还为不同的群体提供延伸服务，包括：

对随迁儿童：为有需要的儿童提供个别关注以及包括人际交往工作坊、儿童成长小组、个案跟进等在内的社会工作专业服务介入，开展社区儿童生活自理能力、自信心、抗逆力、团队适应、感恩等能力和品质的综合培养服务，开办家长座谈会积极听取意见等。

对社区妈妈：为社区妈妈提供"时间贫困"干预和性别意识提升服务，通过居民茶话会、彩妆班等服务活动，向妈妈们传达有关社会性别、女性角色的知识，促进其相互交流，培养社区妈妈的兴趣特长和职业技能，优化其生活质量。

对社区整体：中心通过协助社区居民管理和建立线上互助微信群与线下熟人关系网络群，以及组织线下集体活动等方式，帮助社区构建社区互助支持网络。同时，工作人员也通过走访、家访和问卷测试等调研方式，了解社区环境和资源，洞悉居民家庭情况和服务需求，获取居民对服务内容的反馈等。

2. "凌塘新家园" 社区服务

作为社区照顾中心项目的配套服务，同时开设"凌塘新家园"，为社区居民提供各种延伸服务，包括儿童成长和亲子关系培育服务，社区电影、图书借阅等常设文化服务，社区节日及社团文化活动等能力提升服务，以及社区居民议事会、志愿者培育、社区宣传等社区参与度提升服务等。

（四）服务的产出和成效

在本项目中，社区照顾中心服务取得了以下成效：

一是儿童获得直接照顾和综合成长，同时间接辐射影响照顾者和整个家庭，有助于家庭内部和谐。

二是通过社区文化建设、居民组织建设、社区文化活动等服务，凌塘村社区的邻里关系更紧密，居民对社区事务的参与也更加积极了。

三是进一步培育"社区妈妈互助合作社"，增加了男性对家庭照顾工作的参与度，减轻了社区女性的压力，提升了社区整体的性别意识。

四是项目首先通过提供"社区照顾服务"宣传互助合作理念，把"骨架"或者社区照顾中心这一公共空间搭建起来；其次，从居民中培养骨干，提升其实务技能，完善照顾服务及其制度框架；最后，整合更多资源，进一步优化服务。从最后的结果来看，项目帮助社区建立了制度性的互助合作机制，使凌塘村社区朝"落脚社区"方向转变。

（五）服务模式总结及有益经验

1. 服务模式总结

从整体来总结凌塘村社区照顾中心的模式，可以归纳为以下几点：

（1）运作模式上，采用"机构培育、自组织运作、社会支持、社区参与"的方式，形成了社会支持下的内部制度性互助合作。

（2）人员队伍上，以社区妈妈为主，整合兼职人员、来自社区内外的志愿者、高校大学生志愿者等，构建多方协同的工作队伍。

（3）经费结构上，综合低偿自费、公益基金、政府购买、企业支持等多种资助渠道，形成"社会/公益机构—家庭—企业/市场—政府"的"照顾四边形"，搭建出可持续性强的服务平台。

（4）互助合作上，推行"以工换酬"家庭互助合作模式。一边是一些社区妈妈"出钱出资"，将孩子放到互助合作社参加托管，将自己解放出来参加工作；另一边是一些社区妈妈投入时间和精力，"出工出力"，从前者付出的资金中获取酬劳。这样，社区资源可以在社区内部循环流转，不同家庭的妈妈通过互助，达到双赢。

（5）服务内容上，以随迁儿童的社区照顾、综合成长为主，社区妈妈、家庭及社区参与为辅，形成一个重点、多面支持参与的格局。

（6）工作方法上，以专业社会工作的个案、小组、社区工作三大工作方法为参考指引，开展社区公益服务活动。通过综合运用不同的工作方法，达到开拓资源、拓展关系、稳固根基、稳定发展的效果。

2. 有益经验

在实际工作中，以上的模式收到了良好的效果。当然，在实施该模式的过程中，正确的服务策略必不可少。归结起来，有以下几点：

（1）照顾服务以实际需求为本，切实减轻社区家庭照顾压力。大多全职社区家长（妈妈）的下班时间是17：00—18：00，很多还需要晚上加班，而家里的小孩在16：00—18：00就放学了，所以社区儿童有一段"照顾真空"。社区照顾中心晚托服务刚好将这一"真空"补齐，满足了社区家庭子女照顾和功课辅导的刚性需求，解决了社区家长全职上班的后顾之忧，切实减轻了家庭的子女照顾压力。

（2）切中要害，提升学业辅导服务质量。教育是阶层向上流动的主要通道之一。在学业竞争如此激烈的背景下，功课辅导成为家长们关注的焦点。然而，社区家长大多没有足够的时间和能力陪伴和辅导孩子完成功课。瞄准这一需求后，社区照顾中心采用了"社区妈妈+兼职辅导老师

（社区居民）+高校大学生志愿者"的三位一体人员结构模式，招募有一定学历、能够胜任辅导工作、有过功课辅导经历和经验的辅导老师和高校志愿者参与辅导服务，在管理方面则交给最懂需求的社区妈妈，形成了相辅相成的良好局面。

（3）建章立制，组织化制度性互助合作。以"妈妈互助合作社"这一组织化的形式，建立制度性互助合作。先通过社区午托晚托的照顾服务成本计算，制定出统一的低偿收费标准，然后征得社区家长的认可、同意，并在运营过程中公开、透明地展示中心账目，形成良好的制度性合作，巩固了长期有效互助的根本。

（4）多方支持，整合社区内外各种资源。经过三年多的驻村服务，与社区内外的各方建立了稳固深厚的关系，基层政府部门、社区组织、商户、居民、周边其他公益组织和高校都乐意协助机构的工作，达成了资源的整合。

（5）协同参与，充分调动家长积极性。这一方面包括以下数个机制：①机构将照顾中心兼职妈妈同等纳入机构全职社工的督导、集体学习和团队建设之中；②在日常工作中，社工注重对兼职妈妈的"传帮带"，彼此间相互学习、交流、分享，达到共同成长目标；③鼓励、推动兼职妈妈逐渐承担主导角色，尝试独立开展服务工作，提升她们的自信心和实务工作技能；④以兼职妈妈主导，定期举办社区照顾中心家长议事会，邀请儿童的家长参与社区照顾中心的服务工作。这几个机制并用，充分调动了参与项目的家长的积极性。

（6）及时反馈，第一时间调整服务。工作人员会将儿童在社区照顾中心各方面的表现及时地反馈给家长，同时进一步收集儿童的近期情况，及时调整服务。

（7）个别关注，有需要时进行个案辅导。照顾中心对儿童中行为偏差较明显者或所处困境较严重者进行个别关注，专门讨论、商量跟进对策。经过综合评估确实有需要立案的，会进行定期的个案辅导，以及时满足其需要，避免"一刀切"的弊端。

（8）精耕细作，对服务进行全方位记录跟进。在日常的午托、功课辅导及晚托中，工作人员会尽量进行全方面的跟进，个别化地关注每个孩子并留下记录，精细化地了解每个孩子的特点和需求，为工作内容的调整和改进留下丰富的参考资料。

（9）重视多元需求，提供儿童综合成长服务。社区照顾中心整合社区内外的专业资源，开展有关兴趣特长、生活技能、抗逆力、人际交往、团队适应、亲子沟通等多元内容服务，以求满足儿童及其家庭的多方面需要，促进儿童综合成长。

（10）强调性别意识，为社区妈妈提供支持服务。在目前的中国，女性仍然是家庭照顾责任的主要承担者。参加本项目的社区妈妈们多数面临着家庭照顾、工作就业的"双重压力"，处于"母职"与"职业"的角色冲突和平衡困境中。在实践中，项目注重这种冲突，并从多方面提供支持，包括儿童照顾、亲子早教、公益彩妆班（女性议题讨论和能力提升）等多种介入方式，不但有效减轻她们的压力，还能够提升她们的能力，造就良性的社区环境。

（六）未来服务如何改进

凌塘村社区整体在对儿童照顾及相关领域上有着强劲的需求，但不论商业服务还是公共服务，其供给均有不足。凌塘村社区照顾中心试图缓解这种冲突，并在此服务区域中作出了很多探索，其模式已经被证明具有一定的价值，值得在更多的同类社区中进行推广。然而，在具体服务中，该项目仍然存留一些问题。针对这些问题，改进建议如下：

1. 适当加强服务的专业性和运营管理，提升服务质量

现阶段照顾中心的综合服务还不够系统，比较碎片化，出现了资源便利和路径依赖的情况。接下来需要有意识地从机构愿景、服务理念出发，尝试进行有方向的机构发展规划、资源整合，将合适的资源转化并灵活运用，继续抓住培训资源，调整与完善督导方案，积极培养机构员工，提升专业技能。针对专业性很强的个别服务，应积极寻求、整合外部专业资源。

2. 分工明确细化，服务精益求精

随着中心规模的增大，一些问题如秩序维持难度大、中心难以跟上特别关注的需求等逐渐暴露出来。这些问题在一定程度上，可以通过日常管理制度标准化、分工精细化、效率提高化、服务个别化来改善。

3. 整合居民与大学生资源，促进社区内外互助合作

由于高校志愿者的流动性大，难以保证出席率，再加上现在儿童功课的难度普遍提升，居民志愿者较难胜任辅导工作，中心的功课辅导服务仍有不稳定的风险。在现有工作的基础上，仍需要积极动员社区内部居民资源，取优聘用，并改进高校志愿者的招募管理方式，以稳定人员供给。

社区照顾模式所倡导的理念与以儿童需求为本、搭建多元社会照顾网络的社会工作服务目标相吻合，该模式是服务流动儿童、农村留守儿童的有效手段。社区照顾模式的开展需要社区内具有非正式资源，以实现对服务对象的支持和照顾。

社区是儿童社会化的重要场域，回应儿童的多元需求，保障儿童的生命安全与健康发展，建设和谐友爱的社区，无不需要利用社区照顾模式的理念和方法。

社区照顾是家庭照料不足的有效弥补。儿童依赖于家庭，社区照顾模式依托于家庭。一般家庭照料侧重儿童的物质生活，而缺乏对其个人道德素质和心理健康状况等的关注，加上监护人教养能力、思想理念、教育方法等方面若存在缺陷，则更不利于儿童健康成长，因而依托于家庭为处于监管缺失、缺乏抚慰等状况中的留守儿童提供社区照顾，便能有效弥补家庭照料的不足，促进儿童利益最大化。

> **拓展阅读** ....

社区照顾模式在农村留守儿童服务中的应用方法

1. 社区党建引领，整合各类资源

农村留守儿童服务需要基层政府、群团组织、专业社会工作服务机构等各类社会资源共同参与，社工站可在党建引领下，推行社会工作相关理念，携手留守儿童的亲人、邻里，共同织就一张留守儿童关爱之网。广泛

开展宣传动员工作，以"儿童之家"作为留守儿童活动阵地，链接社会爱心资源并为留守儿童提供心理疏导、小组活动、电话慰问等专业服务。凝聚多方合力为留守儿童"在社区照顾"提供保障。

2. 开展多样服务，构建支持网络

社区社会工作者可以情感慰藉为基础，以艺术教育为载体，与学校教学相结合，通过开展多种多样的课外活动、成长小组，丰富留守儿童精神生活，并帮助其构建支持网络。

首先，进行心理疏导，打开留守儿童心结。大部分留守儿童长期无法得到父母的关注和呵护，更有一些孤儿和单亲家庭中的儿童是极度渴望陪伴与关爱的，面对这一群体的情感需求，社会工作者可通过开展个案服务为其进行心理疏导，并建立儿童心理健康档案，通过家庭走访增加对此类儿童的关注。面对一些棘手案例，社会工作者可以链接心理咨询专家资源为其开展心理干预，旨在打开其心结。

其次，倡导课外阅读，拓宽留守儿童视野。引导留守儿童课外多读书、读好书是丰富其精神世界的重要手段。社区开放农家书屋作为留守儿童的课外学习基地，并为留守儿童补充图书资源，社会工作者规范登记留守儿童的阅览信息，并定期对儿童进行奖励，营造比学氛围。链接外部资源，带领留守儿童参观博物馆、爱国主义教育基地等场所，拓宽其视野。

再次，组织兴趣培训，提升留守儿童技能。链接学校资源，联系志愿者到村里定期免费教学，为留守儿童开展书法、绘画、舞蹈、体操等各类兴趣课程，在帮助留守儿童提高艺术素养的同时鼓励他们学会表达、增强自信。

最后，搭建支持网络，实现留守儿童互助。社会工作者可运用多种形式引导留守儿童助人与互助。例如，为具有相似困难和问题的儿童开展互助小组，组织成绩优异的儿童和有学习困难的儿童结对互助，邀请学有所成的留守儿童为弟弟妹妹们分享经验，带领留守儿童为村子里的其他困难人群开展力所能及的服务等。类似活动的展开，有助于提升留守儿童的自我效能感，同时帮助其搭建互助支持的网络。

3. 为照顾者赋能，提供喘息服务

在社区照顾模式中，家庭照顾者发挥着极其重要的作用。根据家庭照顾者的实际困难和需求，为其提供服务非常必要。社会工作者可从三个方面为家庭照顾者赋能：

首先，更新教育理念。定期邀请教育专家为家庭照顾者提供教育知识讲座、素质提升课，为其答疑解惑，帮助其反思自身的家庭教养观念，倡导科学的教育理念。其次，协助链接资源。从政策、物资、心理援助等各个方面为家庭照顾者链接资源。社会工作者要为极端贫困家庭申请低保等政策支持，为困难家庭链接米、油、被褥等爱心物资，为女性照顾者提供育婴师、家政员技能培训和就业帮助，为存在焦虑情绪的家庭照顾者给予心理援助关怀。最后，丰富精神生活。组织家庭照顾者利用休闲时光发展文艺爱好、释放压力，组建文艺队，举办文艺演出，丰富其精神生活。

4. 开展文明评比，巩固优良村风

社区照顾要倡导良好的社会风气，巩固非正式资源的供给基础。通过举办读书、宣讲活动，宣扬社会主义核心价值观、家风家教和乡风民俗。依托各类节日，对身边优秀人物的表彰宣传，掀起尊老爱幼的热潮，巩固优良村风，营造出温暖和谐的社区氛围，为开展留守儿童社区照顾夯实基础。

第7章

伦理困境及应对

社工站在开展儿童服务的过程中，可能会遇到这样或那样的矛盾，可能会遇到两难选择，可能会遇到私人关系与专业关系的冲突，可能会遇到个人利益与部门利益的冲突，等等，以上种种都可能导致伦理困境。而伦理困境又会影响社工站儿童服务的效果和效率。为此，社工站工作人员要了解儿童服务的专业伦理有哪些、在服务过程中可能会面临哪些困境以及如何应对。

第一节 儿童服务的专业伦理

专业伦理是指专业团体针对其专业特性研究发展出来的道德价值观与行为规范，是在该专业领域里工作的理想指南，能够为社工站的工作人员在遇到专业方面的伦理道德问题时提供正确抉择的依据。甚至在通俗意义上来讲，也可以理解为一种"职业道德"。而儿童服务中的专业伦理则是为了帮助社工站的工作人员在面临相关儿童伦理困境时作出更符合专业要求、更贴近服务对象需求与能够助力服务对象实现利益最大化的伦理抉择，从而为服务对象提供更优质的服务。认识儿童服务中的专业伦理是本节的重点内容。

知识链接

社会工作专业伦理有哪些？

王思斌教授在《社会工作概论》一书中把社会工作专业伦理总结为以下几点：社会工作者对服务对象的伦理责任、社会工作者对同事的伦理责任、社会工作者对服务机构的伦理责任、社会工作者对社会工作专业的伦理责任、社会工作者对全社会的伦理责任。对于社工站的一线工作人员来说，最为关键的是要了解对于服务对象的伦理责任。首先要遵守对当事人的承诺和尊重服务对象的自决权。其次要在自己能力范围内提供服务，妥善处理工作过程中可能发生的利益冲突。再次要尊重服务对象的隐私权并加以保护。最后要谨慎对待与服务对象的肢体接触。

一、儿童服务专业伦理——尊重儿童

社工站的一线工作人员，在进行儿童服务时，首先要做的就是与儿童进行交流，构建专业关系，取得儿童的信任，而其中最关键的一点就是要学会尊重儿童作为个体的尊严和价值。那么如何尊重儿童就成为一线儿童社会工作者的必修课。第一，由于服务对象都是未满18周岁的孩子，所以在服务中，需要作出影响儿童自身的决定时，社会工作者必须将孩子看作独立个体，让儿童感到获得尊敬和平等对待，让儿童参与影响自身的决策。这一理念说易行难，它需要一线社会工作者发自内心地尊重儿童。第二，在针对困境儿童的服务过程中，创造条件让儿童自主发展自己的能力和天赋是具有关键意义的。儿童社会工作者需要针对困境儿童的特殊情况和自身长处，思考如何去激发儿童们的天赋。第三，社会工作者需要在尊重儿童意愿的前提下去协助他们做好阶段计划和人生规划。

案例分享

尊重才能更好地释放儿童的天性

桐桐8岁时，桐桐妈妈在育儿书籍的影响下意识到桐桐应该多交朋友，所以总是特别热情地拉着她跟别的小朋友打招呼，拉她加入一些小朋友玩耍的游戏中。可桐桐偏偏不爱说话，也并不想玩游戏，有时候桐桐妈妈甚至代替女儿讲话和玩游戏，可桐桐总是默默地跟在后面。桐桐妈妈发现桐桐一个人的时候竟然不知道自己玩什么，而且特别在乎别人是否把她当朋友。甚至桐桐在上幼儿园之后，经常说不想去幼儿园，因为没有好朋友。桐桐妈妈找到了社工站的儿童社会工作者小王，小王通过引导的方式让桐桐妈妈意识到强迫孩子交往已经给其带来了深深的焦虑和不安，并指导桐桐妈妈尊重儿童的自我选择，慢慢引导桐桐自己玩耍，培养桐桐自己的兴趣爱好。桐桐妈妈的转变也带来了孩子的转变，桐桐变得越来越自信，开始学习自己喜欢的舞蹈，跟小朋友打招呼也变得很自然亲切，身边的朋友也逐渐多了起来。每个孩子有他独特的个性，他需要按照自己的节奏成长，父母只要适宜呵护就好，而不是去干涉甚至包办他的人生。[①]

案例点评：

通过上述案例我们发现，孩子各有不同，教育没有统一标准，更不可能从书本中找到适合每个孩子的方法。家长与其抱着书本焦虑，不如蹲下来倾听孩子的心声。只有尊重了孩子，孩子才会获得安全感和自信，自然而然地学会交往。所以社会工作者在进行儿童服务的过程中，要充分和家长进行沟通，在保证儿童安全的前提下，尊重儿童的天性，激发儿童的潜能。

二、儿童服务专业伦理——接纳

在社会工作领域，接纳意味着接受、宽容和尊重，不因其种族、性别、年龄、职业、社会地位、政治信仰、宗教信仰、生理心理残疾等方面的差别排斥既有和潜在的服务对象，或者拒绝为其提供服务。当然，接纳并非意味着我们总是要统一他人的价值观或者我们要放弃自己的价值观去迎合服务对象的价值观。而在儿童社会工作领域，我们同样要以宽容接纳的心态去对待那些儿童服务对象，不能因为其个体的差异，就对服务对象产生歧视、偏见、刻板印象等，要对其尊重、接纳并竭尽所能为其提供优质的儿童服务。

---

① 文档之家. 尊重才能更好的释放天性 ［EB/OL］. http：//www. doczj. com/doc/fe11189733. html.

陪你改变，"益童"成长

——困境儿童的社会工作介入服务

服务对象：Y，女，生于 2009 年。性格孤僻内向，不爱动，不喜欢与人交流，智力残疾 3 级（有证），从 2018 年 6 月开始不愿说话。目前和爸爸、姐姐三个人一起生活，是村中的贫困户，家庭关系复杂。亲生母亲在她很小的时候已经改嫁。父亲年老，对待 Y 比较冷漠。Y 从小在一个母爱缺失、父亲不关心、姐姐嫌弃的家庭环境中长大。

社工站的儿童社会工作者小李接到求助后，在进行接案和建立关系时，遇到了很多伦理和生理上的困境。比如，小李从村民以及村干部口中了解到村民对服务对象的家庭比较排斥，与之来往甚少。而对服务对象的父亲，村民更多的是觉得他人品有问题，罪有应得，不值得同情。而且，村民觉得服务对象是个"傻子"，不可能会有改变。而这些标签、歧视和刻板印象对于小李也是一种挑战，她要摒弃这些偏见才能真正接纳小 Y，从而帮助她走出困境。

当社会工作者小李初次到服务对象的家里走访时，一个瘦小的穿着邋遢的小女孩映入小李的眼帘：头发蓬乱，衣服破烂，皮肤充满污垢。且她的行为异于常人，在小李走进她家里的时候，她瞪大着双眼，神情冷漠。当小李主动上前和她说话时，她用身体作出了反抗：嘴巴喃喃并用力扭动着自己的身体表示抗拒。就这样，小李与服务对象的初次交流陷入了困境。

社会工作者小李内心的纠结：看到服务对象的情况以及听到村民的反馈，社会工作者陷入了沉思，对于服务对象这样的家庭是否应该介入呢？对于服务对象这样的孩子她又能做些什么呢？虽然服务对象父亲个人口碑不好，村民也比较反感，但是社会工作者真的能做到无动于衷，任由服务对象"自生自灭"吗？从个人情感的角度来说，这是一个很大的难题。面对困难时的犹豫和纠结是每一个普通人正常的表现。

小李最终毅然选择了接纳，也就是接受、宽容和尊重服务对象 Y。作为一名儿童社会工作者，从专业使命的角度出发，小李不能也不会因为服务对象的差别而排斥既有和潜在的服务对象。经过再次的接触之后小李便开始制订详细的服务计划，链接政府和政策资源，结合 Y 的个人困境和家庭困境，运用社会工作专业方法来帮助她挖掘潜能、走出困境。①

三、儿童服务专业伦理——非评判

非评判原则，是个案社会工作中的一个原则，指的是社会工作者应与服务对象讨论其想法、感受与行为，而不应随意评价、指责和批判服务对象。而在儿童服务的过程中，理解并真正帮助儿童，需要严谨分析和理解其行为背后的思维逻辑，而不是以自身意见为标准去评判或责备儿童，在服务的全过程都应保持非评判态度。作为儿童社会工作者，应当在服务中始终坚持非评判的态度，进而充分意识到儿童具有权利和需要，将儿童看成是独立个体。每个孩子都有独特的生活背景、思想、个性从而产生个别差异，一线儿童社会工作者需要全面考虑儿童的个别化特点和不同需求从而寻求合适的介入。

例如，面对一些与社会工作者价值观念相冲突或者违背社会伦理秩序的人的时候，社会工作者不能指责和批判服务对象的思想价值观念，更不能以自己是正确的姿态去教育和评价服务对象，要尊重儿童并真正理解儿童的想法和背后的本质逻辑，从而在真正意义上为儿童解决相关的问题，在实际上帮助儿童走出困境，拥抱理性，挖掘潜能。

四、儿童服务专业伦理——自决

自决即自我决定。在社会工作中，自决更多是针对社会工作者而言的。由于其地位关系，社会工作者很容易替服务对象决定，犯越俎代庖的

---

① 邂逅社工. 陪你改变，"益童"成长——困境儿童的社会工作介入服务［EB/OL］. https：//view. inews. qq. com/a/20210722A0BG6000.

错误。自决就是提醒社会工作者要尊重服务对象的自我选择和自我决定的权利。而在儿童社会工作的实务过程中，儿童社会工作者有义务向儿童提供必要的信息，与此同时儿童也有自己作出选择和决定的权利和需要。社会工作者应协助儿童作出决定而不是替儿童作出决定，应尊重儿童的自我选择和自我决定权。当然这种自由权利受到儿童的年龄、能力，法律和权威、成文的规范等限制。如果服务对象无法作出决定，可以考虑与其监护人进行协商，由其共同进行自我决定。

五、儿童服务专业伦理——保密

社会工作保密原则是社会工作伦理中的基础原则，是指社会工作从业者有责任和义务保护服务对象的隐私权。在儿童服务过程中，儿童很容易对社会工作者产生信任，并把社会工作者当成朋友，一旦儿童发现社会工作者没有保守秘密，会迅速对社会工作者失去信任，并排斥后续的相关服务。而且儿童在认知、情绪、行为，特别是在理解和行为当中是不成熟、无法对应权责关系的。在这种服务过程中，监护人对被监护人享有监护权和知情权，此时儿童社会工作者对儿童承诺的保密原则和儿童监护人的监护权、知情权之间便有可能产生冲突。

例如，服务对象儿童小郭出于信任，希望社会工作者小王对某事项保密，但是社会工作者小王不告知监护人可能会造成不利后果，这是儿童社会工作者在服务过程中经常遇到的一个伦理难题。面对这一难题，社会工作伦理的回应是保密原则并不是绝对的。社会工作者在坚持保密原则时需要考虑不遵守保密原则的特殊情况。美国社会工作者协会伦理守则中指出，当披露资料可以防止给当事人或者其他可以确定的人造成严重的可预见的近在咫尺的伤害时，社会工作者可以打破这个原则。

六、儿童服务专业伦理——安全的重要性

无论在什么样的情况下，保证儿童的生命安全是第一要义。由于儿童安全意识淡薄、自我保护知识匮乏等原因，儿童的生命安全和身心健康时时受到威胁。儿童社会工作者应该配合老师家长多开展安全系列宣传普

及、教育培训活动，改善有关设施，提高广大儿童安全应急技能和相关场所的安全管理水平，从而更好地促进少年儿童的安全健康成长。而为了防止儿童遭受侵害，社会工作者要树立正确的价值观，要有道德底线和专业素养，在保障儿童安全的同时帮助困境儿童解决问题。

第二节 儿童服务常见伦理困境类型

儿童社会工作的开展之所以会出现伦理困境，主要是因为服务对象自身的特殊性和社会环境以及社会价值认同等方面的影响。而在儿童服务过程中，最为常见的伦理困境主要为以下几种：双重关系的困境、多重利益的困境、服务对象自决的困境、保密的困境、价值中立的困境。而本节的重点就是通过实务案例去认识和分析这些伦理困境类型。

知识链接

儿童社会工作为什么会出现伦理困境

儿童社会工作的开展之所以会出现伦理困境，主要有如下两个原因：第一个是服务对象自身的特殊性。儿童作为特殊的关爱群体，他们的社会阅历比较少，在成长过程中遇到各种烦恼和困惑时，不同的儿童个体表现出的差异很大，出现伦理困境和这类受助对象自身比较特殊相关。第二个是社会价值认同以及社会环境等方面的影响。不同的社会价值观，对待工作的态度也不一样。社会工作者在社会生活中扮演着多重角色，他们在成长的过程中以及为儿童提供服务的过程中，难免会受到个人主观因素等影响，在作出相关决定时和儿童的意愿可能存在冲突，进而导致出现伦理困境。①

① 刘冰兰，张淑萍. 儿童社会工作的伦理困境及解决策略初探 [J]. 办公室业务，2021（10）：49-50.

一、双重关系的困境

社会工作专业关系中的双重关系可以理解为：专业人员在同一时间与服务对象可能存在不止一种关系；由于人的社会性，社会工作者与服务对象除了专业关系之外，还可能存在一些其他的私人社会关系。中国作为"人情社会"，人和人之间的关系是在交换中建立和巩固起来的，通俗来说就是"人情关系"。服务对象一般很难将社会工作者看成专门的工作人员，都希望与社会工作者建立良好关系。特别是心理和生理都并没发育完全的儿童，在接受社会工作服务的过程中，无法避免地会对社会工作者产生依赖感和亲近感，并且难以接受服务的结束产生服务结果倒退的情况，以此来拖延服务结束的时间。对于社会工作者来说，要尽量避免多重关系的产生，在保护服务对象利益最大化的前提下，小心地处理多重关系，避免伤害服务对象。

在儿童社会工作实务中，儿童成长的特点与需求使他们难以直接接受突如其来的专业关系。因此，社工站的儿童社会工作者与儿童建立专业关系时往往都是通过与之建立友好的"朋友"关系来实现的，这种"朋友"关系更容易给儿童带来信任感和安全感。在做儿童实务工作的过程中，社会工作者既是服务提供者又是服务对象的"朋友"，这很容易让社会工作者陷入双重关系的伦理困境。所以在这些具体情境下，儿童社会工作者在遵守伦理守则的前提下也应该有自己的专业判断，既不能死板地恪守专业关系，也不能一直以"朋友"关系代替专业关系，以免和儿童及家长产生私人情感或利益纠葛，违背专业伦理。

案例分享

儿童与社会工作者是"朋友"吗

小亮今年读小学三年级，父母一年前因为感情破裂而离婚，小亮被判给母亲抚养。母亲将所有的希望寄托在小亮身上，所以对小亮的管教非常严厉，小亮稍微做错一点事情，张女士就对其严加斥责，渐渐地，对小亮的打骂成为家常便饭。最近，因为单位效益不好，张女士面临下岗，而小亮的父亲则因为经商失败，开始拖延支付抚养费用。学校班主任发现小亮在学校里也开始对同班同学使用暴力，并且经常撒谎、不交作业。班主任联系了学校社会工作者小郭来为小亮提供儿童社会工作服务。小郭与小亮在两个月内进行了多次面谈。社会工作者小郭运用同理心、尊重等社会工作专业方法对小亮进行了心理治疗，给予了小亮关心与温暖，并调解了小亮的父母与小亮的关系，与老师一起经常鼓励和引导小亮，让小亮变得不再暴力和撒谎。但是，通过这段时间的相处，小亮对小郭产生了一种类似"哥哥"的情感，在情绪上很依赖小郭，有任何烦心事第一个想到的就是小郭。当得知服务快要结束时，小亮情绪异常低落，每日无心学习，陷入了新的困境。虽然小郭答应时常回访，但是小亮就是不自觉地陷入情绪低谷，自暴自弃。

我们从以上案例能够发现，社会工作者与服务对象之间一旦形成双重关系，不仅会影响社会工作者的专业性而且会影响服务对象的独立性。而在儿童社会工作中，很难完全禁止这种双重关系的产生。没有与儿童建立亲密的"朋友"关系是难以让儿童信任社会工作者的。而面对长期相处所产生的情感又很容易让本来就心理素质不强、认知不全面的儿童分辨不清，最后可能会因为双重关系对儿童造成伤害。这样的双重关系无论对服务对象还是社会工作者都会造成困扰。

二、多重利益的困境

在社会工作服务的过程中，社会工作者需要对多方的利益负责，这使得社会工作者容易陷入多种利益主体无法达到平衡的困境。当然，社会工作者在提供服务时最为重要的就是以当事人的利益为主，并维持多方的利益平衡。

国际上对多重利益困境也有明确的指导。美国社会工作者协会（NASW）伦理守则规定："一般情况下，应当把当事人的利益放在首位。"

联合国《儿童权利公约》规定："必须首先考虑儿童的最大利益。"由此可见，服务对象利益最大化，是社会工作者需要优先考虑的事情，但在实际的实务操作过程中，需要面对服务对象、村（社区）、政府部门、社工机构等多方主体的利益，社会工作者难以平衡相互之间的利益关系。对于儿童社会工作者而言，他们往往面对诸多的利益主体，既需要接受所属机构的专业化管理，为服务对象或服务机构提供相关的服务事项，确保机构达成既定的利益目标，又需要严格按照国家相关的法律法规等实施相关的工作，切实对儿童的利益予以维护。有时候，两者之间难以得到全面平衡，一旦发生利益主体冲突，将不利于提高儿童社会工作的开展质量和服务水平。

所以在儿童社会工作实务中，面对多重利益困境，首先要以儿童的利益为首，在保护好儿童利益以后巧妙地平衡机构、政府、投资者等利益主体之间的利益关系。专业儿童社会工作者及其所属机构需要和当地政府部门如区、街道办事处以及下属社区共同协商和努力，才能真正拓展儿童社会工作在基层的服务空间和专业领域，才会让社会工作的专业性带来价值。

三、服务对象自决的困境

在社会工作实务中，社会工作者有一定的义务去尊重服务对象作决定的权利，或肯定服务对象自我决定的需要，并进而引进各项适当的社会资源或倚重其个人的力量，使服务对象在适当的时候作出适当的决定。而在儿童服务中，社会工作者在为困境儿童提供专业服务的实务过程中，让服务对象自己作决定是非常重要的。但大多数情况下，由于困境儿童的心智还不成熟，对周围环境的认知亦不全面，并且因其特殊的经历相比其他儿童更加敏感和不自信，很难作出自己认为正确的决断。

事实上，儿童社会工作者在服务中会频繁面对此类冲突，同时又在专业服务范围内很难作出伦理最优解。比如在"爱伴童行"项目的具体服务中，会遇到一些学习方面较为困难的孩子，他们在和与他们"交心"的儿童社会工作者们交谈时，会吐露心声说不愿意继续学业。此时对于儿童福利社工而言就面临一个伦理两难，社会工作者必然会意识到终止学业对于儿童未来可能带来巨大的打击，那么是尊重孩子的自我决定还是采取别的做法引导孩子就显得非常重要了。

鉴于这类困境儿童的特殊性，社会工作者在进行伦理抉择时应更加理智且全面地思考；在澄清相关问题的过程中应尽可能采用个案对象更能接受的语言及用语习惯，让其尽可能懂得需要进行抉择的相关内容；社会工作者所陈述的语言习惯不应具有较强的个人色彩与倾向性，切记不可引导服务对象作相关选择；在服务对象作出的决断不违反社工相关伦理、规范要求和法律法规的前提下，社会工作者应尊重服务对象的决定。

但是，当服务对象面临危机的时候，社会工作者还可以遵循服务对象自决原则吗？例如，一位服务对象是刚刚被救下来的自杀少女，但被救之后，她仍然想自杀，这个时候还能让她自决吗？或者，一位还没有成年的花季少女怀孕，不知道孩子的爸爸是谁，毅然想把孩子生下来，这个时候社会工作者可以不考虑她生下孩子所要遭受的困境与挫折吗？所以，社会工作者在面临危机的时候，不再是协作者的角色，这时候不能再盲目遵从服务对象自决原则，而是必须迅速进行危机干预。而对于儿童来说，社会工作者必须充分考虑其心智成熟度、行为能力以及他们所作决定的危险程度，最大限度保障服务对象的生命和权益。

自我决定是社会工作实践中必须遵循的原则，但由于儿童社会阅历尚浅，因而儿童社会工作者会遇到学校、家长的决定与儿童自己的决定有所冲突的情况，或因儿童的部分能力受限而完全由学校和家长作决定的情形，使自我决定原则受到挑战。

四、保密的困境

保密原则是社会工作实践中的一个重要伦理原则。然而，在儿童社会工作的具体实务中，由于儿童在认知、理解及情绪与行为控制方面尚未成熟，父母对儿童有监护权与知情权，因而儿童社会工作者在服务中面临着保密原则与儿童家长的监护权与知情权之间的冲突。由于儿童服务多是嵌入其他行政体系中开展的，因此保密原则会受到更复杂的挑战。服务中，如果司法机关要求获得服务对象的资料，这会成为一个两难选择。

在社会工作过程中，保密原则并不是绝对的。作为儿童社会工作者，需要意识到必要时需打破保密原则，比如在涉及相关伦理规范及法律要求时，社会工作者需要作出自己的价值判断。但同时在具体情境中需要细致思考和仔细考量如果披露了真相有可能会给服务对象带来什么样的伤害，这种伤害能否避免，如何在不能避免的情况下使伤害最小化。

而在给儿童提供社会工作服务时，部分儿童社会工作者轻视保密原则，他们认为儿童的秘密称不上真正的秘密，因此会有意无意地将服务对象的信息泄露，比如将服务对象的事情讲述给家长或者监护人，有时候会牺牲服务对象的隐私以得到问题解决。但是服务对象儿童也会因为隐私的泄露而对社会工作者失去信任，并因此重新陷入新的困境。面对服务对象儿童所告知的秘密，在不违反法律法规和相关伦理规范的前提下，社会工作者应该根据价值判断、从服务对象利益出发，尽可能地严格保护服务对象的隐私。同时，社会工作者应当承认社会价值取向的多元性，一千个读者就会有一千个哈姆雷特，不同的人对不同的事会有不同的看法，所有的事情不是非黑即白。一些观念的差异就可能会导致不同的人对同一个事有不同的看法，对待不同的人也不能按照统一的尺度来衡量。因此，社会工作者不能因为服务对象的价值观与自己的价值观相违背，就将服务对象的隐私泄露，违反保密原则。①

> **知识链接** ....

儿童社会工作者对待保密原则的错误情境

保密原则强调社会工作者应当尊重困境儿童的隐私权，在未获得服务对象同意的情况下，不可将通过专业关系所获得的服务对象信息资料向他人透露。儿童身处困境时，对自身周边环境及他人表现尤其敏感，很在意

---

① 王梦娟. 儿童社会工作实务的伦理困境及其解决方法［J］. 区域治理，2019（47）：232-234.

他人对自己的看法。故需要通过实务过程中的错误示范来反思如何避免对儿童造成隐私泄露的困扰。

错误情境：1. 在实务工作过程中一些社会工作者时常将相关个案的特殊信息在机构内私下探讨，或者为工作的便捷对提供服务的志愿者透露一些服务对象的特殊家庭情况信息。一旦他人获知后不经意地向服务对象提起，会对其造成困扰，甚至会给其留下一定的心理创伤。2. 地方政府或村（社区）对困境儿童提供一系列帮扶的服务过程为其对外宣传提供了样本，服务对象的情况记录和对外宣传过多，一定程度上虽对其社会救助工作宣传产生了助力，但在此过程中却对服务对象的信息过多披露，使服务对象隐私权受到损害，严重违背了社会工作伦理中的保密原则。

五、价值中立的困境

知识链接

价值关联与价值中立

马克斯·韦伯的价值关联与价值中立是社会科学研究中同时并存的两个方法论原则，它们既对立又统一。价值关联强调的是社会文化价值对科学研究者的制约作用和科学与社会价值体系的某种统一性。也就是说，社会科学既是一个具有独立的价值系统的活动领域，又是一个具有社会价值系统和文化取向的领域。而价值中立强调的是在科学研究中划清描述事实与提供规范性建议的界限，即在科学结论中不作评价判断，彻底清除形而上学和哲学世界观的影响。而在社会工作领域，价值关联（价值相关）是指在社会工作者为服务对象提供帮助时，把自己个人的情感、认知、价值观输出给服务对象，并且影响到了整个服务过程，对服务结果造成了一定的影响。社会工作者的职业守则要求社会工作者在进行服务的过程中要严格遵循守则的内容，不能出现越轨行为。但是在进行服务的过程中，对于一些特殊情况，身为社会工作者却也会出现价值关联的行为。

社工站
儿童社会工作 怎么做

一般来说，我们所理解的社会工作价值中立，是指在服务过程中，社会工作者不会强加个人的价值判断。但是，随着社会工作实务的发展，我们注意到，仍有一些关于价值中立的重要问题需要思考。

因为社会工作者也是人，人性是人的固有属性，人类不可避免地会一直保持着一系列的价值中立。价值中立犹如公平一样只能是相对的，不能是绝对的。一些社会工作者在面对实务中的一些特殊状况时，一面拿着伦理守则来要求自己，一面又觉得如果完全按照伦理守则照本宣科违背了良心道德，这就产生了一种有关价值中立的伦理两难困境。对于现在的社会工作伦理守则，大多是从美国借鉴而来，由于历史久远可能并不符合当代的价值观念，也存在不符合中国国情的情况。对于重新修订的社会工作者伦理守则，它也只是大范围圈出条框，对于在实践中不同的服务对象、不同类型的状况、诸多方面的困难，守则中并没有给出详细的解答。在面对这种困境时，社会工作者往往很难去解决，但是身为一名社会工作者，首先他一定是一位有服务志愿精神的人。完全的价值中立在社会工作实务中是不存在的，适当的价值介入也是必然的。所以，社会工作者在实务过程中，不能死板地用社会工作伦理守则来要求自己，要根据服务对象的实际情况去开展助人活动。①

案例分享

社会工作者对服务对象的价值影响

服务对象小陈，13岁，父母早年因车祸去世，跟着72岁的爷爷生活，家庭条件很差。小陈在学校里跟同学吵架甚至斗殴，其内心比较自卑、敏感。社会工作者小方在介入服务对象服务的过程中认真分析小陈的问题，制订详细的计划，同服务对象建立了比较良好的关系。但是在此期间，小陈很崇拜小方，时常被小方的价值观和思想影响。小方也乐于帮助服务对

① 徐冉. 社会工作实务中价值中立的伦理困境研究［J］. 法制与社会，2020（20）：116-117.

象小陈对其学习与生活中不理性的思想进行矫正，并以自己的亲身经历和价值观念来教育和劝导小陈，试图要小陈按自己的价值观去改变自己。

案例点评：

价值中立要求社会工作者在服务过程中需保持客观、中立的态度，充分尊重和接纳服务对象的价值观，不对服务对象所持有的价值观作出评判，也不将自己的价值观强加给服务对象。^① 在本案例中，社会工作者小方对小陈的问题进行了专业客观的评估，并制订了详细计划。但是在后期面对小陈的逐步依赖，如何保持价值中立，如何维持接纳和非评判，对社会工作者小方而言是一个难题。社会工作者在实务过程中，对服务对象的服务是一个双向互动的过程，在此过程中社会工作者的价值观和服务对象的价值观相互交流和碰撞。社会工作者小方试图要小陈按自己的价值观去改变自己，这在一定程度上是以自我价值尺度对小陈所持有的价值观进行一定的评判，同时基于自我生活经历直接给予小陈相关建议。这是不恰当的自我披露，一定程度上会对小陈的价值选择产生影响，是社会工作者对服务对象价值介入的表现。儿童社会工作者如何在正确接纳的过程中处理好与服务对象的价值观冲突，以及恰当地自我披露，减少对服务对象的说教和价值介入，适切地引导和帮助服务对象，这也是儿童社会工作实务中面临的伦理困境之一。

在进行儿童社会工作服务的过程中，社工站的社会工作者们同样会面对价值中立的两难困境。当儿童的部分价值观与社会的普遍价值观产生冲突时，儿童社会工作者很容易情不自禁地向儿童输入自己的价值观。因为儿童作为正在进行社会化的人群，需要接受正确的价值观，但这一行为违背了社会工作中的价值中立原则，会让儿童社会工作者陷入两难困境：保持价值中立，会看着儿童走入歧途，而进行价值输出，会违背价值中立。其实社会工作者并不是为了社会工作而存在，而是为了尽可能地去帮助服

---

① 杨红丽. 浅析社会工作伦理困境及抉择：以信访个案为例 [J]. 法制与社会，2018（2）：145-147，158.

务对象解决问题而存在。所以处在价值中立伦理困境中的社会工作者，一定要着眼于为服务对象提供因地制宜的服务，而不是纠结于书本上的死条款。社工站的工作人员只要是在儿童服务过程中尽量地做到价值中立，合乎情理地价值介入，而不是强行将自己的价值观灌输给服务对象，就是最好地为服务对象提供服务、排忧解难。对于完全的价值中立，我们可以把它当成一种追求，不断地警示自己，以便更好地服务服务对象。①

第三节　儿童服务常见伦理困境应对

对于一线儿童社会工作者来说，在认识和理解儿童服务的专业伦理和常见的伦理困境类型后，就要学会在具体的儿童社会工作实务中应对伦理困境。在解决伦理两难问题时，儿童社会工作者最本质的思路就是一定要行动。社会工作者的实务属性最终体现在其行动中，只有不断地进行实务工作和具体操作才能真正解决问题。而具体行动时一定要以专业原则为基准，在专业范围内参照原则以及这一原则下的优先次序，结合具体情况考量后采取行动，这是在儿童服务实务中面对伦理困境时的较优解。本节主要通过案例、参考抉择原则和优先次序来讲述面对儿童服务常见伦理困境时具体的解决方法。

知识链接

伦理困境抉择原则和优先次序

在面对儿童社会工作服务时，社工站的一线社会工作者应提高自己的专业知识与专业素养，并树立正确的价值观，同时对儿童这一服务人群有自己独特的了解和服务方法。华东理工大学社会工作系教授范斌在儿童服务中可能遇到的伦理困境问题中提出：身为专业社会工作者，在面对实务

---

① 巫艳丽. 困境儿童社会工作实务中的伦理困境及对策探析——基于×机构困境儿童个案分析［J］. 社会与公益，2021，12（3）：62-65.

工作时，不仅要具体情况具体分析，而且需要遵循以下伦理困境抉择原则和优先次序：

1. 保护生命原则。
2. 完全平等与差别平等原则。
3. 自主自由原则。
4. 最小伤害原则。
5. 改善生活质量原则。
6. 真诚原则。①

知识链接

伦理困境抉择的步骤

在儿童社会工作中，特别强调儿童的自治权。如果家庭没有看护好儿童的利益，政府将承担起养父母的责任，根据儿童的能力和心智成熟程度，让他们参与决策。20 世纪 90 年代，国际社会工作界的伦理专家曾提出了伦理决定的一般步骤，供社会工作者在实践中参考。

1. 认识案件的伦理问题，包括分析社会工作者自身的价值观、责任和义务。
2. 正确认识伦理行动的各个过程以及参与其中的人，分析可能存在的利益和风险。
3. 深入了解支持或反对作出有关伦理决定的理由。
4. 向同事和适当的专家进行咨询。
5. 作出伦理决定并记录决定过程。
6. 监督和评价伦理决定。

---

① 范斌. 儿童社会工作伦理困境及处理 ［EB/OL］. https：//www. sohu. com/a/ 421080747_ 120055063.

一、双重关系伦理困境的具体应对

社会工作伦理要求社会工作者同服务对象之间建立专业关系，并把握好专业关系界限。专业关系界限模糊会使得社会工作者所提供的服务失去一定的平等性和专业性，处理不当也会损害同服务对象之间的服务关系。所以社会工作者应该保持一定的敏锐性，不能混淆专业关系和私人关系。

案例分享 ....

选择私人关系 or 专业关系

社会工作者 A 是××市 S 中学的驻校社会工作者，由于在 S 中学开展了"防止儿童虐待"的小组活动认识了服务对象 G。服务对象 G 是一个 13 岁的初一女生，在小组活动过后找到了社会工作者 A，哭诉了她一直以来受到的严重虐待与侵犯。原来服务对象 G 从 10 岁开始每天被喝醉酒的父亲用皮带殴打虐待，甚至遭到自己父亲的性骚扰。其母亲也因此离婚跑路不再管她。她主动向社会工作者 A 展示身上众多的皮带伤痕以及自己自残留下的伤痕。A 在了解服务对象 G 的情况后，立即对其展开了儿童社会工作服务。在服务过程中服务对象 G 对 A 产生了移情，把 A 当成自己的好朋友，并强调自己只跟 A 说过此事，若跟其他任何人说她的事情，便不再当 A 是朋友。此外，服务对象 G 对社会工作者 A 的倾诉是基于把 A 认定为私人的朋友关系，甚至曾让 A 给她买零食吃。所以社会工作者 A 在面对专业关系和私人关系混合的时候，陷入了双重关系的伦理困境。"当社会工作者和服务对象产生超过一种以上的关系，不论是专业的、社交的或商业的关系，均是双重或多重关系。双重或多重关系可能同时存在或接连发生。"

在上述案例中，服务对象 G 主动将自己被虐待的事件与社会工作者分享，把社会工作者当成好朋友，进行了一种情感的寄托与依赖，让社会工作者陷入了伦理的困境。作为社会工作者，首先，应该秉持保护生命原则，先保障服务对象 G 的生命安全，联系公安机关和社区对服务对象 G 的父亲进行批评教育和严重警告，防止服务对象 G 继续遭受侵害。其次，在面对此类伦理困境时应该认真分析自己的价值观和界限感的保持是否存在问题，需要找到一个合适的机会，认真地向服务对象澄清自我的专业角色及服务过程中的专业原则，同服务对象阐明会秉持公正、平等原则为其开展服务，但双方之间并非朋友关系，只能为其提供专业相关的一切帮助。最后，社会工作者也应增强自身素质，强化对双重关系的警觉性和敏锐性，也可以及时与督导进行沟通请教，做好自我角色的澄清和角色规范。

二、多重利益伦理困境的具体应对

在儿童社会工作过程中，难免会面对来自多方主体的利益需求，而社会工作者以什么样的标准和方式去平衡多方之间的利益关系也是一个常见的伦理困境。下面从实际案例出发进行具体应对。

案例分享

服务对象的利益与其他利益方冲突时如何选择

小童，男，12 岁，就读于 A 学校初一年级，是 B 社工站的个案服务对象。在小童一岁时，其父亲外出打工时因车祸去世，母亲在父亲出事后出走至今未归，后小童与爷爷共同生活。爷爷，80 岁，肢体残疾二级，基本丧失了行动能力。小童的家庭基本没有收入来源，属于低保户，全家依靠爷爷微薄的低保金生活。而在日常生活和学习中，小童消极自卑，时常莫名其妙地发泄自己的情绪，没有朋友也不愿意去结交新的朋友，并且厌恶老师，认为老师不理解他，甚至有时候会对自己看不顺眼的同学发动攻击性行为。社会工作者在介入服务对象服务的过程中同服务对象建立了比较良好的关系，甚至服务对象时常会向社会工作者诉说自己的心事，而社会工作者小李也会出于同理心对小童进行情绪的开导。因为家庭原因，服务对象一直是村镇重点关爱帮扶对象，在并未准确进行专业性需求评估的情况下提供相关的服务，服务对象并不了解该服务非服务对象真正所需，使服务对象基本处于被动接受服务的状态。当地相关部门在未经过服务对象许可的情况下便进行了相关宣传，并撰写了相关材料，使得服务对象过度曝光，个人信息泄露，一定程度上对其健康成长产生了反作用。[①]

案例点评：

在本案例中社会工作者陷入了多重利益的困境之中，面对服务对象，社会工作者有责任通过资源的链接、情绪的治疗、政策的扶持等相关专业方法和科学的技巧去帮助服务对象走出困境、激发潜能、健康成长。而机构、村委会、政府部门等也有其利益角度，从而可能产生利益冲突让服务对象的权利受到侵害。从村（社区）利益的角度看，小童的问题具有较强的特殊性，相关帮扶政策需要落实到小童及小童家庭，以便完成工作目标。从政府部门利益角度看，小童的事例为对外宣传提供了样本，对其社会救助工作宣传有利。从社工机构利益角度看，此类个案极具特殊性与代表性，个案的成效一定程度上对机构的综合实力评定有一定影响。而这些利益主体的需求有时会对当事人产生负面的影响。比如未经同意的政府宣传，会让小童本来就敏感脆弱的内心受到二次伤害，也会使其对社会工作者失望，从而产生更悲观的情绪。所以，社会工作者需要有效平衡上述四者之间的利益关系。

社会工作者必须充分考虑服务对象小童、村（社区）、政府部门和社工机构四类不同的利益主体。在平衡他们之间利益关系的过程中，社会工作者需要做好以下几项工作：

首先，社会工作者应该优先考虑服务对象的利益。秉持服务对象利益最大化和最小伤害原则、平等和差别平等原则，保证服务对象最小伤害的同时整合相关有利资源尽量为服务对象争取最大的合法权益。

其次，社会工作者需要遵守无害性原则，即个人价值符合专业价值规

---

① 巫艳丽. 困境儿童社会工作实务中的伦理困境及对策探析——基于×机构困境儿童个案分析［J］. 社会与公益，2021（3）：62-65.

范和法律法规。协助服务对象分析自身所具有的优势，并帮助其搭建社会支持网络，对其进行鼓励，帮助其恢复信心，撕掉标签，重筑与同辈群体的关系，走出困境，发掘自身潜能。同时社会工作者需要遵循自由和自主原则。无论如何，服务对象小童都具有自决权，只要其想法和行为未违反法律法规及社会伦理规范，无论其作出什么决定，社会工作者都应该表示接纳和尊重，不得对其进行自己价值观的输出或批判。

最后，社会工作者应帮助服务对象做好相应的情绪疏导，帮助其走出情绪困境，对生活保持积极的态度。而在保证当事人利益的同时要兼顾好政府、村（社区）及社工机构的利益。在政府利益方面，社会工作者可以联系服务对象小童和政府有关部门人员进行三方协谈，保证服务对象小童的知情同意权，并尊重服务对象自己的想法。如果服务对象小童拒绝宣传，需要联系有关部门删除相关宣传报道并给予一定的赔偿。在村（社区）利益方面，落实相关帮扶政策的同时保护服务对象小童的隐私和信息，防止其因为帮扶政策的公布而更加自卑。在社会工作机构利益方面，遵守社工机构相关理念和价值观的同时可以在服务对象知情并同意的情况下对其个案成效进行重点观察和评估，为机构综合实力的评定贡献一份力量。并且，帮助服务对象小童学习相关法律及维权知识，对不适合的服务学会合理、合规地拒绝，对不合理的信息泄露能够使用法律正确维权。

三、服务对象自决伦理困境的具体应对

服务对象自决强调社会工作者对服务对象的尊重和权益的保障，体现了社会工作对个人的价值、潜能和主观能动性的尊重。社会工作者在困境儿童实务中帮助服务对象自决时，一定要尊重服务对象自身的想法和价值观，同时需要协助服务对象挖掘自身潜能并分析自决的相关问题及自决后的利弊影响。在这一过程中，应始终遵循服务对象利益最大化及最小伤害原则。但由于儿童自我认知和相关能力相对不足，对社会工作者具有依赖性，因此常常会将决定权交由社会工作者。对此，社会工作者应该帮助服务对象对当前问题进行分析，给予提示和引导，鼓励服务对象进行自我决定。

案例分享 ....

埃莉诺·波默应该回家吗[①]

埃莉诺·波默，8 岁，是家里 6 个孩子中最小的一个。由于被确诊患有唐氏综合征，近 3 年她一直住在一所特殊学校里。她在农村的父母、心理学家、教师和社会工作者认为她的功能水平属于中等，但是某些特定的日常活动需要他人协助。

埃莉诺的父母双双工作。他们租了一个两户人家合居的房子，住楼下的公寓。房子坐落在工人家庭的聚居区，离埃莉诺的学校有大约 1 小时的车程。波默夫妇一个月探视埃莉诺一次。过去一年，埃莉诺每个月还回家度一次周末。她回家探访一直进行得很好。埃莉诺和家人都盼着每月一次的探访。

学校的员工感觉埃莉诺现在已经准备好离开学校，重新住到家里。社会工作者让埃莉诺的父母了解了员工们的这一评估结果，告诉他们可以从所在城市的社区得到的资源，敦促他们把埃莉诺接回家。然而，波默夫妇不接受这一提议，他们对目前的安排感到满意，觉得如果埃莉诺又住回家里，会给其他孩子带来太多的负担。社会工作者相信对埃莉诺来说最好的安排是离开学校，恢复更为正常的家庭生活。埃莉诺对又能跟父母和兄弟姐妹生活在一起感到兴奋不已。

案例点评：

在本案例的情形中，伦理上的问题来自运用专业知识与尊重当事人的自决权之间的冲突。那么，作决定要考虑的最重要的准则应该是什么对埃莉诺最好，由谁来决定怎样做对埃莉诺最好？波默夫妇其他孩子的福祉要怎样看待和处理呢？从伦理上看，社会工作者是否有权操纵环境，帮助波默夫妇作出员工们认为对埃莉诺最有好处的决定？在相关的社会工作者伦

──────────────

① 拉尔夫·多戈夫，等. 社会工作伦理：实务工作指南［M］. 隋玉杰，译. 北京：中国人民大学出版社，2005：99.

理守则中是否有什么条款可以帮助社会工作者作出正确的决定呢？

在社会工作实务中，社会工作者在处理问题的过程中如果没有对儿童的自决权予以尊重，没有统筹协调好儿童自决与家长决定两者之间的关系，就会影响处理成效，陷入伦理困境。

首先，我们要明确儿童埃莉诺是我们的直接服务对象，而在儿童相对心智不成熟的情况下，其家长波默夫妇作为监护人，有间接影响服务对象决定的权利。其次，在面对家长决定与儿童自决的冲突时，社会工作者应该先联合家庭、学校、社区共同开展讨论会，公布相关专业人士的有关评估和意见，同时表达儿童的诉求和希望，并对决定的双面评估结果进行阐述，然后结合学校、社区的意见供家长参考。再次，对于儿童埃莉诺，社会工作者有责任运用自己的专业知识和技巧，采取积极行动为其提供必要的条件，增强服务对象的能力，以使服务对象更好地自决。为了更好地帮助服务对象，社会工作者需要分析选择的动机与原因，帮助服务对象了解自身的需要和当下的现实情况，从环境中找出所有可能的选项和帮助服务对象获得相关的且全面的信息。并尽可能链接更多的资源为服务对象提供更多的学习和交流机会，促进服务对象同朋辈群体的交往，增强服务对象的自信心，使服务对象在服务过程中能够更自信地进行自我选择和自我决定。同时真诚地对待服务对象，让其表达真实的想法。最后，社会工作者需要确定服务对象有能力做选择，并帮助服务对象将选择变成实践行为。

四、保密伦理困境的具体应对

保密是一名专业社会工作者必须拥有的专业素养和伦理守则，是指社会工作者应在不违反法律法规、不侵犯他人权益的情况下为服务对象保密，严格遵守保密原则。服务对象对自我合理、合法的隐私享有个人自主权，社会工作者对服务对象隐私保密是对其尊严和人格的尊重。当面对保密和隐私权的困境时，社会工作者首先应避免未经服务对象同意对其相关信息进行披露，其次应按照自由和自主的原则，对服务对象阐明各利益主体采用其信息的合理性和相关信息公开的利弊，让服务对象自我决定是否公开。无论最后服务对象作何决定，社会工作者皆应尊重和接纳。

保密原则需要保密服务对象的犯罪行为吗

在一次儿童服务中，服务对象 H 因为涉嫌盗窃一部手机被公安机关逮捕，且以前还盗窃过好几部手机。但是 H 把社会工作者当成朋友，在无意间说出了此事，并表示自己相信社会工作者。而此时社会工作者陷入了保密原则与情感冲突的伦理困境，对于要不要把这个信息告诉司法人员很纠结。

在不违反法律法规和相关伦理规范的前提下，社会工作者应该严格保守服务对象的隐私。但在本案例中，我们明显发现服务对象违反了法律法规，这就导致本来的保密原则不复存在。此时社会工作者应该正确地作出价值判断，打破这种保密原则，向相关部门反映这件事情。但同时要秉持服务对象伤害最小化原则，认真分析和考虑如何减少真相披露对服务对象的伤害，做好相关的备用方案以防止服务对象受到刺激后产生极端行为。

五、价值中立伦理困境的具体应对

社会工作者应该正确接纳服务对象的价值观，正确处理好与服务对象的价值观冲突，以及恰当地自我披露，减少对服务对象的说教和价值介入，适当地引导和帮助服务对象走出困境。

小凯一定要接受社会工作者的价值观吗①

服务对象小凯，11 岁，父亲在其 3 岁时意外去世，从小与母亲相依为命，但母亲也患有比较严重的疾病，而且没有稳定的工作，家庭生活经济情

---

① 巫艳丽.困境儿童社会工作实务中的伦理困境及对策探析——基于×机构困境儿童个案分析［J］.社会与公益，2021，12（3）：62-65.

况较差。小凯在生活中经常和母亲发脾气、抱怨，在学校里跟同学吵架，并辱骂老师。其内心比较自卑，而且有攻击倾向。但在儿童服务期间小凯很喜欢社会工作者小胡，积极配合小胡的心理治疗和儿童服务。而且随着服务的推进，小凯对社会工作者小胡的依赖性越来越强了，并且开始产生了一定的移情。在后续的服务中小凯越来越没有自己的主见，逐渐受到小胡的价值观和思想的影响，并对其有强烈的情感寄托。包括在平时的交流中，小凯经常找社会工作者小胡倾诉自己的心声，并经常和小胡在一起。而小胡也出于共情能力和同理心，时常给小凯一些小零食作为鼓励，并积极给予他情绪上的支持。当小凯跟小胡讲述日常生活中的伤心事，诉说朋辈群体交往的不顺利、同老师之间的摩擦、对家庭情况的担忧时，小胡认为小凯的价值观存在问题，时常基于自我生活经历直接给予服务对象小凯相关建议，对小凯的不合理思绪一般采用说教形式劝诫其做出符合规范的行为。

案例点评：

在本案例中，社会工作者在面临价值观冲突时，应该做到以下几点：

第一，应明确是自我内部价值观冲突还是同服务对象价值观之间的冲突，聚焦价值观冲突的焦点。

第二，应进行自我反思，敏锐觉察自我是否存在价值介入的情况，剖析自我是否平衡好自身同服务对象之间的价值观差异，是否以自我价值尺度对服务对象进行不合理的评判。

第三，应坚持接纳和尊重的原则，同服务对象进行良好的沟通交流，澄清彼此的价值观，探讨双方价值观的差异及其对实务过程中专业关系的影响，争取能够平衡好在服务过程中双方皆认可的价值尺度。如果社会工作者自身难以协调，可以寻求督导或经验丰富的社会工作者的支持。

第四，应剖析服务对象对社会工作者的依赖及相关不合理思绪背后的缘由。探求服务对象的真实需求，理解服务对象的感受。切记不能够急于求成对服务对象进行价值介入。同时，在这个过程中社会工作者要不断澄清专业的、自身的和服务对象的价值观，尽可能更好地做到价值中立。

知识链接 ....

应对儿童伦理困境的通用方法

华东理工大学社会工作系教授范斌在应对儿童伦理困境时，提出了以下三点通用方法，供一线社会工作者参考借鉴。

第一，在专业服务中，儿童社会工作者首先要理解中国文化环境。如果需要处理伦理方面的两难，一定要积极沟通，争取达成共识。儿童在作决定的时候，社会工作者需要协助儿童分析利弊，学会跟孩子像朋友一样去交流。

第二，明确职责划定边界。在职责边界划定清晰的基础上，专业的回应便显得尤为重要。儿童社会工作者在专业回应时需要把握一个根本原则，即不能碰到需求不去回应，但是专业的回应需要有专业的技巧。

第三，结合文化背景维系专业关系。儿童社会工作者在开展专业服务时也需要深入了解、理解儿童及其家庭所具有的文化背景和文化传统，并以此为依据有针对性地展开和维护专业关系。①

我国目前较多的伦理守则借鉴了西方的经验，不一定适用于我国本土社会工作伦理困境的解决。因此，积累本土实务经验，规范中国社会工作伦理守则，是应对伦理困境的较优解。

---

① 范斌. 儿童社会工作伦理困境及处理［EB/OL］. https：//www.sohu.com/a/421080747_ 120055063.

第8章

儿童服务百宝箱

　　儿童是社会工作服务的重点人群之一，不同于老年人、妇女等其他成年人群，儿童的身心发展和感知世界的方式都有其独特之处。因此，许多一线社会工作者在与儿童沟通、接触时，时常会感到不知所措、力不从心。儿童服务无捷径可循，但有工具可依。本章百宝箱的内容涉及法律、政策、量表以及游戏，希望能对广大一线社会工作者有所助益。

第一节　法律百宝箱

　　中国是法治社会，法律涉及社会生活的方方面面，是社会工作者能直接运用的最重要、最权威的资源。儿童是法律保护的重点人群，社工站在开展儿童服务时，要熟悉相关法律，确保工作在法治轨道上运行，确保服务对象合法权利得以维护。

一、《中华人民共和国宪法》中涉及的儿童权利

　　《中华人民共和国宪法》（以下简称《宪法》）是我国的根本大法，具有最高的法律效力，从宏观总体上规定了我国公民享有的基本权利和应履行的义务，其中也涉及了包括儿童在内的特殊群体的基本权利。

（一）法律摘编

　　《宪法》第四十六条规定：“中华人民共和国公民有受教育的权利和义务。国家培养青年、少年、儿童在品德、智力、体质等方面全面发展。”

　　《宪法》第四十九条规定：“婚姻、家庭、母亲和儿童受国家的保护……父母有抚养教育未成年子女的义务，成年子女有赡养扶助父母的义务……禁止虐待老人、妇女和儿童。”

（二）社工站儿童服务应掌握的法律条文

1. 保障基本权利

社工站在进行日常的文书工作以及开展儿童服务过程中，应注意保障服务对象的基本的合法权利。依据《宪法》规定，国家保障中华人民共和国公民的以下合法权利：

（1）人权。《宪法》第三十三条规定："……中华人民共和国公民在法律面前一律平等。国家尊重和保障人权。"

（2）宗教自由权。《宪法》第三十六条第一款、第二款规定："中华人民共和国公民有宗教信仰自由。任何国家机关、社会团体和个人不得强制公民信仰宗教或者不信仰宗教，不得歧视信仰宗教的公民和不信仰宗教的公民。"

（3）人身自由权。《宪法》第三十七条规定："中华人民共和国公民的人身自由不受侵犯……禁止非法拘禁和以其他方法非法剥夺或者限制公民的人身自由，禁止非法搜查公民的身体。"第四十条规定："中华人民共和国公民的通信自由和通信秘密受法律的保护……任何组织或者个人不得以任何理由侵犯公民的通信自由和通信秘密。"

（4）人格尊严权。《宪法》第三十八条规定："中华人民共和国公民的人格尊严不受侵犯。禁止用任何方法对公民进行侮辱、诽谤和诬告陷害。"

2. 配合机关行使权利

除了保障服务对象的基本权利外，社工站应自觉配合政府机关的监督、检查等。

《宪法》第七十一条规定："全国人民代表大会和全国人民代表大会常务委员会认为必要的时候，可以组织关于特定问题的调查委员会，并且根据调查委员会的报告，作出相应的决议。调查委员会进行调查的时候，一切有关的国家机关、社会团体和公民都有义务向它提供必要的材料。"

《宪法》第九十一条第二款规定："审计机关在国务院总理领导下，依照法律规定独立行使审计监督权，不受其他行政机关、社会团体和个人的干涉。"

《宪法》第一百三十六条规定："人民检察院依照法律规定独立行使检

察权，不受行政机关、社会团体和个人的干涉。"

二、《中华人民共和国未成年人保护法》中涉及的儿童权利

《中华人民共和国未成年人保护法》（以下简称《未成年人保护法》）是专门针对未满19周岁的公民，为保障他们的合法权益，促进他们身心健康成长而制定的法律，因此也被称作中国儿童权利保护的宪章。《未成年人保护法》共9章132条（2020年10月修订），从家庭保护、学校保护、社会保护等七个方面，全面、具体地明确了各级政府及其有关部门的职责，强化了家庭监护人、学校教师、司法机关等社会主体的责任意识，并对未成年人享有的合法权利作出明确规范。

（一）法律摘编

1. 家庭保护

（1）保障受教育权。受教育权是儿童的基本权利，《未成年人保护法》对未成年人的受教育权作出如下规定：

第十六条：未成年人的父母或者其他监护人应当尊重未成年人受教育的权利，保障适龄未成年人依法接受并完成义务教育。

第十七条：未成年人的父母或者其他监护人不得放任或者迫使应当接受义务教育的未成年人失学、辍学。

（2）安全保障。身心安全是儿童健康成长的前提和保障，《未成年人保护法》对未成年人的安全保障作出如下规定：

第十六条：未成年人的父母或者其他监护人应当对未成年人进行安全教育，提高未成年人的自我保护意识和能力。

第十七条：未成年人的父母或者其他监护人不得虐待、遗弃、非法送养未成年人或者对未成年人实施家庭暴力。

第十八条：未成年人的父母或者其他监护人应当为未成年人提供安全的家庭生活环境。

（3）生活情感保障。除了物质上的给予，儿童也有很多情感需求，家长要满足儿童的各种情感需求，才能促进其人格的健康发展。《未成年人保护法》中明确规定："未成年人的父母或者其他监护人应当创造良好、

和睦、文明的家庭环境；为未成年人提供生活、健康、安全等方面的保障；关注未成年人的生理、心理状况和情感需求。"

（4）监护和临时照护。儿童缺乏自我照护的能力，不论是出于道德约束还是法律要求，其父母或者其他监护人都应尽到监护责任。《未成年人保护法》第二十一条规定："未成年人的父母或者其他监护人不得使未满八周岁或者由于身体、心理原因需要特别照顾的未成年人处于无人看护状态……未成年人的父母或者其他监护人不得使未满十六周岁的未成年人脱离监护单独生活。"

一般情况下，未成年人由其父母进行监护，若未成年人父母由于自身情况不能尽到监护责任时，应妥善处理好对未成年人的临时照护。《未成年人保护法》第二十二条规定："未成年人的父母或者其他监护人因外出务工等原因在一定期限内不能完全履行监护职责的，应当委托具有照护能力的完全民事行为能力人代为照护……"同时还要履行抚养、教育、每周一次情感交流等具体监护职责。

（5）保障离异家庭儿童抚养权。父母离异对儿童的生理和心理都造成了巨大的打击，在处理离婚后的抚养、教育等事宜时，应充分尊重儿童的自主权。《未成年人保护法》第二十四条第一款规定："未成年人的父母离婚时，应当妥善处理未成年子女的抚养、教育、探望、财产等事宜，听取有表达意愿能力未成年人的意见。不得以抢夺、藏匿未成年子女等方式争夺抚养权。"

父母双方离婚后，也应尽到抚养义务，定期对未成年人进行探望。《未成年人保护法》第二十四条第二款规定："未成年人的父母离婚后，不直接抚养未成年子女的一方应当依照协议、人民法院判决或者调解确定的时间和方式，在不影响未成年人学习、生活的情况下探望未成年子女，直接抚养的一方应当配合，但被人民法院依法中止探望权的除外。"

2. 学校保护

（1）尊重人格不体罚。良好的师生关系建立在平等的基础之上，师生之间人格平等，应做到相互尊重、教学相长，不得实施体罚等。《未成年人保护法》第四条规定：处理涉及未成年人事项，应当符合下列要求：

（一）尊重未成年人人格尊严；（二）适应未成年人身心健康发展的规律和特点；（三）保护与教育相结合。第二十七条规定："学校、幼儿园的教职员工应当尊重未成年人人格尊严，不得对未成年人实施体罚、变相体罚或者其他侮辱人格尊严的行为。"

（2）保障受教育权、休息权。学校是学生学习文化知识的重要场所，受教育权是儿童的基本权利。《未成年人保护法》第二十八条第一款规定："学校应当保障未成年学生受教育的权利，不得违反国家规定开除、变相开除未成年学生。"同时，学校不能太过于注重学习而剥夺学生休息的时间。《未成年人保护法》第三十三条规定："学校应当……合理安排未成年学生的学习时间，保障其休息、娱乐和体育锻炼的时间。学校不得占用国家法定节假日、休息日及寒暑假期……"

（3）建立安全制度。学校应依法建立安全管理制度保障学生在校安全。《未成年人保护法》第三十五条规定："学校、幼儿园应当建立安全管理制度，对未成年人进行安全教育，完善安保设施……"

（4）防治欺凌事件。校园欺凌事件时有发生，为保障学生安全，学校应当建立防治欺凌工作制度，对教职员工、学生等开展防治学生欺凌的教育和培训。《未成年人保护法》第三十九条第二款和第三款规定："学校对学生欺凌行为应当立即制止……对相关未成年学生及时给予心理辅导、教育和引导……对严重的欺凌行为，学校不得隐瞒，应当及时向公安机关、教育行政部门报告，并配合相关部门依法处理。"

3. 社会保护

（1）关爱帮扶。在加强社会对未成年人的专项保护时，绝对不能忽视留守未成年人和困境未成年人这些特殊群体。《未成年人保护法》第四十三条第一款规定："居民委员会、村民委员会应当设置专人专岗负责未成年人保护工作……建立留守未成年人、困境未成年人的信息档案并给予关爱帮扶。"

（2）免费开放。社会有义务对儿童进行文化宣传教育、开展科学普及活动。《未成年人保护法》第四十四条规定："爱国主义教育基地、图书馆、青少年宫、儿童活动中心、儿童之家应当对未成年人免费开放；博物馆、纪念馆、科技馆、展览馆、美术馆、文化馆、社区公益性互联网上网服务场所以及影剧院、体育场馆、动物园、植物园、公园等场所，应当按照有关规定对未成年人免费或者优惠开放……"

（二）社工站儿童服务应掌握的法律条文

1. 提供专业服务

社工站和社会工作者在保护未成年人的工作中发挥着重要的作用。在社会工作"助人自助"的专业理念的指导下，社工站和社会工作者不仅能通过开展活动，为儿童在生活、心理、家庭及社区等各方面提供专业性的服务，更能挖掘并发挥儿童自身的潜能，使其自立自强。《未成年人保护法》有关社会组织为未成年人提供服务的规定如下：

第四十二条第二款："国家鼓励、支持和引导人民团体、企业事业单位、社会组织以及其他组织和个人，开展有利于未成年人健康成长的社会活动和服务。"

第九十九条："地方人民政府应当培育、引导和规范有关社会组织、社会工作者参与未成年人保护工作，开展家庭教育指导服务，为未成年人的心理辅导、康复救助、监护及收养评估等提供专业服务。"

2. 介入和干预

社会工作有其专业的实务经验和方法，不论是预防网络沉迷、安抚遭受暴力侵害的未成年人，抑或是参与未成年人案件中的心理干预、教育矫治等，都能发挥其专业优势。《未成年人保护法》有关规定如下：

第六十八条："……家庭、学校、社会组织互相配合，采取科学、合理的方式对未成年人沉迷网络进行预防和干预……"

第一百一十一条："……有关政府部门、人民团体、社会组织互相配合，对遭受性侵害或者暴力伤害的未成年被害人及其家庭实施必要的心理干预、经济救助、法律援助、转学安置等保护措施。"

第一百一十六条："国家鼓励和支持社会组织、社会工作者参与涉及未成年人案件中未成年人的心理干预、法律援助、社会调查、社会观护、教育矫治、社区矫正等工作。"

三、《中华人民共和国预防未成年人犯罪法》中涉及的儿童权利

除《中华人民共和国未成年人保护法》外，《中华人民共和国预防未成年人犯罪法》（以下简称《预防未成年人犯罪法》）是现行有效法律中另一部以"未成年人"命名的法律。该法注重通过保障未成年人身心健康发展、培养未成年人良好品行，来有效预防未成年人犯罪行为的发生。

（一）法律摘编

1. 专人负责，多方协助

对未成年人的不良行为或是未成年人犯罪的处理，应有专门的措施。《预防未成年人犯罪法》第六条中规定："国家加强专门学校建设，对有严重不良行为的未成年人进行专门教育。"第七条规定："公安机关、人民检察院、人民法院、司法行政部门应当由专门机构或者经过专业培训、熟悉未成年人身心特点的专门人员负责预防未成年人犯罪工作。"对未成年人的管教、关押和社区矫正等，也要和成年人分别进行。

社会对儿童的品行塑造有着举足轻重的作用，预防未成年人犯罪工作不仅仅是一个家庭、一个学校的责任，社会各方力量都应参与协助。《预防未成年人犯罪法》第八条规定："共产主义青年团……有关社会组织，应当协助各级人民政府及其有关部门……做好预防未成年人犯罪工作，为预防未成年人犯罪培育社会力量，提供支持服务。"

2. 预防为主，教育先行

针对未成年人犯罪，要采用"预防为主、教育先行"的原则，坚持以理服人的教育改造方式。《预防未成年人犯罪法》作出明确规定：

第十二条："预防未成年人犯罪，应当结合未成年人不同年龄的生理、心理特点，加强青春期教育、心理关爱、心理矫治和预防犯罪对策的研究。"

第十七条："教育行政部门、学校应当将预防犯罪教育纳入学校教学计划，指导教职员工结合未成年人的特点，采取多种方式对未成年学生进行有针对性的预防犯罪教育。"

第二十四条："各级人民政府及其有关部门……应当结合实际，组织、举办多种形式的预防未成年人犯罪宣传教育活动……"

3. 安置帮教，不得歧视

对进入专门学校的未成年人，要充分保障其受教育权和与其亲属交流的权利。《预防未成年人犯罪法》第四十七条第一款规定："专门学校应当对接受专门教育的未成年人分级分类进行教育和矫治有针对性地开展道德教育、法治教育、心理健康教育，并根据实际情况进行职业教育；对没有完成义务教育的未成年人，应当保证其继续接受义务教育。"

对于接受社区矫正和刑满释放的未成年人，要做好安置帮教工作，且任何人不得歧视。《预防未成年人犯罪法》第五十七条第一款规定："未成年人的父母或者其他监护人和学校……对接受社区矫正、刑满释放的未成年人，应当采取有效的帮教措施，协助司法机关以及有关部门做好安置帮教工作。"第五十八条规定："刑满释放和接受社区矫正的未成年人，在复学、升学、就业等方面依法享有与其他未成年人同等的权利，任何单位和个人不得歧视。"

（二）社工站儿童服务应掌握的法律条文

社工站及社会工作者在实际开展服务过程中，应熟悉法律中涉及的儿童权利，避免因不知、不懂而侵犯了其合法权利。此外，应强化法律责任意识，在预防未成年人犯罪相关工作中，社会工作者的介入不仅减轻了司法系统的承担负荷，也能有效链接、整合各方资源。社会工作的专业实务方法能科学、有效、有针对性地开展预防教育和干预、矫正工作。《预防未成年人犯罪法》中多处提及了社会工作者，在法律上体现了对社会工作介入未成年人犯罪的肯定。有关规定如下：

第九条："国家鼓励、支持和指导社会工作服务机构等社会组织参与预防未成年人犯罪相关工作，并加强监督。"

第二十一条："教育行政部门鼓励和支持学校聘请社会工作者长期或者定期进驻学校，协助开展道德教育、法治教育、生命教育和心理健康教育，参与预防和处理学生欺凌等行为。"

第三十一条："学校对有不良行为的未成年学生……要求接受社会工作者或者其他专业人员的心理辅导和行为干预……"

第四十二条第一款："公安机关在对未成年人进行矫治教育时，可以根据需要邀请……社会工作服务机构等社会组织参与。"

第二节 政策百宝箱

社会工作者在服务过程中，免不了要为服务对象链接资源，除法律外，法规和政策是社会工作者能链接的最直接、最有效的资源。我国与儿童相关的政策涉及民政、教育、卫生、司法、共青团、财政、社会保障以及人力资源等多个部门，只要服务对象满足政策所规定的受惠人群的条件，社会工作者就可以为其申请相关的政策优待。

一、《关于进一步健全农村留守儿童和困境儿童关爱服务体系的意见》解读及应用

2019 年 4 月 30 日，民政部、教育部、公安部等 10 部门联合印发了《关于进一步健全农村留守儿童和困境儿童关爱服务体系的意见》（以下简称《意见》）。《意见》明确了未成年人救助保护机构和儿童福利机构的功能定位，提出了加强基层儿童工作队伍建设等工作的总体要求。

（一）政策摘编

1. 未成年人救助保护机构和儿童福利机构服务职能

构建农村留守儿童和困境儿童的关爱服务体系需要建立专门的服务机构，各级政府及其民政部门要根据需要设立未成年人救助保护机构和儿童福利机构。《意见》指出，儿童福利机构要向未成年人救助保护机构转型，探索开展农村留守儿童、困境儿童、散居孤儿、社会残疾儿童及其家庭的临时照料、康复指导、特殊教育、精神慰藉、定期探访、宣传培训等工作。有条件的儿童福利机构要不断拓展集养、治、教、康于一体的社会服务功能，力争将儿童福利机构纳入定点康复机构，探索向贫困家庭残疾儿童开放。

《意见》明确了未成年人救助保护机构的工作职责，其中包括：

（1）负责对生活无着的流浪乞讨、遭受监护侵害、暂时无人监护等未成年人实施救助，承担临时监护责任。

（2）负责协调开通未成年人保护专线，协调推进监护评估、个案会

商、服务转介、技术指导、精神关怀等线上线下服务，针对重点个案组织开展部门会商和帮扶救助。

（3）负责对流浪儿童、困境儿童、农村留守儿童等未成年人依法申请、获得法律援助提供支持。

（4）负责协助司法部门打击拐卖儿童、对儿童实施家暴以及胁迫、诱骗或利用儿童乞讨等违法犯罪行为。

2. 基层儿童队伍工作职责

各地村（居）民委员会和乡镇人民政府（街道办事处）要明确专人负责儿童关爱保护服务工作，设立"儿童督导员"和"儿童主任"工作职位。

《意见》明确了儿童督导员和儿童主任的工作职责。其中，儿童督导员的工作职责包括：

（1）负责指导儿童主任加强对困境儿童、农村留守儿童、散居孤儿的定期走访和重点核查，做好强制报告、转介帮扶等事项。

（2）负责指导村（居）民委员会做好儿童关爱服务场所建设与管理。

（3）负责协调引进和培育儿童类社会组织、招募志愿者或发动其他社会力量参与儿童工作。

（4）负责协助做好农村留守儿童、困境儿童、散居孤儿社会救助、精神慰藉等关爱服务工作。

儿童主任的工作职责包括：

（1）负责组织开展信息排查，及时掌握农村留守儿童、困境儿童和散居孤儿等服务对象的生活保障、家庭监护、就学情况等基本信息，一人一档案，及时将信息报送乡镇人民政府（街道办事处）并定期予以更新。

（2）负责指导监护人和受委托监护人签订委托监护确认书，加强对监护人（受委托监护人）的法治宣传、监护督导和指导，督促其依法履行抚养义务和监护职责。

（3）负责定期随访监护情况较差、失学辍学、无户籍以及患病、残疾等重点儿童，协助提供监护指导、精神关怀、返校复学、落实户籍等关爱服务，对符合社会救助、社会福利政策的儿童及家庭，告知具体内容及申请程序，并协助申请救助。

（4）负责及时向公安机关及其派出机构报告儿童脱离监护单独居住生活或失踪、监护人丧失监护能力或不履行监护责任、疑似遭受家庭暴力或不法侵害等情况，并协助为儿童本人及家庭提供有关支持。

（5）负责管理村（居）民委员会儿童关爱服务场所，支持配合相关部门和社会力量开展关爱服务活动。

3. 社会力量广泛参与

要统筹推进社会各界力量的广泛参与，社会力量的加入，为健全农村留守儿童和困境儿童关爱服务体系提供了人力、物力与财力资源。《意见》指出，各地要统筹相关社会资源向深度贫困地区倾斜，要支持相关社会组织……为开展农村留守儿童、困境儿童等工作提供支持和服务。要在场地提供、水电优惠、食宿保障、开通未成年人保护专线电话等方面提供优惠便利条件。

支持社会工作者、法律工作者、心理咨询工作者等专业人员，针对农村留守儿童和困境儿童不同特点，提供心理疏导、亲情关爱、权益维护等服务。

4. 部门密切协作

对农村留守儿童和困境儿童的关爱服务工作涉及多个部门，各政府部门之间要密切协作。由民政部牵头，各有关部门统筹推进服务体系建设，通过部门之间联动，形成关爱服务合力。《意见》指出，公安部门要依法追究失职父母或侵害人的法律责任，严厉惩处各类侵害农村留守儿童和困境儿童的犯罪行为，按政策为无户籍儿童办理入户手续。教育部门要强化适龄儿童控辍保学、教育资助、送教上门、心理教育等工作措施，为机构内的困境儿童就近入学提供支持，对有特殊困难的农村留守儿童和困境儿童优先安排在校住宿。司法行政部门要依法为农村留守儿童和困境儿童家庭申请提供法律援助。共青团组织要会同未成年人救助保护机构开通12355未成年人保护专线，探索"一门受理、协同处置"个案帮扶模式，联动相关部门提供线上线下服务等。

（二）社工站儿童服务项目如何应用政策

1. 协助参与救助保护

社会工作有其专业的助人理念和实务方法，社工站在针对农村留守儿童、困境儿童等特定儿童群体的保护工作中发挥着重要的作用。《意见》明确了未成年人救助保护机构的工作职责，社工站应拓展工作思路，与未成年人救助保护机构协调合作，共同协助民政部门推进农村留守儿童和困境儿童关爱服务等工作。

2. 加强业务培训

《意见》指出，各级民政部门要按照"分层级、多样化、可操作、全覆盖"的要求组织开展儿童工作业务骨干以及师资培训。社工站及社会工作者要配合相关业务培训，经培训考核合格后方可开展工作。

二、《关于进一步加强事实无人抚养儿童保障工作的意见》解读及应用

2019 年 6 月 18 日，民政部、最高人民法院、最高人民检察院等 12 部门联合印发了《关于进一步加强事实无人抚养儿童保障工作的意见》（以下简称《意见》）。《意见》明确了事实无人抚养儿童，并规范了认定流程，为保障事实无人抚养儿童工作指明了方向。

（一）政策摘编

事实无人抚养儿童由于缺少父母的监护，在社会中处于弱势地位，对事实无人抚养儿童的保障工作应重点关注以下几个方面。

1. 基本生活保障

事实无人抚养儿童在社会中处于弱势地位，应加大实质性的保障投入，最直接的保障其基本生活的方式是通过发放基本生活补贴，给予适当补助。《意见》指出，各地对事实无人抚养儿童发放的基本生活补贴，要按照与当地孤儿保障标准相衔接的原则确定补贴标准，参照孤儿基本生活费发放办法确定发放方式。中央财政比照孤儿基本生活保障资金测算方法，通过困难群众救助补助经费渠道对生活困难家庭中的和纳入特困人员救助供养范围的事实无人抚养儿童给予适当补助。

2. 医疗康复保障

除现金保障外，还提供了对事实无人抚养儿童的医疗保障。《意见》指出，要加强城乡居民基本医疗保险、大病保险、医疗救助有效衔接，实

施综合保障，梯次减轻费用负担。符合条件的事实无人抚养儿童可同时享受重度残疾人护理补贴及康复救助等相关政策。

3. 教育资助救助

为切实保障事实无人抚养儿童的受教育权，提供了教育方面的资助和救助。《意见》指出，要对事实无人抚养儿童落实助学金、减免学费政策。对于残疾事实无人抚养儿童，通过特殊教育学校就读、普通学校就读、儿童福利机构特教班就读、送教上门等多种方式，做好教育安置。将义务教育阶段的事实无人抚养儿童列为享受免住宿费的优先对象，对就读高中阶段（含普通高中及中职学校）的事实无人抚养儿童，根据家庭困难情况开展结对帮扶和慈善救助。事实无人抚养儿童成年后仍在校就读的，按国家有关规定享受相应政策。

4. 监护责任

使其成为事实无人抚养儿童的原因，在于缺少父母的抚养和监护，要改善事实无人抚养儿童的现状，各有关部门应督促父母落实监护责任。《意见》指出，人民法院、人民检察院和公安机关等部门应当依法打击故意或者恶意不履行监护职责等各类侵害儿童权益的违法犯罪行为，根据情节轻重依法追究其法律责任。对有能力履行抚养义务而拒不抚养的父母，民政部门可依法追索抚养费，因此起诉到人民法院的，人民法院应当支持。民政部门应当加强送养工作指导，加大流浪儿童救助保护力度。

（二）社工站儿童服务项目如何应用政策

1. 界定对象

社会工作者为符合条件的事实无人抚养儿童申请相关的政策优待，首先要明确"条件"是什么。《意见》中有明确规定（参见第 2 章第一节内容，此处略）。

2. 认定流程

若服务对象满足上述条件，社工站及社会工作者可遵循规定流程为服务对象申请认定（参见第 2 章第一节内容，此处略）。

三、《国务院关于建立残疾儿童康复救助制度的意见》解读及应用

2018 年 6 月 21 日，国务院印发了《国务院关于建立残疾儿童康复救

助制度的意见》，明确了残疾儿童康复救助制度的救助对象和内容及标准，规范了工作流程，加强了各方面组织实施的工作要求。为改善残疾儿童的康复状况、促进残疾儿童的健康发展提供了有力的制度保障。残疾儿童康复救助制度全面实施后，各省级人民政府结合本省的实际情况，先后制定出台本地残疾儿童康复救助制度和配套政策措施。以湖南省发布的《湖南省人民政府关于建立残疾儿童康复救助制度的实施意见》（以下简称《意见》）为例，为读者提供摘编内容的分析和解读。

（一）政策摘编

1. 救助内容

《意见》提出对残疾儿童的救助内容包括：由定点机构提供的康复训练，针对不同残疾类型而适配的辅助器具，以及为有需求的残疾儿童实施手术治疗。

（1）机构康复训练。由定点康复机构提供视功能训练，听觉言语功能训练，运动、认知、沟通及适应性训练的全面康复。

（2）辅助器具适配。为视力残疾儿童验配助视器；为重度听力残疾儿童提供基本型人工耳蜗（单耳），为听力残疾儿童验配助听器；为肢体残疾儿童装配假肢或矫形器，适配轮椅、坐姿椅、站立架、助行器等辅助器具。

（3）手术。为有手术适应指征的重度以上听力残疾儿童提供人工耳蜗手术，为有需求的肢体残疾儿童实施矫治手术。

2. 救助标准

《意见》规范了对残疾儿童的救助标准：

（1）机构康复训练。视力残疾儿童每人一次性救助 1000 元，听力、言语、肢体、智力和孤独症残疾儿童每人每月救助 1500 元。

（2）辅助器具适配。为有需求的视力、听力和肢体残疾儿童免费适配辅助器具。

（3）手术。听力残疾儿童植入人工耳蜗每人一次性救助 7.5 万元，肢体残疾儿童矫治手术每人每次救助 1.8 万元。

（二）社工站儿童服务项目如何应用政策

1. 界定救助对象

《意见》明确了残疾儿童康复救助制度的救助对象：具有湖南省户籍或有效居住证，有康复需求和适应指征的 0～6 岁视力、听力、言语、肢体、智力等残疾儿童和孤独症儿童。包括城乡最低生活保障家庭、建档立卡贫困户家庭的残疾儿童和儿童福利机构收留抚养的残疾儿童；残疾孤儿、纳入特困人员供养范围的残疾儿童；其他经济困难家庭的残疾儿童。其他经济困难家庭的具体认定办法，由县市区人民政府制定。

社工站及社会工作者可根据本地的具体标准为符合条件的残疾儿童申请政策优待。

2. 明确工作流程

若服务对象满足上述条件并有意申请救助，社工站及社会工作者可遵循以下工作流程为救助对象链接资源。

（1）申请。残疾儿童监护人或所在福利机构向残疾儿童户籍所在地（居住证发放地）县级残联组织提出申请。监护人也可委托他人、社会组织、社会救助经办机构等代为申请。

（2）审核。县级残联组织对符合条件的予以批准，对不符合条件的不予以批准并向申请人说明理由。

（3）救助。经审核符合条件的，由残疾儿童监护人或所在福利机构自主选择定点康复机构接受康复服务。具备康复条件的福利机构可在院内开展康复服务。

（4）结算。在定点康复机构、福利机构或异地接受康复服务发生的费用结算方法和结算周期，由县级残联商同级财政部门确定。

第三节　常用量表

量表被应用到社会生活中的各个方面，给医学、教育、心理辅导等方面提供了可量化分析的数据参考资料，也是社会工作者进行儿童服务的重要工具，能在了解服务对象的情况、挖掘服务对象潜在信息、评估服务的有效性等环节提供科学、有效的依据。

一、儿童行为评估量表

Achenbach 儿童行为量表也叫艾式量表，简称为 CBCL。大量的实践应用表明，该量表能较好地反映儿童在日常生活中存在的行为问题，CBCL 分为家长填用表和儿童自填表两种，使用较多的是家长填用表，为父母、教师和社会工作者针对儿童不良行为制订干预、矫治计划提供依据。（该量表有多个版本，本书采用的是苏林雁等人修订的版本①）

儿童行为调查表（父母问卷）

（Achenbach 和 Edelbrock 编制，苏林雁等修订）

编号

儿童姓名_____ 性别_____ 年龄_____ 学校_____ 班级_____

填表人姓名_____ 与儿童的关系_____

联系地址_____ 邮编_____ 电话_____

请根据您孩子的情况，真实地填写下列内容，将喜欢的运动或活动内容填在左边格子内，在中间、右边的空格内打"√"。

Ⅰ. 请写出您的孩子最喜欢的运动，如：游泳、乒乓球、排球、篮球、骑自行车、跑步等	与其他同年龄的孩子比较，他花在这些运动上的时间是多还是少				与其他同年龄的孩子比较，他在这项运动上做得较好还是较差			
运动项目	不知	较少	一样	较多	不知	较差	一样	较好
1.								
2.								
3.								

不喜欢任何运动　　　　（是）

---

① 戴晓阳. 常用心理评估量表手册［M］. 北京：人民军医出版社，2010：28-43.

Ⅱ. 请写出孩子除运动外最喜欢的活动，如：集邮、布娃娃、看书、玩乐器、唱歌等（不包括看电视）	与其他同年龄的孩子比较，他花在这些活动上的时间是多还是少				与其他同年龄的孩子比较，他在这项活动中做得较好还是较差			
活动项目	不知	较少	一样	较多	不知	较差	一样	较好
1.								
2.								
3.								

　　不喜欢任何活动　　　　（是）

Ⅲ. 请写出您的孩子承担的家务劳动，如：照看小孩、递送书报、整理床铺、扫地、倒垃圾等家务劳动项目	与其他同年龄的孩子比较，他做的家务是较好还是较差			
家务劳动项目	不知	较差	一样	较好
1.				
2.				
3.				

　　不做任何家务　　　　（是）

Ⅳ. 请写出您的孩子参加的课外组织、训练队或团体的名称，如：乐器、书画、体育等	与其他同年龄的孩子比较，他参加这些团体活动的时间是较多还是较少			
课外团体名称	不知	较少	一样	较多
1.				
2.				
3.				

　　未参加任何团体　　　　（是）

253

Ⅴ.

1. 您的孩子有多少好朋友？（请将符合的情况圈上）

　　没一个　　　1个　　　2~3个　　　4个以上

2. 您的孩子每周有多少次与其他的小朋友在一起活动？

　　少于1次　　1~2次　　3次以上

Ⅵ. 您的孩子与其他同年龄的孩子比较，对以下情况是处理得较好，还是较差？
（请将符合的情况圈上）

1. 与兄弟姐妹能和睦相处？　　　　　　　较差　　差不多　　较好

2. 与其他小孩能和睦相处？　　　　　　　较差　　差不多　　较好

3. 在父母跟前的行为如何？　　　　　　　较差　　差不多　　较好

4. 独自玩耍或做事的情况如何？　　　　　较差　　差不多　　较好

Ⅶ.

1. 您的孩子是否在一个特殊班级？

　　不是

　　是（请注明是什么性质的特殊班级）

2. 您的孩子留过级吗？

　　没有

　　留过（请注明是哪一年，因什么原因留级）

3. 您的孩子在学校里有学习或其他方面的问题吗？（请描述）

4. 最近在学校成绩如何？（与班上同学比较的水平，不填具体分数）

科目	不及格	较低	中等	较高
1. 语文				
2. 数学				
3.				
4.				
5.				
6.				
7.				

Ⅷ. 请根据您的孩子最近 6 个月的表现填写下表，凡是非常明显或常常出现的行为则在右侧的 2 字上画圈，如果有时出现或有一点儿的行为则在 1 字上画圈，如果根本不出现的行为则在 0 字上画圈。请不要遗漏，每条都要填写。

	无	有点	明显
1. 行为幼稚与年龄不符 ……………………………………	0	1	2
2. 过敏性疾病 ……………………………………………	0	1	2
描述具体内容：			
3. 好争论 …………………………………………………	0	1	2
4. 哮喘 ……………………………………………………	0	1	2
5. 行为举止像异性儿童 ……………………………………	0	1	2
6. 随地大便 ………………………………………………	0	1	2
7. 吹牛、自夸 ……………………………………………	0	1	2
8. 精神不集中，注意力差 …………………………………	0	1	2
9. 老是想某些事情，不能摆脱（强迫性思维）…………	0	1	2
例如：			
10. 坐不住、不能安静或活动过多…………………………	0	1	2
11. 好缠着大人或过分依赖 ………………………………	0	1	2
12. 诉说寂寞 ……………………………………………	0	1	2
13. 困惑、做事糊里糊涂…………………………………	0	1	2
14. 好哭 …………………………………………………	0	1	2
15. 虐待动物……………………………………………	0	1	2
16. 残酷、粗鄙、好欺侮人………………………………	0	1	2
17. 白日梦或沉溺于幻想之中……………………………	0	1	2
18. 故意伤害自己或企图自杀……………………………	0	1	2
19. 过分要求别人注意自己………………………………	0	1	2
20. 破坏自己的东西………………………………………	0	1	2
21. 破坏家中的或别的孩子的东西………………………	0	1	2
22. 在家中不听话…………………………………………	0	1	2
23. 在学校不听话…………………………………………	0	1	2
24. 不好好吃饭……………………………………………	0	1	2
25. 与其他的孩子相处不好………………………………	0	1	2

	无	有点	明显
26. 做了错事自己不觉得内疚………………………………	0	1	2
27. 易嫉妒……………………………………………………	0	1	2
28. 吃喝一些不能吃的东西…………………………………	0	1	2
具体举例：			
29. 害怕某些动物、场合或地方（不包括学校）…………	0	1	2
具体举例：			
30. 害怕去学校………………………………………………	0	1	2
31. 害怕自己会出现坏念头或做某些坏事情………………	0	1	2
32. 认为自己必须是十全十美的…………………………	0	1	2
33. 感觉或诉说没有一个人疼爱他…………………………	0	1	2
34. 觉得别人存心想为难他…………………………………	0	1	2
35. 觉得自己没有用或自卑…………………………………	0	1	2
36. 常常受伤，容易发生意外………………………………	0	1	2
37. 常常打架…………………………………………………	0	1	2
38. 常被人嘲弄………………………………………………	0	1	2
39. 常与那些好惹祸的孩子交往……………………………	0	1	2
40. 听见了并不存在的声音…………………………………	0	1	2
具体描述：			
41. 易冲动或做事不加以考虑………………………………	0	1	2
42. 喜欢孤独…………………………………………………	0	1	2
43. 说谎或骗人………………………………………………	0	1	2
44. 咬手指甲…………………………………………………	0	1	2
45. 神经质、过于敏感、过度紧张…………………………	0	1	2
46. 神经质的运动或抽动……………………………………	0	1	2
具体描述：			
47. 做噩梦……………………………………………………	0	1	2
48. 不被其他儿童喜欢………………………………………	0	1	2
49. 便秘………………………………………………………	0	1	2
50. 过分害怕或焦虑…………………………………………	0	1	2
51. 觉得头晕…………………………………………………	0	1	2

	无	有点	明显
52. 过分的自责 ……………………………………	0	1	2
53. 贪吃 …………………………………………	0	1	2
54. 易疲乏 ………………………………………	0	1	2
55. 肥胖 …………………………………………	0	1	2
56. 查不出原因的躯体症状			
a. 这里痛那里痛　…………………………	0	1	2
b. 头痛　…………………………………	0	1	2
c. 恶心，觉得病了　………………………	0	1	2
d. 眼睛有毛病　…………………………	0	1	2
具体描述：			
e. 红疹或其他皮肤问题　…………………	0	1	2
f. 胃痛或胃痉挛　…………………………	0	1	2
g. 呕吐　…………………………………	0	1	2
h. 其他　…………………………………	0	1	2
具体描述：			
57. 动手打人 ……………………………………	0	1	2
58. 挖鼻孔、抓皮肤或身体其他部位…………	0	1	2
59. 公开玩弄自己的生殖器……………………	0	1	2
60. 经常玩弄自己的生殖器……………………	0	1	2
61. 作业做不好…………………………………	0	1	2
62. 身体动作不协调或动作笨拙………………	0	1	2
63. 喜欢与年龄较大的孩子一起玩……………	0	1	2
64. 喜欢与年龄较自己小的孩子玩……………	0	1	2
65. 不愿与人讲话………………………………	0	1	2
66. 反复地重复某些动作（强迫性动作）　…………	0	1	2
描述：			
67. 离家出走……………………………………	0	1	2
68. 常常尖声喊叫………………………………	0	1	2
69. 有事闷在心里，不愿告诉别人……………	0	1	2
70. 看见了一些并不存在的事物………………	0	1	2

257

	无	有点	明显
描述：			
71. 过分忸怩，易于困窘 ·················	0	1	2
72. 玩火 ····························	0	1	2
73. 性的问题 ·······················	0	1	2
74. 好炫耀、出洋相 ··················	0	1	2
75. 害羞或胆小 ·····················	0	1	2
76. 睡眠较其他孩子少 ················	0	1	2
77. 白天和（或）晚上睡眠较其他孩子多 ·····	0	1	2
描述：			
78. 大便时玩弄大便或弄脏衣服 ·········	0	1	2
79. 言语问题（口吃或口齿不清等） ·····	0	1	2
描述：			
80. 眼神茫然 ·······················	0	1	2
81. 在家中偷东西 ···················	0	1	2
82. 在外面偷东西 ···················	0	1	2
83. 收藏一些他自己并不需要的东西 ·····	0	1	2
描述：			
84. 怪异行为 ·······················	0	1	2
描述：			
85. 怪异想法 ·······················	0	1	2
描述：			
86. 倔强、阴郁或易激惹 ··············	0	1	2
87. 情绪或情感突然改变 ··············	0	1	2
88. 常常生气 ·······················	0	1	2
89. 多疑 ··························	0	1	2
90. 好骂人或讲粗痞话 ················	0	1	2
91. 谈论自杀 ·······················	0	1	2
92. 梦游或讲梦话 ···················	0	1	2
描述：			
93. 话多 ···························	0	1	2

	无	有点	明显
94. 常戏弄他人………………………………	0	1	2
95. 好发脾气或脾气暴躁……………………	0	1	2
96. 对性的问题考虑太多……………………	0	1	2
97. 好威胁别人………………………………	0	1	2
98. 吮吸拇指…………………………………	0	1	2
99. 过分要求整洁……………………………	0	1	2
100. 睡眠不好 ……………………………	0	1	2
描述：			
101. 逃学、旷课 …………………………	0	1	2
102. 不活跃、行动迟缓、精力不足 ……	0	1	2
103. 闷闷不乐、抑郁、忧愁 ……………	0	1	2
104. 异常地大声吵闹 ……………………	0	1	2
105. 饮酒或服药成瘾 ……………………	0	1	2
描述：			
106. 故意破坏别人的东西或公共财物 …	0	1	2
107. 白天尿湿自己的衣服 ………………	0	1	2
108. 尿床 …………………………………	0	1	2
109. 抽抽噎噎地哭诉 ……………………	0	1	2
110. 希望自己是异性就好了 ……………	0	1	2
111. 退缩，不愿与他人在一起 …………	0	1	2
112. 烦恼不安 ……………………………	0	1	2
113. 请写出上面没有提到的任何问题……	0	1	2

（一）主要指标介绍及依据

该量表由一般项目、社会能力和行为问题三个部分组成。

第一部分的一般项目只做背景了解，不计入分数。

第二部分的社会能力包括七大类：Ⅰ. 参加运动；Ⅱ. 参加活动；Ⅲ. 参加家务劳动；Ⅳ. 参加课余爱好小组（团体）；Ⅴ. 交往；Ⅵ. 与人相处；Ⅶ. 在校学习。组成 3 个分量表，即活动能力（包括Ⅰ、Ⅱ、

Ⅲ项）；社交能力（包括Ⅴ、Ⅳ、Ⅵ项）；学校能力（Ⅶ项）。并计算社会能力总分。

第三部分的行为问题，问题部分共113道题，按0、1、2三个等级计分，即"无此症状"计0分，"有时出现"或"有一点"计1分，"经常出现"或"很明显"计2分。填表时依据最近半年（6个月）内的情况计分。例如第30题（害怕去学校），如果过去有，但最近半年内无此表现，则计为0分。有些题需要填表者具体描述，评分者需根据描述内容判断计分数值。例如：第28题（吃喝一些不能吃的东西），若填表者描述为"吃纸巾"计1分或2分；描述为"吃未洗过的水果"则计为0分。又如第66题（反复地重复某些动作），填表者描述为"反复检查作业"计1分或2分；描述为"反复打别的小朋友"则计1分。另外包括两题需填表者自行填写内容，如第56题（查不出原因的躯体症状）和第113题（请写出上面没有提到的任何问题），如果未填，则计0分；如果填了许多项，也只对最严重的一项计分，分值为1分或2分。

（二）如何使用儿童行为评估量表

该量表由评估者下发给儿童的父母或其他密切监护人填写。填写完成后，评估者回收并计算总分，参考常模并得出结果。

1. 计分方法

（1）社会能力。

Ⅰ. 参加运动：分为A、B两项。

A. 运动项目：要求填写者填写孩子喜欢的运动的具体名称，计分方法为，填写3项或3项以上计2分，填写2项计1分，填写1项或选择"不喜欢任何运动"计0分，即得到该项分数。

B. 参加运动的数量和质量：要求填写者在对应空格内画"√"。计分方法为，"较少"计0分，"一样"计1分，"较多（较好）"计2分；将这些得分相加，除以所填的空项数，即得到参加运动的数量和质量的均分（如填"不知"不计分，此项亦不算入总项数）。

将A和B相加，即为参加运动得分。本项最高分为4分。

填写举例（见表8-1）：

表 8-1　儿童参加运动情况填表示例

I. 请写出您的孩子最喜欢的运动，如：游泳、乒乓球、排球、篮球、骑自行车、跑步等	与其他同年龄的孩子比较，他花在这些运动上的时间是多还是少				与其他同年龄的孩子比较，他在这项运动上做得较好还是较差			
运动项目	不知	较少	一样	较多	不知	较差	一样	较好
1. 骑自行车			√				√	
2. 踢足球		√						√
3. 跳绳				√	√			

该表得分为：

A. 运动项目：填写 3 项，计 2 分。

B. 运动数量和质量：较少 1 项，计 0 分；一样 2 项，计 2 分；较好（较多）2 项，计 4 分。共 6 分，除以总项数 5（因有一项不知不计分），得平均分 1.2。

将 A 和 B 相加，即为该儿童参加运动分。共 3.2 分。

II. 参加活动：指非运动性的活动，如集邮、看书、玩乐器等，不包括看电视、玩网络游戏、打麻将等活动；计分方法与参加运动分相同，但 A 活动项目这项不计分，本项最高分为 2 分。

III. 参加家务劳动：分 A、B 两项，计分方法与 I 相同，但 B 项仅评价做家务是较差还是较好，本项最高分为 4 分。

IV. 参加课余爱好小组（团体）：分 A、B 两项，计分方法与 I 相同，本项最高分为 4 分。

将 I、II、III 得分相加，即为活动能力分量表的总分，最高分为 10 分。

V. 交往能力：分①、②两项。

①有多少好朋友："没一个或 1 个"计 0 分，"2~3 个"计 1 分，"4 个以上"计 2 分。

②每周与小朋友在一起活动的次数："少于 1 次"计 0 分，"1~2 次"计 1 分，"3 次以上"计 2 分。

将①、②的得分相加，即为交往能力分，本项最高分为 4 分。

Ⅵ. 与人相处能力：分 A、B 两项。

A. 与人相处时的表现

①与兄弟姐妹能否和睦相处："较差"计 0 分，"差不多"计 1 分，"较好"计 2 分。

②与其他小孩能否和睦相处：同上。

③在父母跟前的表现：同上。

将①、②、③的得分相加，除以项目数，即为与人相处时的行为得分。

B. 独立做事的表现

④独立玩耍或做事的情况：同上。

将 A 与 B 的得分相加，即为与人相处得分，本项最高分为 4 分。

将Ⅳ、Ⅴ、Ⅵ的得分相加，即为社交能力分量表的总分，最高分为 12 分。

Ⅶ. 学校能力

①您的孩子是否在一个特殊班级（这里的特殊班级指的是针对特殊学习困难或行为问题儿童的特殊班级，而不是我国在学校中将成绩较好的学生另外分班，进行实验性教育的班级）："是"计 0 分，"不是"计 1 分。

②您的孩子留过级吗："没有"计 1 分，"留过"（无论什么原因）均计 0 分。

③您的孩子在学校里有学习或其他方面的问题吗：填表者描述"有问题"计 0 分，"没有"计 1 分。

④最近学校成绩：指主要功课与班上同学比较的水平，不包括体育、音乐、美术。按 0~3 分四级评分。"不及格"计 0 分，"较低"计 1 分，"中等"计 2 分，"较高"计 3 分，把得分相加，除以功课门数，得到平均分。

将①、②、③、④项相加，即为学校能力分量表的总分，最高分为 6 分。

将活动能力、社交能力、学校能力三个分量表分相加，即得到社会能力总分。

（2）行为问题。

行为问题有 113 个题目，其中第 56 题包括 a~h 共 8 项，实际为 120

项。4~11 岁男/女有 9 个分量表：退缩、躯体主诉、焦虑/抑郁、社交问题、思维问题、注意问题、违纪行为、攻击性行为、性问题；12~16 岁为 8 个分量表（无性问题分量表），各分量表的组成题目如下：

Ⅰ. 退缩：42、65、69、75、80、88、102、103、111；

Ⅱ. 躯体主诉：51、54、56a、56b、56c、56d、56e、56f、56g；

Ⅲ. 焦虑/抑郁：12、14、31、32、33、34、35、45、50、52、71、89、103、112；

Ⅳ. 社交问题：1、11、25、38、48、55、62、64；

Ⅴ. 思维问题：9、40、66、70、80、84、85；

Ⅵ. 注意问题：1、8、10、13、17、41、45、46、61、62、80；

Ⅶ. 违纪行为：26、39、43、63、67、72、81、82、90、96、101、105、106；

Ⅷ. 攻击性行为：3、7、16、19、20、21、22、23、27、37、57、68、74、86、87、93、94、95、97、104；

Ⅸ. 性问题：（4~11 岁男/女）：5、59、60、73、110。

行为问题总分：第 2 题（过敏性疾病）和第 4 题（哮喘）不参与计分。将 118 个单项相加（包括 2 个开放项，但无论填写者在开放项中填了多少项，仅计得分最高的一项，即 2 分）则得到行为问题总分。

2. 得分意义

（1）社会能力得分意义。

我国学者苏林雁等人，对 CBCL 进行了标准化修改，并制定了适用于我国儿童的 6~11 岁、12~16 岁男/女常模。[①] 各分量表或社会能力总得分低于划界分（也称粗分）被认为具有临床意义，即达到了社会功能受损程度。

如表 8-2 所示为 CBCL 湖南常模社会能力总分的划界线。

---

① 苏林雁，李雪荣，万国斌，杨志伟，罗学荣. Achenbach 儿童行为量表的湖南常模［J］. 中国临床心理学杂志，1996（1）.

表 8-2　CBCL 湖南常模社会能力总分的划界线

	6~11 岁男	6~11 岁女	12~16 岁男	12~16 岁女
活动能力	0.50	0.50	0.85	1.23
社交能力	3.30	3.30	3.00	2.60
学校能力	1.00	1.90	3.00	3.00
社会能力总分	11.00	12.00	12.66	13.66

（2）行为问题得分意义。

各分量表的得分可对应儿童在各个因子所反映出的行为问题，得分越高表明行为问题越多或越严重。行为问题最终得出的总分反映了儿童行为问题总的严重程度，同样遵循得分越高行为问题越多或越严重的原则。各分量表或行为问题总分高于划界分被认为具有行为障碍。

如表 8-3 所示为 CBCL 湖南常模行为问题总分的划界线。

表 8-3　CBCL 湖南常模行为问题总分的划界线

	4~11 岁男	4~11 岁女	12~16 岁男	12~16 岁女
退缩	6.0	6.0	10.0	9.2
躯体主诉	6.0	6.0	6.0	7.0
焦虑/抑郁	7.0	8.3	7.3	10.4
社交问题	5.0	6.0	6.0	6.0
思维问题	2.0	2.0	2.3	3.0
注意问题	10.0	8.0	10.0	8.2
违纪行为	7.0	5.0	6.3	4.0
攻击性行为	14.0	14.0	14.6	13.0
内化性问题	9.0	11.0	11.5	14.0
外化性问题	13.0	10.0	11.0	9.0
行为问题总分	37.0	32.0	35.5	35.8

（三）使用量表应注意的相关事项

1. 本量表要求由父母或其他与儿童密切接触的监护人填写，如果家长填写有困难，可以由调查者解读给家长听并记录其答案。

2. 本量表根据儿童目前或最近 6 个月的情况来填写，6 个月之前表现的行为不划入参考范围。

3. 行为问题部分得分越高，表示儿童行为问题越大，但并不适用于社会能力部分得分。

4. 社会能力部分的得分较低，可能与我国的文化背景有关——父母不提倡孩子重社交的教育，所以社会能力部分的得分只作为参考。

二、留守儿童风险等级评估表

留守儿童风险等级评估表

评估对象：　　　　评估时间：　　　　评估人员：　　　　复核人：

评估项目	评估内容	评分标准	得分	风险等级
儿童自身情况（40分）	年龄（10分）	0~5 周岁计 3 分，6~10 周岁计 5 分，11~15 岁计 10 分		
	健康状况（10分）	身体健康计 10 分，残疾（含精神类疾病）或患重病计 5 分		
	心理及行为（20分）	性格开朗，能主动与其他人正常交流，学龄阶段按时入学，遵守学校纪律计 20 分。发生过以下任何一种不良行为，计 0 分：1. 逃学；2. 沉迷网吧玩耍；3. 偷盗；4. 打架斗殴 5. 外出流浪；6. 经村（居）委会、学校、公安机关等单位认为属于不良的行为		
家庭生活水平（10分）	家庭经济情况（10分）	家庭收入为当地最低生活保障标准 2 倍以上计 10 分，超过当地最低生活保障标准且在 2 倍之下计 5 分，低于当地最低生活保障标准计 0 分		

续表

评估项目	评估内容	评分标准	得分	风险等级
监护状况 （30分） （无人监护计 0分）	监护人类别 （10分）	1. 主要监护人为年龄60岁以下祖辈监护计10分（年龄60岁以上祖辈监护每增加2岁减1分，直至0分）		
		2. 主要监护人为成年兄姐监护计10分（年龄25～40岁计10分，每减少或增加1岁减1分，直至0分）		
		3. 主要监护人为其他亲属、朋友监护计10分（年龄25～55岁计10分，每减少或增加1岁减1分，直至0分）		
	监护人 身体状况 （10分）	监护人身体健康计10分。监护人患一般疾病计5分。监护人残疾（含患精神病）或患重大疾病计0分		
	监护人家庭 共同生活成员 （5分）	已婚夫妻或同居二人监护且自身未抚养16岁以下子女、残疾人计5分，每抚养上述对象1人减0.5分，直至0分；2名以上成年兄姐共同监护计5分，一人监护计3分		
	监护人家庭 经济收入 （5分）	家庭收入为当地最低生活保障线2倍以上计5分。监护人家庭收入在当地最低生活保障线1.5～2倍计4分，1～1.5倍计3分，低于最低生活保障线计0分		

续表

评估项目	评估内容	评分标准	得分	风险等级
父母状况 （20分）	父母支付 抚养费 （10分）	月均支付抚养费 200～300 元/人及以上计 10 分， 100～200 元/人计 5 分， 50～100 元/人计 2 分，50 元以下或未支付计 0 分		
	针对儿童问题 与父母联系 次数 （10分）	监护人与留守儿童父母月 均联系 3 次以上计 10 分， 每月 2 次计 8 分，每月 1 次计 5 分，超过 1 个月未 联系计 0 分		
说明：综合评价得分 60 分以下为风险一级（橙色）， 进入重点帮扶名单，对其进行全面帮扶和关爱救助； 得分 61～80 分为风险二级（红色），进入家庭回访重点 名单，强化心理和安全教育，适当进行关爱帮扶救助； 得分 81～90 分为风险三级（黄色），进入家庭回访一般 对象名单，予以适当心理和安全教育；得分 91 分以上 为风险四级（绿色），列入基本安全留守儿童名单，每 月进行例行回访，及时发现存在的问题			总体评价得分	

（一）主要指标介绍及依据

留守儿童一般是指父母双方外出务工或一方外出务工另一方无监护能力、不满 16 周岁的未成年人。使儿童贴上"留守"标签的原因，多与家庭及父母有关，所以对留守儿童的评估应从家庭状况着手。留守儿童风险等级评估表①主要从 4 个项目对留守儿童的基本情况进行评估，包括儿童自身情况、家庭生活水平、监护状况和父母状况。

1. 儿童自身情况

该项目分别从儿童的年龄、健康状况和心理及行为进行评分。

2. 家庭生活水平

家庭经济情况直接反映了家庭的生活水平，故该项目只考察家庭的经

---

① 资料来源：百度文库，https：//max. book118. com/html/2021/0812/5223114012
003331. shtm. 笔者根据实务经验认为儿童自身的心理及行为更能反映风险等级，故把原表中该项的分值更改为 20 分。

济情况。

3. 监护状况

该项目从留守儿童的监护人状况进行评分，包括监护人类别、身体状况、家庭共同生活成员以及家庭经济收入。

4. 父母状况

父母虽然不在儿童身边，但对留守儿童的影响不容忽视，该项目主要从父母支付的抚养费、父母与儿童联系的次数进行评分。

（二）如何使用留守儿童风险等级评估表

该量表可在评估者与评估对象访谈过程中或了解评估对象的基本情况后，由评估者根据所得信息填写，最终得分按照风险等级（分四级）划分，并确定后期介入方案。

1. 计分方法

（1）儿童自身情况

该项目总分40分，分3部分内容，各部分内容分值为：

年龄总计10分，从0~15周岁分3阶段（每阶段5岁）各计3分、5分、10分。

健康状况总计10分，身体健康计10分，残疾（含精神类疾病）或患重病计5分。

心理及行为总计20分，性格开朗，能正常交流计20分，若出现不良行为计0分。

（2）家庭生活水平

家庭经济情况总计10分，将家庭收入与当地最低生活保障标准进行比较，超过标准2倍以上计10分，超过标准且在2倍以下计5分，低于标准计0分。

（3）监护状况

该项目总计30分，若无人监护，直接计为0分。分4部分内容，各部分内容分值为：

监护人类别总计10分，按照亲属类别及其年龄依次减分。

监护人身体状况总计 10 分，健康计 10 分，患一般疾病计 5 分，患重大疾病或残疾计 0 分。

监护人家庭共同生活成员总计 5 分。

监护人家庭经济收入总计 5 分，将家庭收入与当地最低生活保障线进行比较，超过保障线 2 倍以上计 5 分，在保障线的 1.5~2 倍计 4 分，在保障线的 1~1.5 倍计 3 分，低于保障线计 0 分。

（4）父母状况

该项目总计 20 分，分 2 部分内容：

父母支付抚养费总计 10 分，按月均支付抚养费标准依次计为 10 分、5 分、2 分、0 分。

针对儿童问题与父母联系次数总计 10 分，按月均联系次数依次计为 10 分、8 分、5 分、0 分。

2. 得分意义

将 4 个项目的得分相加，即为最终的综合评价得分，最高分为 100 分，按照分数段划分风险等级。综合评价得分 60 分以下为风险一级（橙色），进入重点帮扶名单，对其进行全面帮扶和关爱救助；得分 61~80 分为风险二级（红色），进入家庭回访重点名单，强化心理和安全教育，适当进行关爱帮扶救助；得分 81~90 分为风险三级（黄色），进入家庭回访一般对象名单，予以适当心理和安全教育；得分 91 分以上为风险四级（绿色），列入基本安全留守儿童名单，每月进行例行回访，及时发现存在的问题。

（三）使用量表应注意的相关事项

1. 父母支付的抚养费金额仅作参考，评估者可根据当地的经济情况酌情修改，适当调整。

2. 与父母的联系主要关注对儿童情绪、心理的影响，如针对儿童的问题、表达思念的感情等。联系方式不局限于打电话，通过社交软件的沟通也应算入。

3. 应着重考虑后期的介入方案，根据风险等级划分，为留守儿童制订相应的关爱帮扶计划。

三、儿童需求评估量表

儿童服务需求评估表

_____县（区）_____乡（镇、街道）_____村（居）

档案编号		走访时间		走访人员	
儿童基本信息					
儿童姓名		性别	□男 □女	出生日期	
民族		身份证号			
本次评估类型	□首次需求评估 □季度需求评估 □年度需求评估				
家庭类型	□单亲家庭 □隔代家庭 □其他亲属抚养家庭 □非亲属抚养家庭 □其他家庭				
制度保障情况（可多选）	□普通儿童 已享受政策保障：□孤儿（受艾滋病感染儿童） □事实无人抚养 □特困（五保户）□低保 □已有残疾证 □已建档立卡 □其他 未享受政策保障：□其他困境				
需求类型					
户籍需求	□有需求 □无需求	如果有需求，请具体描述需求情况及原因			
基本生活需求	□有需求 □无需求	如果有需求，请具体描述需求情况及原因			
医疗卫生需求	□有需求 □无需求	如果有需求，请具体描述需求情况及原因			
教育需求	□有需求 □无需求	如果有需求，请具体描述需求情况及原因			
安全保障需求	□有需求 □无需求	如果有需求，请具体描述需求情况及原因			
心理需求	□有需求 □无需求	如果有需求，请具体描述需求情况及原因			
家庭成员需求	□有需求 □无需求	如果有需求，请具体描述需求情况及原因			
其他需求	□有需求 □无需求	如果有需求，请具体描述需求情况及原因			

续表

儿童服务计划	
一次性服务	□户籍登记 □残疾证办理 □新农合申请 □孤儿津贴申请 □事实无人抚养津贴申请 □低保申请 □残疾津贴申请 □社会组织救助申请 □民政医疗救助 □危房改造救助申请 □其他政府福利申请 □按时入学 □其他
长期服务	□重点家访（月/次）□儿童集体活动 □亲子活动 □职业技术培训 □家长课堂 □儿童培训/宣传 □儿童抚养人培训/宣传 □协助返校/防止辍学
转介服务	□法律援助 □机构/家庭寄养 □紧急安置
其他服务	

（一）主要指标介绍及依据

1. 基本情况

在儿童的基本情况中，包括对儿童家庭类型和制度保障情况的记录。通过对儿童家庭类型是否属于单亲家庭、隔代家庭、其他亲属或非亲属抚养家庭等，可以间接了解儿童对父母监护、亲子情感关爱及生活照料等需求；通过儿童以往接受制度保障的情况（孤儿、事实无人抚养儿童、特困、低保等），可以判断儿童对生活救助、基本生活保障等需求。

2. 需求类型

（1）户籍需求。孤儿、事实无人抚养儿童、城市流动儿童等大多数都面临着在居住地落户的难题，所以可能存在户籍需求。

（2）基本生活需求。保障基本生活是儿童服务工作的重点，儿童基本生活各方面支出多少取决于监护人的经济状况，如果监护人无固定经济来源，儿童可能会陷入困境或无法保障基本生活。

（3）医疗卫生需求。困境儿童、患病或残疾的儿童可能存在医疗卫生需求。

（4）教育需求。儿童都有接受教育的权利，大部分困境儿童虽然都享受了免费的义务教育政策，但是却很难享受优质充足的教育资源，甚至有辍学的风险。

（5）安全保障需求。一些年龄较小的孤儿、事实无人抚养儿童由于缺少监护，其人身安全可能受到威胁。部分困境儿童住危楼、毛坯房等，居住环境较差会造成一定安全风险。

（6）心理需求。部分孤儿、事实无人抚养儿童、困境儿童因长期缺少父母的陪伴，家庭问题、变故等，可能会产生心理偏差甚至引发心理疾病。

（7）家庭成员需求。如果儿童家庭中有老人且年纪较大，或家庭中有成员患病，可能会产生医疗、健康等方面的需求。

（二）如何使用儿童需求评估量表

1. 基本情况

第一部分的儿童基本信息及家庭类型根据儿童或其监护人所给信息如实填写；制度保障情况可根据民政部门给定的认定名单（如低保户、特困户等）进行确认；若有其他困境，可依照有关部门给定的认定条件进行界定并做好记录。

2. 需求类型

记录评估对象的需求类型，只需在相应一栏中勾选"有需求"或"无需求"；若勾选为"有需求"，则需在右侧一栏具体描述需求情况及产生该需求的原因。

该表中只给出7种儿童的普适性需求，评估者可根据实际的访谈、调查情况评定儿童存在的其他方面的需求，并具体描述记录在"其他需求"一栏。

3. 服务计划

服务计划的填写在需求评估之后，评估者根据填写情况，为评估对象设计有针对性的"儿童服务计划"。如若儿童需要在居住地落户即存在户籍需求，则评估者需为其勾选"户籍登记"的服务计划。服务项目可勾选多项。

（三）使用量表应注意的相关事项

1. 本量表由评估者根据所得信息自行填写，重点是要做好评估后的服务计划的设计，切实解决儿童需求问题。

2. 对评估对象的需求类型分析，可根据访谈或调查分析所得的信息进行判断，也可直接询问评估对象是否存在此类需求，但评估者需对评估对象表述的有效性、真实性进行判断。

四、儿童服务工作常用资源表

除上述几类量表外，在儿童服务的整个流程中还可能会用到一些其他资源表，本书列举几个在儿童服务工作中常用的资源表样式①，以方便读者使用。

（一）儿童社会工作个案服务表格工具

表 8-4 给出了个案服务接案登记表的样式。

表 8-4　个案服务接案登记表

编号：　　　　　　　　　　　　　日期：　　　年　　　月　　　日

姓名		性别		年龄	
1. 个案来源					
□服务对象主动求助 □社工发现服务对象 □转介 转介来源_____ 转介原因_____					
2. 家庭成员					
姓名	关系	年龄	职业	是否同住	联系方式
3. 儿童面临的问题和需要					
（1） （2） （3）					

社会工作者（签字）：

————————————

① 黄晓燕．儿童社会工作服务指南［M］．北京：中国社会出版社，2017：165-174.

表 8-5 给出了个案服务计划表的样式。

表 8-5　个案服务计划表

编号：　　　　　　　儿童姓名：　　　　日期：　　年　　月　　日

问题描述	预期目标	具体策略和方法	执行者	预计执行时间	执行状况	备注

社会工作者（签字）：

表 8-6 给出了个案服务面谈记录表的样式。

表 8-6　个案服务面谈记录表

编号：　　　　　　　儿童姓名：　　　　日期：　　年　　月　　日

日期/时间	
地点	
目标	
主要内容	
评估及反思	
跟进计划/下次面谈安排	（需说明本次面谈需要跟进的事项及下次面谈时间、议题）
督导者意见	

社会工作者（签字）：

表 8-7 给出了个案服务结案表的样式。

表 8-7　个案服务结案表

编号：　　　　　　　儿童姓名：　　　　日期：　　年　　月　　日

个案姓名		性别	
年龄		转介者/转介 （申请）日期	
立案/重开个案日期		结束个案日期	
个案性质及简单描述：			
辅导目标：			
提供的服务及个案进展：			
服务对象现状：			

续表

结案原因：

☐目标达到　　　　　　　　　☐不能提供所需服务
☐社工认为不适宜继续提供服务
（请注明）

☐服务对象不愿意继续接受服务
（请注明）

☐情况有变化（如服务对象转学、迁居等）
（请注明）

☐其他
（请注明）

服务对象知道个案已结案并知道在有需要时如何得到服务　☐是　☐否

社会工作者（签字）：

（二）儿童社会工作小组服务表格工具

表8-8给出了小组工作计划书的样式。

表8-8　小组工作计划书

基本信息	小组名称		编　号	
	服务对象		服务人数	
	日期/时间		地　点	
	小组性质			
	人员安排	（分工与职责）	单元（节）数	共＿＿单元（节）
背景	1. 需求调查 2. 问题分析 3. 政策依据 4. 服务方向			

276

理论依据	(阐述在小组服务中运用了什么理论，以及理论在小组服务中是如何发挥作用的)					
小组目标						
招募方法						
各单元（节）小组设计大纲	单元（节）次	单元（节）名称	单元（节）目标	主要活动内容	时间配置	人力
	1					
	2					
	3					
	……					
预计困难与解决方法						

277

续表

小组评估	（评估主体、评估对象、评估内容、评估方式等）				

财务预算（元）	序号	项　目	单　价	数　量	小　计	经费来源
	1					
	2					
	3					
	……					
	申请经费总计			备注：在"经费来源"一栏请填写相应代码：A. 机构；B. 用人单位；C. 其他（请说明）		

审批签署	社会工作者（签名）		日期	
	督导者（签名）		日期	
	中心/项目负责人（签名）		日期	

表8-9给出了小组工作单元（小节）计划书的样式。

表8-9　小组工作单元（小节）计划书

基本信息	小组名称		编号	
	单元（节）数	第___单元（节）	本单元（节）主题	
	日期/时间		地点	

目标	

流程	时长	名称	目标	内容及具体操作方式	所需物资	工作人员

278

续表

预计困难与解决办法				
督导意见				
签名	社会工作者（签名）		日期	
	督导者（签名）		日期	

表 8-10 给出了小组工作过程记录表的样式。

表 8-10　小组工作过程记录表

基本信息	小组名称		编　号	
	日期/时间		地　点	
	社会工作者姓名		协助人员	
	出席人数		单元（节）数	第＿＿＿单元（节）
	小组性质			
过程记录	时间段及环节	目的	过程分析	

续表

小组成员反馈	（可采用问卷等多种方法）
小组分析	（包括小组沟通模式、气氛、规范、凝聚力、组员领导模式、决策、冲突等；小组活动内容、方式等；小组组员的参与、投入和其他表现等；工作人员态度、投入和专业性等各种表现）
目标达成情况	
工作反思	（可从价值观、理论及技巧等方面进行专业反思）
下一单元（节）跟进	［在下一单元（节）中需要发扬或利用哪些优势，注意解决或跟进哪些问题，以及在专业价值观、理论、方法技巧、工作内容等方面作出哪些调整，在此处应予以简短说明；如果是最后一单元（节），此部分可省略］

续表

督导意见					
签名	社会工作者（签名）			日期	
	督导者（签名）			日期	

表 8-11 给出了小组工作评估总结报告的样式。

表 8-11　小组工作评估总结报告

基本信息	小组名称				编　号							
	服务对象				服务人数							
	聚会地点				社会工作者姓名							
	时　间				单元（节）数			共____单元（节）				
	小组性质											
出席情况	单元（节）数	1	2	3	4	5	6	7	8	9	……	平均值
	出席人数											
	出席率											
目标达成情况												
参加者满意度分析	（请根据小组满意度调查表总结此栏内容，需包含对活动内容/形式、时间、频次、地点、工作员态度/能力、自我参与程度等的满意程度）											

小组分析	[包括小组沟通模式、气氛、规范、凝聚力、组员领导模式、决策、冲突等；小组活动内容、方式等；小组组员的参与、投入和其他表现等；工作人员态度、投入和专业性等各种表现；工作员（或者说小组所在的机构的人）、财、物的投入等各种表现]
其他建议	（如筹备策划、人员分工、资源动员与科学合理使用、专业性、本土化、知识建构、内容设计或其他方面的情况及建议等，请在此栏填写）
工作反思	（可从价值观、知识及技巧等方面进行专业反思）
跟进计划	（追踪评估计划）
财务报告	预算经费总计：_____元 使用经费总计：_____元 盈余/超支总计：_____元 （附经费决算明细表）
督导意见	

结束签署	社会工作者（签名）		日期	
	督导者（签名）		日期	
	中心/项目负责人（签名）		日期	

注：请将评估工具（如评估问卷、评估量表、访谈提纲等）附后。

（三）儿童社会工作社区服务表格工具

表8-12给出了社区工作活动计划书的样式。

表8-12　社区工作活动计划书

基本信息	名称		编号	
	对象		人数	
	时间		地点	
	性质	□社工主办　□社工协助		
	形式	□宣传　□教育　□外展　□座谈会　□节日　□倡导 □常规　□讲座　□其他（请注明）：		
	人手编排	＿＿＿名社工，＿＿＿名义工，其他＿＿＿		
背景				
理论架构				
目的与目标				
宣传招募方法				

		时间	环节名称	具体内容	人员分工	物资
活动安排	前期准备					
	现场活动					
	活动总结					

	序号	评估项	评估指标（%）	评估方法	评估时间
活动评估	1	出席率			活动进行中
	2	目标			活动结束后
	3	满意度			活动结束后
	4	文档记录			活动结束后

	序号	预计困难	解决方法
困难预估	1		
	2		
	3		

	序号	项目	单价	数量	小计	金额
财政预算	1					
	2					
	3					
	4					
	5					

续表

督导意见				
审批签署	社工签名		日期	
	督导签名		日期	

表 8-13 给出了社区工作活动过程记录表的样式。

表 8-13　社区工作活动过程记录表

活动名称				活动时间	
活动地点					
活动目标					
活动流程	时间	环节名称	本环节目标	内容	所需物资
	督导意见				
审批签署	社工签名		日期		
	督导签名		日期		

表8-14给出了社区工作活动总结报告的样式。

表8-14　社区工作活动总结报告

基本信息	名称		编号	
	时间		地点	
	对象		人数	
	性质	□社工主办　□社工协助		
	形式	□宣传　□教育　□外展　□座谈会　□节日　□倡导 □常规　□讲座　□其他（请注明）：		

活动安排	时间	过程简单描述	过程分析、介入技巧及社工感受	备注

出席情况	预计规模：＿＿＿＿＿＿ 出席人数：＿＿＿＿＿＿ 出席率：＿＿＿＿＿＿

目标达成情况	目标一：	
	目标二：	

参与者满意度	

续表

其他建议	
工作反思	
跟进计划	
财政报告	预算经费总计：_____ 使用经费总计：_____ 盈余/超支总计：_____
督导意见	

审批签署	社工签名		日期	
	督导签名		日期	

第四节　常用游戏集

儿童不是小版的大人，他们有自己的语言和世界，对于有些儿童来说，游戏就是他们学习的方式。著名教育家陈鹤琴说："小孩子生来就是好动的，是以游戏为生命的。"在进行儿童服务时，为调动儿童参与活动的积极性，必要时通过游戏来活跃现场气氛，是社会工作者常用的途径。

一、破冰暖身类

（一）双层打傻瓜

1. 专业目标：通过游戏使组员相互认识，并记住其他组员的名字，营造紧张刺激的气氛，打破僵局。

2. 适合人群：无特定人群，10~20 人为宜。

3. 建议时间：以 10~20 分钟为最佳，可根据现场效果适当调整。

4. 场地要求：室内或室外空旷的场地。

5. 物质准备：座椅、报纸卷成的纸棒。

6. 游戏规则

（1）参加者围成两个圆圈坐在地上或椅子上，面向圆心，内圆和外圆人数相等。主持人站于中央。

（2）如果大家尚未认识，先依次介绍自己的名字。

（3）主持人开始游戏，先用纸棒指向内圈的张三，并作势打下。坐于张三背后（坐于外圈）的李四要及时叫出内圈其他组员的名字（但不能叫张三左右两边的组员），主持人便需转向打被叫名字的组员。

（4）若李四未能及时叫出其他组员名字，张三会被纸棒打中，这时，被打中的要转做主持人，原来坐外圈的李四坐到内圈，主持人则坐到外圈填补李四的空位，游戏继续。

7. 适用说明

（1）该游戏适合刚认识、彼此不太熟悉的团体，适用人群较为广泛。

（2）游戏初始，内圈组员可能会因紧张而犯错，如自己喊出其他组员名字或急于提醒背后组员等，这些都有助增强气氛，不宜处罚过严。

（3）在游戏过程中，社会工作者要有极强的控场能力，维持好现场秩序，注意观察各组员的状态，适当作出调整。

（4）社会工作者要注意观察现场气氛，当气氛不太热烈时，可适当增加游戏难度或延长游戏时间；若气氛过于热烈，可适当缩短游戏时间。

8. 社会工作者引导

社会工作者注意观察现场气氛和组员状态，游戏结束后可适当询问："你是否通过这个游戏记住了其他人的名字？""你是怎么记住其他人名字的？可以进行分享吗？"

（二）心心相印（背夹球）

1. 专业目标：提高队友相互之间的默契度和团队的凝聚力，活跃小组气氛。

2. 适合人群：无特定人群，10~40 人为宜。

3. 建议时间：以 10~20 分钟为最佳，可根据现场效果适当调整。

4. 场地要求：空旷的场地，比赛赛距需 20 米。

5. 物资准备：每组一个球（足球、篮球均可）。

6. 游戏规则

（1）将所有参与者进行分组，每组人数为双数且至少 4 人。

（2）组内 2 人为一对，背夹一圆球，步调一致向前走。第一对绕过转折点后回到起点，紧接着下一对开始前进，直至所有成员回到起点。

（3）向前走时，途中不得以手、臂碰球，如有违反均视为犯规。每碰球一次记犯规一次，每犯规一次比赛成绩加 2 秒。

（4）球掉后需从起点重新开始游戏，最先完成者胜出。按时间记名次，按名次计分。

（5）进行接力时，接力方必须在规定区域内完成接力活动。

7. 适用说明

（1）该游戏适用范围较广，但是社会工作者要充分考虑组员的身体健康状况、活动能力等。

（2）要严格把控犯规行为，保证游戏的公平性，以免小组内出现不满的情绪。

8. 社会工作者引导

通过游戏过程中的状况，社会工作者适当询问："游戏过程中，你的球掉了，你是什么心情？""你认为这个游戏取得胜利的关键是什么？"

二、自我认知类

（一）人生是非题

1. 专业目标：引发组员讨论，激发组员深层次思考。

2. 适合人群：无特定人群。

3. 建议时间：以 20~30 分钟为最佳，可根据现场效果适当调整。

4. 场地要求：室内。

5. 物资准备："人生是非题"答题纸、座椅。

6. 游戏规则

（1）把座椅分左右两边面对面排列，中间距离最少 5 米。组员可随意坐在椅子上。

（2）社会工作者分派"人生是非题"答题纸给每一组员（见图 8-1），并给 5 分钟时间思考答案。

（3）把右面的椅子划定为"是"，左边的为"非"。社会工作者先问答题纸上的第一道题，认为对的走到"是"区坐下，认为不对的走到"非"区坐下。

（4）选定后，社会工作者随意邀请组员发表意见，并可进行辩论。辩论过程中改变看法的组员可重新选区域。然后，继续第二条问题。

（5）游戏完毕，可进行演讲及讨论。

7. 适用说明

（1）在设计问题时，只有"是"和"非"两个答案，不会有中间、模棱两可的答案。社会工作者要令组员只能选择其一，在讨论时亦要按这个立场发言，这样才可以增加辩论时的张力。

（2）发言应平均，不要让少数人垄断，尽量让所有人都参与进来。

（3）辩论的题目可按小组和团队的主题而随时修改，下图问题纸只供参考。

人生是非题	是	非
1. 金钱不是万能的，但没有是万万不能的。	☐	☐
2. 考试是扼杀创意的。	☐	☐
3. 不读书便没有前途。	☐	☐
4. 贫穷的人多数是懒惰的。	☐	☐
5. 一分耕耘，才会有一分收获。	☐	☐
6. 人生在世，最重要的是追求快乐。	☐	☐

图 8-1　"人生是非题"问题图纸

8. 社会工作者引导

这个游戏的目的在于刺激组员思考及引发组员讨论，问题的答案基本上没有绝对的对错。若组员过于争辩问题的对错，社会工作者要及时引导，并作出说明。

（二）情绪识别

1. 专业目标：通过游戏让参与者认识不同情绪，并学会处理情绪的方法。

2. 适合人群：无特定人群，5~40 人为宜。

3. 建议时间：以 20~30 分钟为最佳，可根据现场效果适当调整。

4. 场地要求：有黑板的教室。

5. 物资准备：粉笔、写有台词的纸条。

6. 游戏规则

（1）社会工作者先列举出一些表示情绪的词语（如开心、恐惧、忧伤等）。

（2）社会工作者规定一句台词（例如，帮我拿一下东西），参与者两个人为一组，根据社会工作者指定的黑板上的某一种情绪，按照该情绪表达这句台词并进行表演。

（3）其余参与者观察表演者并推测表达的是哪一种情绪。

7. 适用说明

（1）社会工作者注意观察现场气氛，根据气氛热烈程度适当调整游戏时长。

（2）社会工作者要注意维持好现场秩序，避免气氛过于热烈而导致现场秩序混乱。

（3）注意观察每位参与者的状态，保证大家都能参与游戏。

8. 社会工作者引导

在游戏结束后，社会工作者可适当提问："你能猜到表演者表达的情绪吗？""为什么同样的一句话，可以表现出不同的意思？""情绪的表达在我们日常生活中有什么作用？"引导参与者认识不同的情绪，以及情绪在日常表达中的作用。

三、人际交往类

（一）小动作

1. 专业目标：活跃小组气氛，提高组员之间的了解度。

2. 适合人群：无特定人群，10~20人为宜。

3. 建议时间：以10~20分钟为最佳，可根据现场效果适当调整。

4. 场地要求：有活动空间的室内或室外场地。

5. 物资准备：参加组员的名字字条。

6. 游戏规则

（1）把所有组员分为两组，每组5~10人，以比赛形式进行。

（2）每一组先派出一代表抽出一位组员的名字，并要在15秒时间内开始模仿此组员惯常的表情、小动作、说话语气、身体姿势等，让其余组员猜此组员是谁。

（3）代表不可直接或间接指出此人的姓名、工作、住址、嗜好等资料。

（4）两组轮流进行，每组轮流的次数视时间和现场情况而定。最后比较哪一组猜中次数最多。

7. 适用说明

（1）该游戏适合已经形成一定默契的团体。

（2）游戏着重考验组员对其他人的观察力，不要容许取笑他人的情况出现。

（3）比赛形式只为加强气氛，不用单独设奖品。

8. 社会工作者引导

在游戏结束后，社会工作者可以适当询问："你觉得这种方式是否让你对其他人有了新的认识？""游戏结束后，现场有没有让你印象很深刻的人？"

（二）解开千千结

1. 专业目标：调动参与者参加活动的积极性，活跃现场气氛，提高组员间的合作能力。

2. 适合人群：无特定人群，10~20 人为宜。

3. 建议时间：以 10~20 分钟为最佳，可根据现场效果适当调整。

4. 场地要求：空旷的场地。

5. 物质准备：无须其他道具。

6. 游戏规则

（1）所有成员站成一个面向圆心的圈，然后举起右手，抓住对面另一成员的手，再举起左手，抓住另一个人的手，但是不能抓自己身边成员的手，也不能两只手抓一个成员的两只手，这样就形成了一个复杂的"结"。

（2）然后要求成员在不松手的情况下，想办法把这个"结"解开。在游戏的过程中，如果尝试了半个小时"结"都没有被解开，社会工作者可以允许某两只相邻的手断开一次，但必须马上封闭。

7. 适用说明

（1）游戏过程中，社会工作者要注意观察现场气氛和小组内的完成情况，若组内钻入"死结"，可适当提供帮助。

（2）社会工作者可根据现场气氛适当调整游戏难易程度。

8. 社会工作者引导

游戏结束后，社会工作者可引导组员思考：

（1）在现实生活中，你是否也与周围的朋友结下了这样的"结"？有些"结"可能是看得见的，也可能是看不见的，比如你总是看某个同学不顺眼。在日常生活中，你是以何种心态来面对人际交往中的这些"结"的？

（2）通过解开这个"结"，你觉得成员间的关系发生了什么微妙的变化？朋友之间发生矛盾冲突是否只有消极的影响？

（3）你运用了哪些方法来解开这个"结"？联系现实生活，这对你解决人际矛盾有何启示？

四、个人增能类

（一）捉虫虫

1. 专业目标：活跃现场气氛，增进组员间的熟悉度，提高组员的反应力。

2. 适合人群：无特定人群，5~20人为宜。

3. 建议时间：以10~20分钟为最佳，可根据现场效果适当调整。

4. 场地要求：室内或室外。

5. 物资准备：无须其他道具。

6. 游戏规则

（1）组员站立围成一圈。

（2）每人向左右伸出双手，左手握拳向上竖起拇指，右手拇指食指连成一个圆圈，套在右方组员的拇指上。

（3）社会工作者诵读一篇文章，当文章出现某一特定字眼（如"一"）时，右手要快速捉住右方组员的拇指，同时左手要避免被左方的组员捉住。捉得最多的"虫虫"者为胜利者。

7. 适用说明

（1）该游戏适用范围较广，通过近距离的接触，可以很好地增进组员间的熟悉度。

（2）在游戏过程中，社会工作者要提醒组员不要用力过大，避免弄伤他人。

（3）社会工作者可根据现场气氛，将游戏设置为淘汰制，以坚持到最后者为赢家。

（4）文章应选择指定字眼多一些，且富有趣味性的。或者可以把各组员的姓氏作为"捉虫虫"的提示。

文章（供参考）

儿子看见一颗有三粒花生米的花生，他便将自己变成其中的一粒花生米。有一只鸟飞来把花生吃了。有一只猫又把鸟吃了。有一只狗来把猫吞下。过了一会儿，那只狗又被一条大蟒蛇吃了。那条大蟒蛇吃饱后走进池塘边，不幸跌进一个大渔网。这时父亲出来寻找儿子，到处寻不见。他看见大渔网里有东西，便将渔网拖回岸边，发现有条大蟒蛇。他将大蟒蛇杀掉，发现有一只狗在里面，在狗肚子里面他看见有一只猫，在猫肚子里面发现有一只鸟，在鸟肚子里面他拾起花生。当他把花生壳打开，他看见了自己的儿子。儿子这时已吓呆了，从此以后再不敢淘气了。

（注：游戏中听到"一"字可捉虫虫）

——文章选自《幼师育乐营游戏手册》

8. 社会工作者引导

此游戏不着重胜负，社会工作者应多鼓励组员考验自己的反应。实际上，如果着意去计算谁捉得多，必定会拖延游戏的进行，影响气氛。

（二）聚管成塔

1. 专业目标：提高团队的凝聚力，增进组员间的交流，让参加者体验不同领导风格及其对组员的影响。

2. 适合人群：无特定人群，15~40人为宜。

3. 建议时间：以20~30分钟为最佳，可根据现场效果适当调整。

4. 场地要求：室内。

5. 物资准备：大量汽水饮料管、大头针、胶水、卡片。

6. 游戏规则

（1）将参加者分成三组（每组约5人）。

（2）每组用既定数量的大头针和饮料管筑塔，10~15分钟内完成。比赛的标准是最高、最强、最美，而评定方法是由所有参加者根据自己的标准投票，一人一票。

（3）每组选一组长，并由该组长在社会工作者处拿道具及听取详细玩法。当拿道具时，社会工作者给每组组长一张卡片，卡片要求写上该组长在筑塔时所负责的角色和工作，如下：

第一，尽量表达自己是一位独裁者，但切记不要告知你的组员你所扮演的角色。你不能接受组员任何建议，你只需要依照自己的计划发出命令，使组员建造本组"作品"。

第二，尽量表达自己是一位持放任态度的领导者，但切记不要告知你的组员你所扮演的角色。你不能作出任务指示，包括怎样去制造及谁去制造这件"作品"，让组员自己自由发挥，这"作品"是组员自己制造的。

第三，尽量表达自己是一位民主的领导者，但切记不要告知你的组员你扮演的角色。无论是你作出一个提议或组员作出提议，你都征求有多少组员赞成该提议。在任何行动前，尽量达成一致的协议。这"作品"是整体同意下的杰作。

（4）建造完毕，把每组的"作品"给所有参加者欣赏，并集体在高、强、美的标准上评分。

7. 适用说明

（1）在游戏开始前，要做好预热准备，不能让组员怀疑社会工作者与组长有特殊默契。

（2）组长的角色分配最好不要与他的性格相距太远，否则会引起组员怀疑。

8. 社会工作者引导

在游戏结束后，社会工作者带领参加者分享游戏感受，谈谈各自在团队中都发挥了什么作用，讨论每种领导的特点对参加者的影响，以及讨论不同情况下不同领导方式的优劣点。社会工作者可以向几位领导者询问："你觉得作为团队的领导，应该要注意什么？""在这次游戏中，你收获到了什么？"

五、团队建设类

（一）打电话

1. 专业目标：制造紧张刺激、开心的气氛，让参加者通过互相合作提升团队默契。

2. 适合人群：无特定人群，30 人以上为宜，人数为 10 的倍数。

3. 建议时间：以 10~20 分钟为最佳，可根据现场效果适当调整。

4. 场地要求：有活动空间的室内或室外空旷场地。

5. 物资准备：0~9 数字牌/贴纸，数量视人数而定。

6. 游戏规则

（1）所有参加者每 10 人为一队，每人派发一张数字牌/贴纸贴在身上。（如人数多出来，参加者的数字可重复）

（2）社会工作者站在台上发号施令，叫出一个电话号码。

（3）参加者应尽快按电话号码排出正确次序，"多余的数字"应站在一旁。

（4）完成排列的组别，参加者须手绕手组成人链，并齐声叫："嘟嘟……"（扮出电话接通铃声）

（5）最快串联起正确电话号码的一组为胜。计分方法：以独立组别比赛形式，比试5~7 次，每次第一组胜出可得 10 分，第二组可得 5 分，第三组得 3 分。

7. 适用说明

（1）提前准备的数字牌/贴纸必须大而清晰。

（2）如每组只有 10 人（即数字为 0~9），切记指定排列的电话号码的数字不能有相同数字/重复。

（3）若要增加游戏难度或刺激度，可在完成排列后，要求全体组员必须做出指定动作才算完成。

（4）游戏过程中，社会工作者提醒参与者注意安全。

8. 社会工作者引导

在游戏结束后，社会工作者可适当询问："你觉得这个游戏获胜的关键是什么?""在游戏过程中,组内是否出现过混乱的状态,你们是怎么解决的?"

（二）坐地起立

1. 专业目标:增加组员之间的接触,培养团队意识和合作意识,增强团队凝聚力。

2. 适合人群:无特定人群,10~20 人为宜。

3. 建议时间:以 10~20 分钟为最佳,可根据现场效果适当调整。

4. 场地要求:有活动空间的室内或室外空旷场地。

5. 物资准备:无须其他道具。

6. 游戏规则

（1）先邀请两位组员进行游戏。两人先背靠背、手臂扣着手臂地坐在地上,然后,不用手撑地,依靠背与背的支撑点一齐起来。

（2）当两人站起来后,增加一人,成为三人组,以同样背靠背的方法一齐站起来。

（3）以此类推,增加到四人、五人、六人……直至无法一齐站起来为止。

7. 适用说明

（1）该游戏适用范围较广,但是社会工作者要充分考虑组员的身体健康状况、活动能力等。

（2）请提醒组员只能以背及手臂之力站起来,而不能用手撑地或用其他方法。

（3）应注意安排力气较大的参加者平均分布在圈中,而不是挨个站一起。

8. 社会工作者引导

在游戏结束后,社会工作者可根据游戏情况适当询问:"在游戏过程中,刚开始感觉站起来很困难,后来你们是怎么克服的?""通过这个游戏,你有什么收获?""你认为团队之间的协作需要什么?"

六、评价反馈类

（一）福尔摩斯

1. 专业目标：让参加者通过细微观察认识对方，考验组员观察力。

2. 适合人群：无特定人群，10～20人为宜。

3. 建议时间：以10～20分钟为最佳，可根据现场效果适当调整。

4. 场地要求：室内。

5. 物资准备：参与人员每人拿三件自己的物品。

6. 游戏规则

（1）游戏开始前，社会工作者向组员提一提福尔摩斯的最大优点，就是细微观察力。

（2）社会工作者组织每个人将带来的三样东西，拿出来给其他参与者观察。

（3）通过观察，每个人推测对方的资料，然后双方核对或澄清。

7. 适用说明

（1）该游戏适合团队组建初期，通过游戏可加深组员间的相互了解。

（2）此游戏鼓励组员之间多交流，这比双方坐下交谈更自然。

8. 社会工作者引导

游戏过程中，社会工作者可引导其他观察者往个人爱好、性格等方面推测。这个游戏能使组员对对方有更多的认识，尤其是习惯、性格方面。游戏结束后，可引导参与者就每个人带来的物品进行讨论："你认为别人对你的推测是否准确？""在别人的推测中，你是否对自己有全新的认识？"

（二）寻人启事

1. 专业目标：增进组员间的认识，使参与者能充分了解他人。

2. 适合人群：无特定人群，10～20人为宜。

3. 建议时间：以10～20分钟为最佳，可根据现场效果适当调整。

4. 场地要求：室内或室外。

5. 物资准备：白纸、笔。

6. 游戏规则

游戏共分两部分。

第一部分由社会工作者先派发工作纸，纸上划分不同的小格子（格子的数目可按人数或时间成正比），小格上写上简单是非题，如喜欢烹饪的、每星期保持两小时运动习惯的、曾获得奖项的等。参加者在工作纸上填上自己的姓名后开始找身边朋友访问，把答"是"者的姓名填在空格上，直至每一空格都填上姓名，然后交给社会工作者，最快者可获得礼物。

第二部分待社会工作者收回所有工作纸后开始。社会工作者可选出最快的参加者进行大测试，考对方能否记住刚才被访问者的资料，答对者可获得礼物。

7. 适用说明

（1）该活动适合团队组建初期，组员间相互熟悉度不是很深，通过游戏可促进组员间的相互了解。

（2）游戏过程中，社会工作者可提醒参与者游戏的目的是认识朋友，故搜集资料需认真，并必须得到对方答"是"才可填上对方姓名。

8. 社会工作者引导

游戏结束后，社会工作者可询问："通过这个游戏，你是否对其他人有了更深的认识？""你认为其他人有哪些值得你学习的地方？"社会工作者还可追问被访者其他资料以促进彼此之间认识。

后 记

"一老一小"一直是政府、学界和社会关注的重点群体。联合国《儿童权利公约》规定，儿童是指 18 岁以下的任何人。根据 2020 年第七次全国人口普查数据，我国 0~17 岁的儿童约有 2.98 亿人。儿童是社工站服务的重点对象。我们将本书读者主要定位于乡镇（街道）社工站管理人员、专业督导、专业社会工作者和项目运营人员，以及各级社会工作人才队伍建设管理人员、教育培训人员等。因此，本书力求通俗易懂、实用管用。从书名、框架到知识链接、拓展阅读、案例分享，从实务内容到表达方式，编写组成员克服疫情影响，多次调研一线社会工作者的特点和需求，通过线下开会和线上交流，充分讨论，反复打磨，一次又一次研讨，一次又一次审校修改，才最终完成本书。个中滋味，只有参与者才能体会。

我们编写本书的初衷是，希望为一线社会工作者特别是乡镇（街道）社工站工作人员提供一本有效的实务操作手册。在本书的编撰过程中，我们得到了乡镇（街道）社工站负责人、社会工作机构负责人、社会工作项目负责人以及一线社会工作者的支持和帮助，他们将儿童社会工作服务的经验、思考融入本书文字中。各编写组成员分工如下：

第 1 章：邓志强（中共湖南省委党校）

第 2 章：邓志强、舒长球（中共湖南省委党校）

第 3 章：葛　鹏（湖南乐创公益慈善发展中心）

　　　　舒长球（中共湖南省委党校）

第 4 章：邓志强、李晓婷（中共湖南省委党校）

第 5 章：袁　平（湖南长沙县星辰社会工作发展中心）

第 6 章：万　强（湖南李丽心灵教育中心）

第 7 章：邓志强、曾令媛（中共湖南省委党校）

第8章：邓志强、曾铭灿（中共湖南省委党校）

邓志强、舒长球、李晓婷对本书的文稿进行了校对和统筹，邓志强定稿。

感谢中共湖南省委党校曾俊森副教授的指导与支持，他对本书的框架与思路提出了宝贵的建议。感谢郴州市苏园中学张馨允高级教师对本书编写的专业指导和业务支持。感谢湖南唯实公共服务评估中心主任李焱林的组织与协调，他对本书的编撰与出版提供了鼎力支持。感谢中国社会出版社的邀请，编辑张迟和安娜为本书的出版给予了极大的帮助。

本书在编撰过程中，编者参考了国内外关于儿童社会工作服务的大量文献资料，借鉴了全国社工站儿童服务的经验和做法，在此表示诚挚的谢意。当然，由于编者在理论水平和实务能力上存在差异和局限，本书难以尽善尽美，且存在诸多不足。我们非常期待得到读者的批评和指正。最后，希望儿童社会工作的理论研究者和实务探索者常交流，多合作，共同推动儿童社会工作事业高质量发展。

邓志强

2023 年 4 月